小学教育研究方法

XIAOXUE JIAOYU
YANJIU FANGFA

董　芸　主编

苏州大学出版社
Soochow University Press

图书在版编目(CIP)数据

小学教育研究方法 / 董芸主编. -- 苏州：苏州大学出版社，2023.8（2024.7 重印）
ISBN 978-7-5672-4474-0

Ⅰ. ①小… Ⅱ. ①董… Ⅲ. ①小学教育 – 教育方法 – 研究 Ⅳ. ①G62

中国国家版本馆 CIP 数据核字(2023)第 132189 号

书　　名：小学教育研究方法

主　　编：董　芸
责任编辑：周建兰
装帧设计：刘　俊

出版发行：苏州大学出版社(Soochow University Press)
社　　址：苏州市十梓街 1 号　**邮编**：215006
印　　刷：苏州市深广印刷有限公司
邮购热线：0512-67480030
销售热线：0512-67481020

开　　本：787 mm×1 092 mm　1/16　**印张**：13.5　**字数**：273 千
版　　次：2023 年 8 月第 1 版
印　　次：2024 年 7 月第 2 次印刷
书　　号：ISBN 978-7-5672-4474-0
定　　价：45.00 元

若有印装错误,本社负责调换
苏州大学出版社营销部　电话:0512-67481020
苏州大学出版社网址　http://www. sudapress. com
苏州大学出版社邮箱　sdcbs@ suda. edu. cn

前　言

新课改对小学教师的角色要求发生了变化，要求教师成为研究者。教师的研究能力已成为小学教师专业发展的一个重要内容，而小学教师的专业发展也需要教育研究的支撑。本教材根据《教师教育课程标准（试行）》精神，结合《小学教师专业标准（试行）》《小学教育专业师范生教师职业能力标准（试行）》《中小学和幼儿园教师资格考试标准（试行）》等文件中对小学教师教育研究能力的要求，依托2021年江西省高校教改项目“双线混融教学模式应用研究——以‘教育研究方法基础’课程为例”进行编写，供高职高专院校小学教育相关专业师范生培养使用。

本教材力图在三个方面进行创新，体现出自身特色：

第一，本教材基本定位是高职高专类院校小学教育相关专业教师教育课程教学用书，着眼于应用型人才培养，突出实践性和应用性。因此，本教材在编写过程中力求体现“四个观照”：观照理论、观照实践、观照学生、观照案例。希望本教材能帮助教师更好地教学，引导学生自主学习、主动探究，培养学生提出问题、分析问题和解决问题的能力及研究意识。

第二，本教材在章节安排上对接小学教师岗位需求，主要包含七章。第一章介绍了小学教育研究的含义、特点、类型、意义和小学教育研究方法选用的基本原则。第二章介绍了小学教育研究课题的选择、研究方案的构成及各部分常见问题。第三章到第六章分别介绍了文献法、问卷调查法、访谈法和观察法。第七章对教育研究论文与报告的撰写进行了介绍。考虑到小学教师在开展小学教育研究过程中，常用的教育研究方法为文献法、问卷调查法、访谈法和观察法，且这些方法对小学教师而言运用起来相对更简单，故只选取这四种教育研究方法进行介绍。同时，结合小学教师资格证考试中“小学教育科学研究”这部分内容，在每一章的后面都设计了“信息窗”，将教师资格证考试中会涉及的其他教育研究方法作为拓展阅读材料放在教材中供学生学习。

第三，本教材作为江西省高校教改项目成果之一，在整体设计上，力争做到“四个力求”：教材理念力求体现职业教育理念，每一章后面都设计了“实践与体验”这样的小组任务，通过项目化学习，发挥学生的主体性，让学生在实践操作中深化对教育研究方法的认识；教材呈现形式力求让学生耳目一新，每章包含“问题导入”“知识导图”“案例”“信息窗”；教材内容力求体现课程思政，与时俱进，观照最新的教育政策、教育热点，紧密结合党的二十大报告中关于教育的重要论述、“双减”政策、课后服务、劳动教育等热点内容，选取的案例都是来自比较新的、权威的文献，引导学生养成关注教育政策、教育热点的习惯，培养学生对教育事业的兴趣和热爱，以便更好地落实立德树人根本任务；教材在使用范围上力求兼顾学生考教师资格证的需求和实际应用，相关章节融入教师资格证考试真题，很多知识点的讲解都有具体实例展示，以满足学生多样化的学习需要。

本教材在编写过程中参考了许多相关教材、著作和论文，已在本教材中一一注明，在此我们对这些作者表示诚挚的谢意！同时，本教材在编写过程中引用了所授课班级 2021 级小学教育专业部分班级学生的小组作业，均已征得同学们的同意，在此向这些同学表示衷心的感谢！

由于编者水平有限，书中难免存在疏漏与不足，敬请广大读者不吝赐教。

董芸

2023 年 5 月

目　录

第一章

小学教育研究方法概述

问题导入

《小学教育专业师范生教师职业能力标准（试行）》中的“四、自主发展能力”中的“4.1　注重专业成长”明确提到，小学教师要“初步掌握教育教学科研的基本方法，能用以分析、研究小学教育教学实践问题，并尝试提出解决问题的思路与方法，具有撰写教育教学研究论文的基本能力”。《中小学和幼儿园教师资格考试标准（试行）》明确指出，小学教师要“了解教育研究的基本理论和方法，能对小学教育教学实践问题进行研究”。《小学教师专业标准（试行）》提出，小学教师要具有“针对教育教学工作中的现实需要与问题，进行探索和研究”的专业能力。师范生兼具高校学生和未来教师的双重身份，培养教育研究能力显得尤为必要。那么，到底什么是小学教育研究？其有哪些特点、类型和意义？又该如何去选用小学教育研究方法？

知识导图

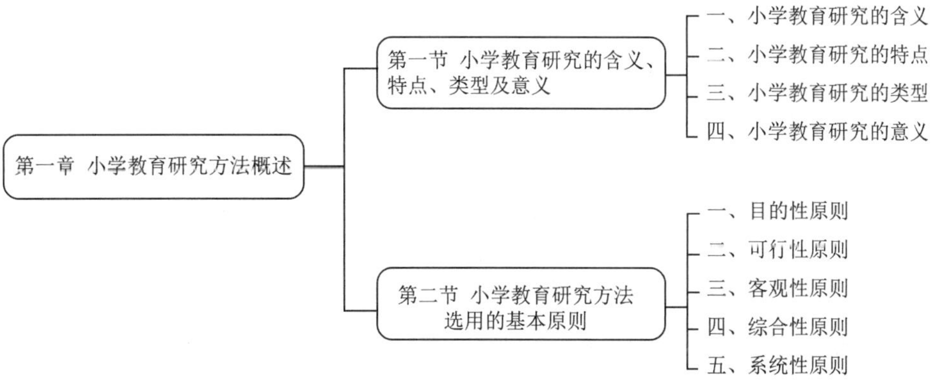

第一节 小学教育研究的含义、特点、类型及意义

一、小学教育研究的含义

（一）科学研究

科学研究是指在科学理论指导下，有目的、有计划地运用各种方法，为认识客观事物的内在本质和运动规律而进行的认识或实践活动。科学研究是创造知识、整理知识的探索工作。换句话说，科学研究包含创造、发展知识和整理、继承知识两部分，这两部分都是科学研究的重要组成部分，联系紧密，不可分割。创造知识，是发现、发明，是解决未知的问题。例如，2015 年，我国著名科学家屠呦呦因发现了青蒿素荣获诺贝尔生理学或医学奖，成为第一位获诺贝尔科学奖项的中国本土科学家。整理知识，是继承、借鉴，是对已有的知识进行分析、鉴别和整理，使知识系统化。[①] 例如，我国古代数学家祖冲之在刘徽开创的探索圆周率的精确方法——割圆术的基础上，首次将圆周率精算到小数点后第七位，即在 3. 141 592 6 和 3. 141 592 7 之间，他提出的“祖率”对数学的研究有重大贡献。直到 16 世纪，阿拉伯数学家阿尔・卡西才打破了这一纪录。祖冲之对圆周率数值的精确推算就是对原有知识进行加工、整理，进而发现规律的过程。

（二）教育研究

基于对科学研究概念的理解，我们认为教育研究是指在教育理论指导下，按照一定的研究程序，运用各种研究方法对教育问题进行研究，以探索教育规律为目的的创造性的认识和实践活动。[②] 其构成要素包括研究主体、研究对象、研究目的、研究方法等，各要素在教育研究中的作用不同，但密不可分，构成一个整体。教育研究的任务包含两个方面：一是认识的任务。通过教育研究，揭示教育规律，促进教育理论的发展，推动教育学的进步。二是实践的任务。通过教育研究，改进教育工作，促进教育改革，提升教育质量。基础研究和应用研究是完成这两项任务的主要方式。基础研究的主要目的在于发现新领域、新规律，提出新观点、新学说、新理论，如维果茨基关于“最近发展区”的研究。应用研究主要是运用基础理论研究的成果去解决教育工作中的具体问题，以提高教育质量。例如，我国著名儿童教育家李吉林自 1978 年开始探索情境教学，最终构建了具有民族特色和时代气息的情境

---

① 杨维平，丁敏. 科学研究方法与实践［M］. 西安：陕西师范大学出版总社有限公司，2013：14-15.

② 侯怀银. 教育研究方法［M］. 2 版. 北京：高等教育出版社，2018：2.

教育的理论与操作体系。

教育研究实际上是运用一定的方法解决教育问题的过程，该过程一般包括以下三个阶段：

第一，计划阶段。主要包括选题、查阅文献和设计。选题即选择研究课题，包括提出研究问题和确定研究课题。问题仅仅是对事物之间矛盾的揭示和描述，课题则是研究和解决矛盾。例如，自从2021年7月中共中央办公厅、国务院办公厅印发《关于进一步减轻义务教育阶段学生作业负担和校外培训负担的意见》（简称“双减”政策）以来，“如何更好地落实‘双减’政策”这一问题便成为教育理论工作者和实践工作者共同关注的热点问题。这里“如何更好地落实‘双减’政策”就只是提出了一个问题，没有涉及解决问题的措施。要让它成为一个课题，就必须有让“双减”政策更好落实的措施。为进一步推动“双减”政策落地生效，探索高质量实施“双减”政策的途径和办法，培育一批有宜春特色的“双减”研究成果，培养一支能教能研的教师队伍，江西省宜春市教育教学研究中心在2022年年初，面向全市中小学校开展了“双减”专项课题研究申报立项工作，立项了一批重点课题和一般课题。[①] 其中，江西省宜春市袁州区实验小学易小蓉老师主持立项的重点课题“‘双减’背景下提高学校课后延时服务水平的实践研究”就是这一问题下的一个课题，通过提高学校课后延时服务水平来推动“双减”政策的落实。课题确定之后，接下来就要进行文献的查阅，梳理这一领域的研究现状，找准自己研究的突破点，确定自己的研究思路，进行研究设计，即制订研究方案。

第二，实施阶段。依照事先制订的研究方案开展具体的研究工作。在实施研究方案的过程中，会涉及具体的研究方法的运用。比较常见的就是通过问卷调查法、访谈法、观察法等研究方法去收集相关研究资料，通过分析、综合、比较、归纳、演绎、类比等方法来整理分析相关资料或理论，形成新的理论。

第三，总结阶段。主要就是撰写研究报告或学术论文。鉴定和评价研究成果，具体评价其学术水平、应用价值及研究活动的科学性。

（三）小学教育研究

基于对教育研究概念的理解，我们认为小学教育研究是指在教育理论指导下，遵循一定的研究程序，运用各种研究方法对小学教育领域中的教育问题进行研究，以探索小学教育领域客观规律的一种特殊的认识和实践活动。它更侧重于应用研究，即将一些先进的教育理论应用到具体的小学教育实践中去，指导实践的发展，为小学教育的改革、发展提供理论基础。

---

① 宜春市教育教学研究中心.“三拼三促”：以研究为手段提升“双减”品质[EB/OL].(2022-07-05)[2023-01-25]. http://pc. yun. jxntv. cn/p/579874. html.

二、小学教育研究的特点

所有的科学研究都具有客观性、系统性、创造性的特点。小学教育研究作为一种特殊的科学研究，也具有客观性、系统性、创造性这些共性特点，但除此之外，还有其个性特点。

（一）伦理性

伦理性是指小学教育研究必须符合教育的根本方向，具有教育意义。小学教育研究中的重要对象是人，教育研究最终的目的也是完善教育、促进人的发展。所以，小学教育研究必须具有教育意义。

1. 不能以“证伪”作为研究目的①

例如，在研究手机依赖对小学生身心发展的影响时，不能为了研究手机依赖对小学生身心发展的不良影响，就让实验班的学生花大量时间玩手机，让他们对手机有依赖。

2. 确保研究不对研究对象造成伤害

某些教育研究，如“小学教师负面情绪在课堂中对学生的影响研究”，需要某种不良情境。如果为研究而特意让教师每堂课表现出负面情绪，会使学生产生不良体验，引起学生身心的某种不适。对于此类研究，我们应尽量在自然状态下采用观察法进行，观察那些在课堂上表现出负面情绪的教师的课堂录像，据此去分析其对学生的影响。

3. 尊重研究对象的意愿

尊重研究对象的意愿，意味着研究对象有相关知情权，也意味着研究对象可以凭个人意愿拒绝参加或中途退出研究。有时，研究对象知情权与研究客观性会发生冲突；有时，研究对象的参与意愿与样本代表性也会发生冲突。如果发生冲突，应以伦理优先。②

（二）实践性

小学教育研究具有很强的实践性，从选题到最终成果的表述都体现了实践性。首先，课题的实践性。对于小学教师而言，把教育实践中的问题提炼成为研究课题更具有可行性和研究价值。例如，“双减”背景下小学低段基础书法在课后服务中的研究、“双减”政策下探究低段语文作业布置的有效性，都是基于实践提出来的研究课题。其次，研究过程的实践性。以上两个课题研究都需要在实践中进行，如在教育实践中去探讨小学低段课后服务中如何发挥基础书法的作用，小学低段如何布置语文作业能更好地落实“双减”政策。最后，研究成果的实践性。由于小学教

---

① 曾晓洁. 小学教育研究方法［M］. 北京：高等教育出版社，2015：6.

② 曾晓洁. 小学教育研究方法［M］. 北京：高等教育出版社，2015：7.

师身处教学一线，其研究成果最终都会有对情境、过程的描述，具有明显的实践性。

（三）复杂性

小学教育研究涉及的因素比较复杂。首先，影响研究结果的因素复杂，如要研究教学方法对教学效果的影响，除了教学方法的影响外，教师的素质、学生的知识基础、学生的努力、教学条件等都可能对教学效果造成影响，在此过程中就要综合考虑这些因素，对一些无关变量进行控制。其次，难以做到对变量的精确控制。在上述例子中，要保证学生的基础知识差不多，我们可以通过测验选取两个成绩相当的班级作为实验班和对照班进行研究，实验班采用新的教学方法，对照班采用传统的教学方法，经过一个学期的实验后，比较两个班级的成绩。但是学生的努力程度、学生的思维方式、学生自身的生活经验等对学习成绩都可能会有影响，进而影响教学效果，而这些我们是不可能精确控制的。最后，研究结果可能受主观能动性的影响。如上述例子中，当实验班的同学知道自己是实验对象后，内心可能会认为教师对自己期望比较大，比较看好这个班级，会更努力学习，以便在教师心中留下好印象，这时候就会产生“罗森塔尔效应”。这也导致了无关变量的产生，研究者便很难精确判断到底是教学方法起作用还是其他因素起作用。此处所举的例子是采用教育实验法开展研究的，教学方法是自变量，教学效果是因变量，关于教育实验法的具体内容详见本章的“信息窗”。

三、小学教育研究的类型

根据不同的分类标准，小学教育研究有不同的类型，具体如表 1-1 所示。

表 1-1　小学教育研究的类型

分类标准	类型	概念	举例
方法论或对数据的描述方法	定性研究	通常从质的方面进行分析，主要运用综合、比较和归类、归纳和演绎等分析方法，对研究获取的资料进行思维加工，从而认识研究对象的本质特征，揭示其发生、发展的规律	采用观察法、访谈法获得的资料一般用于定性研究的方法
	定量研究	指研究者事先建立假设并确定具有因果关系的各种变量，然后使用某些经过检测的工具对这些变量进行测量和分析，从而验证研究者预定的假设。定量研究是对事物属性进行数量上的分析，从而判定事物的性质和变化	采用教育实验法开展的研究是最典型的定量研究
研究目的	基础研究	旨在扩展教育学科知识、发展和完善教育理论、丰富和提升教育实践	中国特色社会主义教育理论体系研究
	应用研究	指教育研究者为解决教育现实中的某种问题所进行的研究	翻转课堂在教学中的应用研究

续表

分类标准	类型	概念	举例
研究问题的内容和性质	价值研究	指针对教育的价值问题进行的研究的总称。价值研究要探讨的是“应该是什么”“为什么应该是什么”的问题	对职业教育价值问题的理性审视的研究
	事实研究	指针对教育的客观事实问题进行的研究。事实研究关注的是教育领域的活动事实，探讨的是“是什么”“不是什么”“怎么是什么”“还可以是什么”等问题	家庭教养方式对儿童同伴关系的影响的研究

四、小学教育研究的意义

（一）促进小学教育改革

党的二十大报告再次强调，教育是全面建设社会主义现代化国家的基础性、战略性支撑，要加快建设教育强国、科技强国、人才强国，办好人民满意的教育。人民满意的教育是立德树人的教育，是优先发展的教育，是体系完整的教育，是促进公平的教育，是改革创新的教育，是提高质量的教育。小学教育作为基础教育的重要阶段，对儿童未来发展意义重大。随着教育信息化的快速发展和国家全面深化教育改革的系统推进，小学教育也面临深刻的改革。改革涉及教育思想观念、体制、教育结构、课程、教学、教材等方方面面。当前小学教育改革的主要目标是全面贯彻素质教育，落实立德树人的根本任务。在新的义务教育课程方案和课程标准（2022 版）、教育数字化战略、“双减”政策等背景下，小学教师更应加强教育研究，探索适合新时代的教育方法，促进小学教育改革。

思想是行动的先导，教育思想观念指导着教育行为和方式。要转变传统的教育方式，首先要树立新的教育思想观念，在其中教育研究起着加速作用。教育研究通过产生新的教育思想观念和促进教育思想转变来推动教育实践的发展。

教育改革是一种变革教育现有状态的社会实践活动，其目的就是要改变教育发展过程中旧的、不合理的部分。教育改革没有固定的模式可以借鉴，具有很大的探索性和创新性。在教育改革的过程中，对于什么样的改革能符合社会需要、时代需要、教育规律等问题，需要通过教育研究才能找到答案。这也就决定了小学教育改革的开展离不开教育研究，失去教育研究的基础，教育改革将陷入盲目。

（二）提升小学教育质量

小学教师作为小学开展教育工作的主体，对小学教育质量有着直接影响。对于小学教师来说，提升教育质量最有效的途径，就是以教育研究为立足点，系统学习掌握相关教育理论，在教育理论的指导下进行教改研究、优化教育实践，从而解决在教育实践中遇到的问题。例如，针对当时小学语文课堂教学单调、呆板、封闭、低效的现实情况，李吉林首先将改革的触角伸向小学语文教学中最难的习作教学，通过带儿童走出封闭的课堂，走进宽阔的周围世界，让习作教学在真实的情境中发生，后来拓展到其他各学科。[①] 她最终开创了情境教育，为我国基础教育改革做出了开创性的贡献。

（三）促进小学教师专业发展

苏霍姆林斯基说过："如果你要想让教师的劳动能够给教师一些乐趣，使天天上课不致变成一种单调的义务，那你就应当引导每一位教师走上从事一些研究的这条幸福的道路上来。"小学教师的教育研究就是伴随着教育实践而展开的，实践中的一些教育问题的出现，促使他们去思考解决问题的策略，开展相关的研究。在教育研究过程中，他们需要查阅大量的资料，学习新的教育理论、先进的教育思想，更新自己的知识体系。同时，他们要掌握科学的研究方法，运用研究方法去收集相关的资料，再对之进行整理、分析，进而得出结论。在这个过程中，教师自身的理论素养将会得到提升。而通过研究形成的成果将被运用到教育实践中去，指导教育实践的开展，促进教育教学能力的提升，促进教师的专业发展。

（四）发展小学教育理论

我们要实现教育强国梦，就必须建立有中国本土特色的教育理论，这样才能实现教育的高质量发展。我们要在批判继承传统教育理论和经验、借鉴国外教育研究成果的同时，深入调查我国教育的现状，总结我国教育改革中的经验教训，积极开展教育实验，这样才能创建具有中国本土特色的教育理论。而这些都需要一线教师的积极参与和配合，探索出来的理论也要经得起实践的检验，在实践中不断发展和完善，这也需要一线教师的支持和参与。

第二节　小学教育研究方法选用的基本原则

在开展小学教育研究的过程中，正确选用教育研究方法意义重大。确定了选题、研究方向、研究目的之后，方法就显得尤为重要。方法选择恰当，运用科学合理，能够保证研究方向的正确，达到既定的研究目的；反之，就会影响研究的进程，降低研究效果，甚至偏离预定的研究方向。在开展小学教育研究的过程中，我们要重视教育研究方法的选用，应遵循以下基本原则：[②]

① 王玉娟. 李吉林情境教育的优势及启示［J］. 中国德育，2019(24)：37-40.

② 侯怀银. 教育研究方法［M］. 2 版. 北京：高等教育出版社，2018：26-28.

一、目的性原则

在小学教育研究中，我们需要厘清研究方法和研究目的之间的关系。研究方法是为研究目的服务的，不能为方法而方法，片面追求方法的形式。任何一种研究方法都各有优劣，没有一种研究方法是完美的。适合自己研究的就是好的研究方法，在选用研究方法的过程中，我们要根据研究目的、研究对象、研究内容及研究过程，结合研究者本人的知识基础及对方法的掌握程度来选用适当的研究方法。特别是小学教育研究对象主要是小学生，在选用研究方法时更需考虑这一特殊性。如针对小学一年级的学生，让他们本人去填写问卷可能是有一定的难度的，因而，我们在对他们进行研究时，尽量不采用问卷调查法，这可能是一个比较合适的选择。

二、可行性原则

任何好的研究方法只有在合适的条件下，由恰当的人员操作才能充分发挥作用。我们在选用研究方法时必须考虑可行性，要充分考虑实施研究的条件。选用研究方法时要考虑研究者个人的知识水平、能力和对方法掌握的程度，选用自己能操作的方法。同时，所选用的方法要适合自己的研究，能够最大限度地达成自己的研究目标、解决所要解决的问题。另外，还需考虑研究方法和研究对象的适切性问题。例如，某专科学校 2021 级小学教育专业三（2）班某学生在思考"'双减'政策下小学课后服务现状的调查研究"这一课题时，认为这个调查开展起来可能有点困难，如果只调查学生有点片面了，想将调查对象设定为家长、老师和学生。但以他们现有的能力、身份，调查难度大，而对低年级的小学生采用问卷调查法可能不太适合，那是不是可以对低年级的小学生采用访谈法，对高年级的学生采用问卷调查法？最终将调查对象确定为小学生，调查方法为问卷调查法和访谈法相结合。这一思考的过程就很好地体现了选用研究方法的可行性原则。

三、客观性原则

选用教育研究方法应遵循方法本身内在的规定和基本的原则。在小学教育研究过程中，我们要按照程序和要求去研究客观现实，不能随意更改和省略。从选题到对资料的分析，从方法手段到研究的组织，都必须客观科学，才能获得理想的结果。同时研究的结论必须经过证实或实践检验，才能保证其客观性、科学性。

四、综合性原则

由于教育现象和教育规律的复杂性，在开展小学教育研究时，往往不可能只使用一种研究方法。如前所述，任何一种研究方法都有局限性，只有综合运用多种研究方法，才能弥补各研究方法的不足，研究才会有所突破、创新。在开展小学教育研究的过程中，一般需要在采用某一种主要方法的同时，还要兼用一些其他研究方法。这就是小学教育研究方法选用的综合性原则。例如，在《“双减”政策背景下小学课后服务研究：现状、问题与对策——基于云南省 H 市九县一区的调查分析》一文中便综合运用了问卷调查法和访谈法两种研究方法。

五、系统性原则

小学教育研究要有明确的目的、严格的计划、科学的方法、周密的组织、合理的程序和步骤，构成一个规范科学的探索活动系统。我们要用整体的、系统的观点指导教育研究方法的选用。在选用教育研究方法时，必须注重事物之间的联系，要有整体系统的观点。要考虑教育与人、社会的相互关系，分析家庭环境、系统环境的影响。要重视总体的系统研究，全面地探讨所研究的教育问题。

案例

“双减”政策背景下小学课后服务研究：现状、问题与对策
——基于云南省 H 市九县一区的调查分析①

一、研究对象

云南省 H 市辖九县一区，九个县皆为少数民族自治县；该市位于滇西南边境地区，山区面积占 98.3%，是典型的边疆少数民族地区、边远山区。受自然因素与区位因素的制约，长期以来，H 市基础教育质量明显低于全省、全国的平均水平，具体表现为教育教学理念相对滞后、教育资源供给与配置不均衡、社会支持体系不全等问题。2021 年 11 月至 2022 年 1 月，调研组走访了 H 市 7 所小学，其中包括 4 所城镇小学和 3 所乡村小学，组织了 5 场专题座谈会，全面搜集整理了 7 所小学的课后服务资料。同时，调研组采用分层抽样的方式抽取了 16 所城镇小学和 410 所乡村小学，进行了较大范围的问卷调查。

二、研究方法

1. 问卷调查法

调研组深入市、县、区教育局和相关单位以及学校，调研课后服务的基本情况，并根据课后服务相关群体特征，研究设计了《H 市小学课后服务调查问卷》教师卷和家长卷两套问卷。每套问卷分为两个部分：第一部分是调查对象的基本信息，第

① 史大胜，李立，赵上宁，等.“双减”政策背景下小学课后服务研究：现状、问题与对策：基于云南省 H 市九县一区的调查分析［J］. 中国电化教育，2022（11）：17-22，31. 节选部分内容。

二部分主要为H市小学课后服务开展情况。发放教师问卷4 000份，回收有效问卷3 969份，回收有效率为99.2%。问卷信度为0.973，信度高；问卷效度为0.979，效度高。发放家长问卷46 000份，回收有效问卷44 656份，回收有效率为97.1%。问卷信度为0.96，信度高；问卷效度为0.958，效度高。

2. 访谈法

调研组访谈了H市内小学校长5名、小学教师50余人、学生家长50余人、小学生20余名，访谈总时长达30余小时。其中，对教师的访谈内容涉及教师个人承担课后服务工作的基本情况、课程建设情况、课后服务体验感和教师负担情况等方面；对家长的访谈内容涉及家长对课后服务的基本认知、对学校开展课后服务的了解情况、对学校课后服务的支持情况等方面；对学生的访谈内容涉及学生对课后服务教师和课程内容、形式等方面的诉求以及对课后服务的体验和评价。

【评析】 开展小学教育研究时，往往会综合使用多种研究方法。本案例充分展示了小学教育研究方法选用的综合性原则，主要使用了问卷调查法和访谈法。在问卷调查法部分，介绍了调查工具，问卷发放、回收的情况，并介绍了问卷的信度和效度。在访谈法部分，对访谈的基本情况做了简要介绍，并交代了访谈内容。

【信息窗】

教育实验法

实验法是教育研究者按照研究目的，合理地控制或创设一定的条件，人为地影响研究对象，从而验证假设，探讨条件和教育现象之间的因果关系的研究方法。

1. 实验法的类型

实验法的类型如表1-2所示。

表1-2 实验法的类型

分类标准	类型	概念
实验进行的场所	自然实验（现场实验）	在实际的教育情境中进行的实验
	实验室实验	研究者根据研究的需要，在经过专门设计的、人工高度控制的环境下进行的实验

续表

分类标准	类型	概念
实验目的	探索性实验	在一定的理论和实践研究的基础上，提出新的问题，检验新的假设是否成立的研究
	鉴别性实验	比较两个或两个以上教育因素的研究
	验证性实验	以验证已取得的实验成果为目的，对已经取得的认识成果用再实践的经验来检验、修正和完善
同一实验中自变量因素的多少	单因素实验（单一变量实验）	同一实验中研究者只操纵一个自变量的实验
	多因素实验（组合变量实验）	同一实验中需要操纵两个或两个以上的自变量的实验
实验变量控制程度	前实验	指在一定教育理论假设或教育思想指导下，有目的、有意识地变革教育中的某些因素，但对无关变量没有控制或控制较弱的实验
	准实验	指在明确的教育理论假设指导下，有目的、有计划地变革教育中的某些因素，对无关变量有较强控制，从而能验证理论假设的实验
	真实验	指在明确的教育理论假设指导下，能随机分派被试对象，完全控制无关干扰因素，能系统地操作实验因素，从而准确揭示变量间因果关系的实验

2. 实验活动的基本构成

实验活动的基本构成包括自变量、因变量和无关变量。自变量是由研究者主动操纵而变化的变量，在研究中常指那些能引起被测量行为特性变化的变量。因变量是随着自变量变化而变化的变量，在研究中指对被试行为进行测量的方面或特性。无关变量又称干扰变量、控制变量，是与某特定研究目标无关的非研究变量。由于它对研究结果产生影响，所以需要在研究过程中加以控制。

实验中控制无关变量的方法：① 随机选择和分配被试对象；② 设置控制组；③ 采用“双盲法”（研究者在实验中不让主试对象和被试对象了解实验的真实目的和意图）；④ 使无关变量保持恒定；⑤ 提高实验设计的科学性；⑥ 控制资料统计过程。

3. 实验法的优点和缺点

实验法的优点和缺点如表 1-3 所示。

表 1-3　实验法的优点和缺点

优　点	缺　点
① 可以人为地创造条件，对某些在自然观察中不易观察到或不易集中观察到的现象进行研究，从而扩大研究范围； ② 可以揭示变量之间的因果关系，这是其他研究方法难以达到的； ③ 可以重复验证，提高结论的科学性； ④ 实验结果以较为精确的数据说明问题	① 高度控制造成环境“失真”； ② 由实验人员和实验过程带来的负效应； ③ 不可避免的样本不足和选择误差

4. 实验法的基本步骤

（1）确定实验目的、方法和组织形式，拟订实验计划。

（2）创造实验条件，准备实验用具。

（3）进行实验。在实验过程中要做精确而详尽的记录，在各阶段中要做准确的测验。

（4）处理实验结果。考虑各种因素的作用，慎重核对结论，力求排除偶然因素的作用。

【实践与体验】

李吉林是著名儿童教育家、情境教育创始人。关于李吉林的事迹大家是否了解呢？请以小组为单位查找李吉林的相关资料，以文字、图片、短视频等形式来宣传她，以提升师范生素养，坚定教育初心，继续砥砺前行。

第二章

小学教育研究设计

问题导入

刘老师是一位刚工作两年的小学语文教师，当她看到学校下发的基础教育课题申报通知的时候，便有了申请此课题的想法。可是，她在第一关就被难住了，苦思冥想了几天，都没想出合适的题目。对于有些自己想做的和教学相关的课题，感觉自己实践经验不够，对于理论一点的课题又觉得自己没法完成。她陷入了疑惑：怎样才能选出一个好的课题呢？有哪些注意事项呢？

知识导图

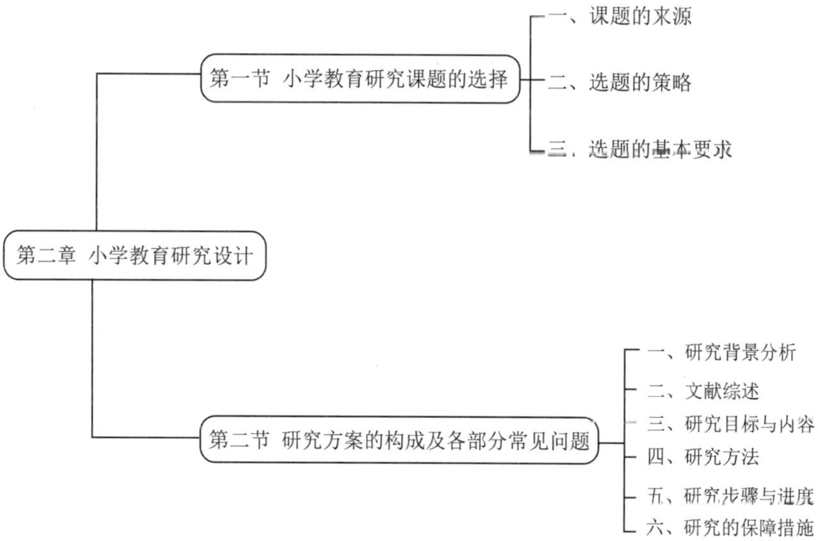

第一节 小学教育研究课题的选择

课题的选择指经过选择来确定所要研究的中心问题。它包含两个方面：一是确定研究的方向，二是选择研究的问题。课题的选择是开展小学教育研究的第一步和关键性的一步，它决定着研究者的现状和今后研究工作的主攻方向、目标和内容，而且在一定程度上规定了教育研究应采取的方法和途径。因此，如何选择课题是开展小学教育研究要解决的一个重要问题。

一、课题的来源

2021 年 4 月 2 日，教育部办公厅印发了《小学教育专业师范生教师职业能力标准（试行）》，在“四、自主发展能力”中的“4.1　注重专业成长”中的“4.1.3　学会研究”中，提出小学教育专业师范生要初步掌握教育教学科研的基本方法，能用以分析、研究小学教育教学实践问题，并尝试提出解决问题的思路与方法，具有撰写教育教学研究论文的基本能力。同时，当代小学教师角色发展的新趋势是由“教书匠”转变为“研究者”。而对于小学教师来说，要走好教育研究之路，正确地选择课题，了解课题的来源、策略和基本要求是第一步。

（一）来源于教育教学实践

教育教学实践中遇到的实际问题是小学教师选择课题的最主要来源。小学教育研究的任务之一就是要解决教育实际工作中亟待解决的问题。一线教师在教育实践过程中，每天都可能遇到一些实际问题，这里面蕴含着丰富的研究课题。只要小学教师善做“有心人”，便不难从教育实践中提炼出课题。例如，某小学老师针对当前“双减”背景下小学课后服务水平不高的现实问题，提出“‘双减’背景下提高学校课后延时服务水平的实践研究”课题。这个课题的提出，对学校提升课后延时服务水平具有重要意义。

由于小学教师面对的多是日常教育教学问题，在这方面开展研究基础较好，小学教师应该选择此类自己能够改变的问题进行研究。主要有三个方面的问题：一是课程问题。在当前新课改背景下，我国基础教育实施的是国家、地方、学校三级管理课程体系，其中的校本课程主要由学校的教师负责开发和实施，教师在“教什么”的问题上有一定的主动权。二是教学问题。虽然教师在校本课程中有一定的主动权，但这毕竟不占主体地位，教师能够改变的主要还是“怎么教”的问题，如教学方法、教学模式、教学效果等问题。特别是信息化时代，对教师的信息素养等提出了更高的要求，教师更应该在教学方法、教学模式上主动探索。三是管理问题。小学教师一般都要担任班主任，要开展班级管理、学生管理工作，在这方面会遇到很多问题，如“小学高年级学生手机依赖问题”“小学生早恋问题”“后进生的教育转化问题”等。①

（二）来源于教育改革中的热点和难点问题

一名小学教师应有意识地关注教育改革与发展，了解国家最新的政策文件，往往这些政策文件中提到的就是国家迫切需要解决的问题，也是教育中的热点和难点问题。小学教师了解这些政策，一方面可以将国家最新的精神贯彻落实到教育教学实践中去，另一方面可以从这些教育热点和难点中提炼出适合自己的课题。比如，2020 年 3 月 20 日中共中央、国务院下发了《关于全面加强新时代大中小学劳动教育的意见》，2021 年 4 月 29 日第二次修正的《中华人民共和国教育法》发布，其中第五条提到“教育必须为社会主义现代化建设服务、为人民服务，必须与生产劳动和社会实践相结合，培养德智体美劳全面发展的社会主义建设者和接班人”。而在此前我国的教育目的中是没有“劳”的，这也跟 2018 年 9 月 10 日全国教育大会上习近平总书记对劳动教育的强调有关。2022 年 3 月 25 日 2022 版的义务教育课程方案和课程标准发布，新的义务教育课程方案将劳动从综合实践活动课程中独立出来，独立设置劳动课程。从这三个文件中，我们可以看出当前国家对劳动教育的重视，也有很多一线教师围绕小学劳动教育的开展展开了研究。再如，自 2021 年 7 月《关于进一步减轻义务教育阶段学生作业负担和校外培训负担的意见》发布以来，许多教师围绕“双减”背景下的课后服务、校外培训机构治理等开展研究。这些都是从教育热点和难点问题中选择课题的体现。

（三）来源于对教育文献信息的分析

从教育文献中选择课题，首先要求教师多阅读一些教育学著作、期刊、学位论文等，在阅读的过程中结合自己的教育教学实践，主动思考，可以借鉴别人的理论提出一个新的课题，将前人的理论应用到自己的教学中，开展应用研究；可以质疑别人的理论来提出课题；可以围绕别人研究过并已得出结论，但是自己有新的看法的问题来开展研究。

（四）来源于教育科学研究规划

如果通过以上三种方式都找不到合适的课题，则可以关注一些课题的指南和期刊的征稿启事。这些课题都是经过专家论证后确定下来的，基本上能够反映教育领域里迫切需要解决的一些热点和难点问题，参考价值比较大。

1. 课题指南

例如，江西省基础教育课题申报通知发布的时候会附课题指南，教师可以根据

① 刘良华. 教育研究方法专题与案例［M］. 上海：华东师范大学出版社，2007：4-5.

课题指南来选题。具体举例来说，《关于做好2023年江西省基础教育研究课题立项申报工作的通知》中就提供了2023年度的课题指南，分为学前教育、小学语文、中学语文、小学数学、中学数学、英语、物理、化学、生物学、道德与法治（小学、初中）、少先队、历史、地理、体育与健康、音乐、美术、高中政治、心理健康教育、研学旅行与综合实践活动、信息技术、通用技术、小学科学、劳动教育、现代教育技术、综合类、德育、红色文化教育、梦想课程建设，共28个类别600多个课题。具体见附录。

2. 期刊的征稿启事

有些期刊会在每年的第一期刊登当年的征稿启事，或者在每年的最后一两期刊登来年的征稿启事，这些都可以成为选题的来源。

可以通过以下检索途径得到某期刊的重点选题。这里以《基础教育》期刊为例。第一步，在浏览器中输入“中国知网”，进入中国知网首页，单击检索框右侧的“出版物检索”，进入出版物检索页面，如图2-1所示；第二步，在检索框中输入“基础教育”，按照默认的检索途径“来源名称”，单击右侧的“出版来源检索”，得到检索结果，再单击“基础教育”这本杂志，进入知网该期刊导航页，在2022年第6期中公布了《基础教育》2023年重点选题，如图2-2和图2-3所示，鼠标定位在这里就可以看到下载的箭头，单击下载即可。当然，我们也可以单击图2-3中右上角标注的“投稿”字样，跳转到其官网，也能看到该期刊2023年的重点选题。

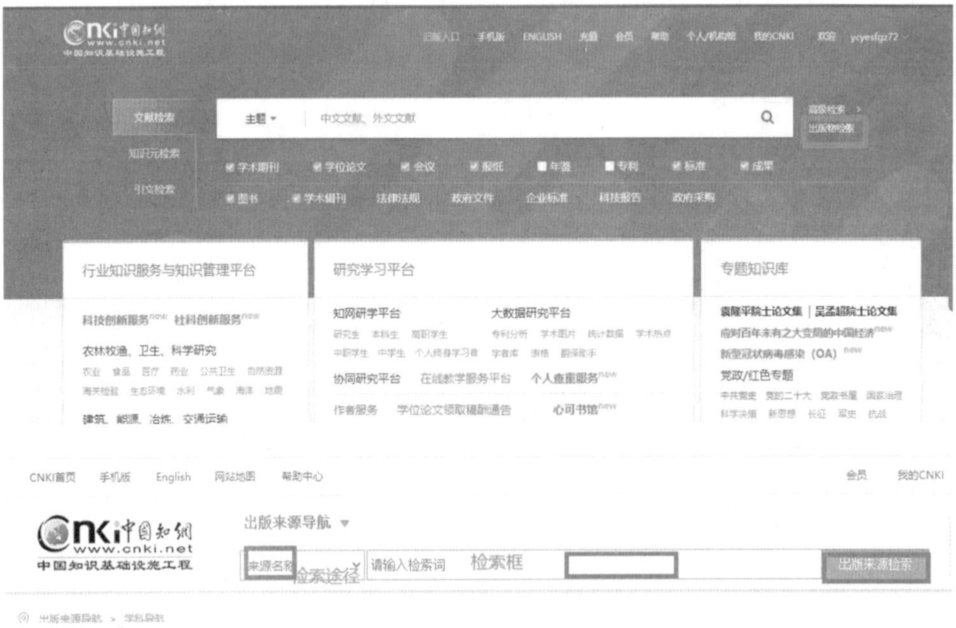

图2-1 中国知网出版物检索页面

图 2-2　输入“基础教育”后的搜索结果

图 2-3　《基础教育》2022 年第 6 期

以下为《基础教育》期刊 2023 年重点选题：

（1）学习贯彻党的二十大精神研究。

（2）中国教育现代化研究。

（3）基础教育高质量发展研究。

（4）新时期素质教育研究。

（5）跨界教育研究。

（6）中华民族共同体意识教育研究。

（7）教育治理与教育体制改革研究。

（8）乡村振兴与乡村教育发展研究。

（9）新时期民办教育研究。

（10）教育数字化研究。

（11）教育评价及中高考改革研究。

（12）基础教育阶段普职融通的理论内涵及实践探索研究。

（13）新课标、新教材与课堂教学改革研究。

（14）作例研究。

（15）基础教育教研工作研究。

（16）新时代学生发展与指导研究。

（17）基础教育推进拔尖创新人才培养工作研究。

（18）融合教育研究。

（19）基础教育的理论特质及学科建设研究。

需要注意的是，课题指南或期刊选题计划中的题目一般不宜直接作为课题题目，这只是研究方向，但可以激发小学教师的灵感，据此产生合适的选题。

二、选题的策略

选题是开展教育研究的第一步，也是教育研究成功与否的关键环节，了解一定的选题策略，对于刚刚涉足教育研究领域的新手来说具有一定的指导意义。

（一）选择自己感兴趣的课题

爱因斯坦曾说："兴趣是最好的老师。"一个人一旦对某事物有了浓厚的兴趣，就会主动去求知、探索、实践，并在求知、探索、实践中产生愉快的情绪和体验。兴趣是开展研究的动力。在开展教育研究的过程中，如果选择的是自己感兴趣的课题，就会不断思考，勤于探究。浓厚的兴趣可以将个人的创造性思维、灵感激发到最佳状态，使研究者真正地投入教育研究之中，更易取得成功。

（二）结合所学专业选题

从事小学教育研究需要一定的教育专业基础知识作为前提和基础。只有结合自己所学专业，选择一些自己熟悉的领域的课题，才能扬长避短。在现实中，有的人因为一时兴起，有的人因偶然获取到其他专业的资料，选择与所学专业无关的题目，结果往往因为缺乏系统的专业基础知识，而无法继续开展研究，最终只能半途而废或敷衍了事。所以，研究者应尽可能结合自己所学专业选题，发挥自己的长处。

（三）尽可能选择与教学工作有关的课题

在某种程度上，研究者的本职工作性质和环境决定了课题的范围，因为工作性质和环境制约着选题的动机、时间、精力、物力等各种条件。对于小学教师而言，要研究基础理论问题困难是非常大的，但如果选择后进生转化、教学方法、教学模式的改革等方面的课题，就能够充分发挥自己的优势，达到预期的研究目标。小学教师本身理论基础相对薄弱，平时忙于教学和学生管理工作，最好结合自己教学或学生管理中的一些问题，在工作中完成研究，以研究促进工作。这样便于教师收集研究素材，精力和时间也更有保障，研究成果更具有实践意义。

（四）选择力所能及的课题

选题时应该结合自己现有的实际条件和经过努力可以达到的条件。如果不具备完成课题所需的一些条件，那么课题再好都是无用的。在选题时，我们需要考虑以下问题：能否获得充分的研究资料？所需的时间是否有保证？经费是否到位？而最关键的问题是，自己现有的知识和能力能否保证完成课题的研究工作？选题时要切合实际，选择那些有价值且自己可以胜任的课题。

三、选题的基本要求

在开展小学教育研究过程中，要解决的问题数不胜数，但并非所有的问题都可以作为研究课题。教育研究课题的选择是一个理论思辨和实践探索相结合的过程，要按一定的要求和标准在可供选择的课题中确定所要研究的课题。具体而言，选题的基本要求有以下四点：

（一）价值性

通俗地讲，就是看课题是不是值得研究，是不是值得我们花费时间、精力、资金等去寻求答案。课题的价值表现在理论价值和应用价值两个方面。理论价值指的是课题的学术价值，能拓展相关知识、丰富教育理论，如对理论的构建、发展、完善，对原有理论的检验或突破等。[①] 应用价值即实践价值，指的是课题研究可以直接指导教学实践，提高教学质量和效益，或将教育理论和教学实践结合起来。小学教师在教育研究中一般侧重课题的应用价值，着重思考为什么要研究这个课题，通过这个课题研究要解决什么问题。最终的落脚点应该是学生能更好地发展和学校教学质量能得到提升。小学教师选择应用价值强的课题更容易深入研究，也更容易出成果。

（二）创新性

开展研究时最忌讳的是无意义地重复别人的研究，它必然要求有创新、有独特之处、有时代感。换句话说，它应是前人未曾解决或尚未完全解决的问题。我们可以从新问题、新事物、新理论、新思想、新经验、新方法、新设计中选题；要把握

① 郑金洲，陶保平，孔企平. 学校教育研究方法［M］. 北京：教育科学出版社，2003：54.

时代的脉搏，从热点中选题；要从独特的视角来看问题，在未开垦的处女地上进行挖掘。

要处理好继承与创新的关系。创新也是要建立在前人研究的基础上，我们不仅要继承前人的已有成果，还要认真借鉴前人的研究思想和理论、研究方法及思维方式。创新并非要求研究的所有方面都是独创的、全新的。选择别人没有研究过的问题是创新；用别人没有用过的研究方法去研究同一个问题是创新；基于某种理论或方法去研究某个新的领域也是创新。要做到选题创新，就应该深入地查阅相关文献资料，了解前人围绕这个领域采用了哪些研究方法或基于何种理论视角开展了相关研究，研究了哪些内容，取得了哪些成果，当前研究还存在哪些不足，等等。在此基础上，从视角、方法、内容等方面去寻找研究的突破点。

（三）可行性

所谓可行性，是指问题是可以研究的，存在被解决的现实可能性。具体而言，可行性应包括三个方面的条件：①

一是客观条件。进行一项研究时必然会受到外在环境或条件的限制。如研究时间、经费、人力、技术、设备、文献资料、领导支持、研究对象和单位的支持与合作、法律政策、社会伦理、生活习俗及宗教信仰等。

二是主观条件。主观条件是指研究者自身的条件，包括研究者在生活经历、知识结构、研究经验、学术基础、专业特长、科研能力、材料收集、操作技术等方面的限制，甚至还包括研究者的性别、年龄、语言、体力等生理因素方面的限制。研究者应尽量选择能发挥自己优势特长的课题，才能尽快出成果。

三是时机问题。选题必须抓住恰当的时机。什么时候提出某一研究课题要看有关理论进展、学科发展、研究工具及客观条件的发展成熟程度。提出过早，问题会难以攻下；提出过晚，又会被认为亦步亦趋，毫无新意。这里有一个胆识问题，研究者既要善于抓住新课题，又要注意时机。

（四）清晰性

研究的问题表述要具体明确，意思清楚，表达出到底要研究什么。问题的界限要清晰，研究范围要小，课题不宜太大、太复杂。课题是否具有清晰性可以从课题名称中看出来。一般课题名称会体现研究对象、研究内容、研究范围甚至研究方法等。例如，“‘双减’政策下小学课后服务现状的调查研究”，这个题目就比较清晰。它反映了研究内容是课后服务现状，研究范围是小学，研究方法是调查研究。又如，“不同的教学方法对小学生语文学习成绩的影响研究”这个题目也比较清晰。研究内容是不同的教学方法对小学生语文学习成绩的影响，研究对象是小学生。再如，

① 裴娣娜. 教育研究方法导论［M］. 合肥：安徽教育出版社，2000：77-78.

"小学生英语学习研究"，这个题目表述就不清晰，题目范围有点大，小学生英语学习涉及学习动机、学习方法、学习兴趣等方面，从题目中我们并不能看出作者到底想研究哪个问题。如果改为"小学生英语学习兴趣培养策略研究"就清晰多了。

第二节　研究方案的构成及各部分常见问题①

研究方案也叫课题研究方案或课题研究计划，是课题确立后，在正式开展研究之前制定的整个课题研究的总体规划，是课题研究的施工蓝图。它能反映课题的质量和研究者的科研水平，对后续研究工作的开展有着重要作用。课题能否被批准立项，主要取决于课题研究方案的质量，课题立项后对课题的中期检查、结题鉴定也主要依据课题研究方案。课题研究方案主要包括研究背景分析、文献综述、研究目标与内容、研究方法、研究步骤与进度、研究的保障措施六部分。

一、研究背景分析

研究背景分析一般从课题背景、核心概念的界定、选题的意义三方面展开。

（一）课题背景

课题背景包括时代背景、理论背景和实践背景。时代背景是指课题选择所处的时代对课题选择的影响，如果课题的时代特征明显可以写，时代特征不明显的话可以不写。时代背景的撰写往往是从时代的发展及国家教育政策法规文件等的相关规定入手。例如，课题"小学生英语学习兴趣现状的调查研究"，将时代背景表述为：2001 年《教育部关于积极推进小学开设英语课程的指导意见》中提出，要"激发学生学习英语的兴趣，培养他们英语学习的积极态度，使他们建立初步的学习英语的自信心"。基础教育新课程标准也将"激发和培养学生学习英语的兴趣"作为中小学英语课程教学中处于第一位的任务，指出要通过小学阶段的英语教学培养学生"对英语的好奇心"和"持续的兴趣和爱好"。

理论背景是指影响课题选择的理论或理论因素，也可以理解为理论基础。在阐述理论背景时，需选择与课题有密切关系的理论，考虑课题与理论之间的适切性。阐述时注意论述清楚理论和课题之间的密切关系，而不是将理论摆在那里就行，理论也不是列举得越多越好，也要注意不要将名人名言或课程标准作为理论背景。

---

① 本节未标注出处的例子及案例，均来自宜春幼儿师范高等专科学校 2021 级小学教育专业学生的"教育研究方法基础"课程小组任务的成果。考虑到师范生具有"大学生"和"未来教师"的双重身份，在布置任务时允许学生选择与大学、小学相关的问题进行研究。

如在张冬梅的硕士学位论文《乡镇小学生英语学习兴趣调查与培养研究——以山东省临沂市兰山区C小学为例》① 中，理论基础之一为马斯洛的需求层次理论，具体阐述如下：马斯洛需求层次理论由亚伯拉罕·马斯洛于1943年提出，将人的需求从低到高依次分为生理需求、安全需求、社交需求、尊重需求和自我实现的需求。马斯洛认为，人类具有一些先天需求，越是低级的需求就越类似动物，越是高级的需求就越为人类所特有。这些需求都是按照先后顺序出现的，当一个人满足了较低级的需求之后，才能出现较高级的需求，即需求层次（戴维·霍瑟萨尔，2011）。马斯洛的需求层次理论之所以重要，主要是因为学生是一个正在发展和成长的人，他首先要满足生理需求，能够保证他吃穿用度，在这个层面上，大部分学生可以满足，但是也有一些家庭经济极其困难，需要政府和教育政策的支持；在安全需求方面，要保证学生内心的安全感是需要多方面配合的，有些学生的家庭情况特殊，父母离异或为留守儿童，学生心理安全感则需要教师、同学、家长多多重视；在社交需求和尊重需求方面，当学生对于一件事产生了兴趣，这种兴趣会促使他把这件事做好，当得到了良好的成绩反馈或老师的夸奖，会提升其自信心，并帮助他更好地获得周围同学的欣赏和尊重，提高自尊水平；当一系列的兴趣提升和需求得到满足后，他会到达最后一个阶段，即自我实现阶段，前几个阶段累积的知识水平、自信心、自尊感会让其达到人生目标，实现人生价值。

实践背景是指针对教育实践中迫切需要解决的问题而提出此课题研究。如课题“大学生就业意向的调查研究”将实践背景阐述为：近年来，随着大学生人数的增多，大学生就业难的问题越发严峻，为此党和国家出台了一系列的政策，为大学生就业提供帮助。为了让当今大学生尽早树立就业意识，我们有必要了解大学生的就业意向。

（二）核心概念的界定

核心概念的界定是指要对课题中所涉及的核心概念下定义，一般是对课题名称中所涉及的关键术语进行操作定义。结合课题研究需要，对关键概念给出适合自己研究的定义，并非课题中的所有术语都要界定。例如，在“大学生恋爱观的调查研究”这一课题中，需要进行操作定义的术语有“大学生”和“恋爱观”，“调查研究”就没有必要界定了。虽然大学生这个概念众所周知，但我们需要对其范围进行界定。由此，可以将“大学生”操作定义为宜春幼儿师范高等专科学校2021级初等教育学院学生，“恋爱观”操作定义为“大学生对恋爱问题的总的看法和态度”。

（三）课题的意义

课题的意义一般包括理论意义和实践意义。理论意义一般可以从丰富该领域相

① 张冬梅. 乡镇小学生英语学习兴趣调查与培养研究：以山东省临沂市兰山区C小学为例［D］. 曲阜：曲阜师范大学，2020.

关理论或为该问题的解决提供理论参考展开。实践意义要阐述清楚课题对教育实践的指导意义。

例如，姜美杰的硕士论文《需求视域下小学校内课后服务实施研究——以X小学为例》中，理论意义的阐述如下：校内课后服务政策的颁布是为了解决教育问题与社会问题，政策在实施过程中存在一定问题。开展关于课后服务实施的研究，既可以对课后服务的实施模式进行进一步思考，又有助于深化了解课后服务自身发展的逻辑性和特殊性，进一步明晰小学校内课后服务实施中的认知、经费、师资分配、管理等问题，为解决当前学校课后服务实施中的问题，进一步优化校内课后服务质量提供理论参考。实践意义的阐述如下：通过对已经开展课后服务的X小学进行调查研究，了解校内课后服务是如何实施的，对课后服务要素、保障、管理等工作进行深入了解和系统分析，总结小学校内课后服务实施工作中存在的问题，剖析其产生问题的成因，提升课后服务质量，以便课后服务更好地满足学生与家长的需求。①

二、文献综述

文献综述在课题研究方案中也被叫作国内外研究现状，要求研究者通过查阅大量文献对国内外该领域的研究现状进行系统梳理，指出该领域哪些人采用什么研究方法取得了什么研究成果（某篇论文或某本著作），提出了哪些重要观点，这些观点有怎样的演变与发展趋势。一般我们可以将研究者的观点进行分类，把每一类有代表性的观点呈现出来。还要对研究现状进行评价，说明该领域尚未解决的问题，即已有研究存在的不足。基于这个不足指出所要研究的课题，在已有研究不足的基础上寻找研究的突破点。

例如，在"大学生恋爱观的调查研究"中对国内研究现状阐述如下：

第一，关于大学生恋爱观内涵的研究。廖莎莎表明青年恋爱观的形成会受到个人心理发展程度和社会公序良俗的影响。邵昌玉提出恋爱观是世界观、人生观和价值观在恋爱问题上的具体体现。苏娜定义"婚恋观是一种价值观，受到特定历史时期社会环境的影响"，她认为在恋爱对象的选择上，会受到个人内在品质和外在表现的影响，个人的特征是影响恋爱行为的因素。张春秋指出恋爱观是大学生在世界观、人生观、价值观的影响下，对于爱情的认知，对恋爱的看法、态度及行为倾向和价值表现。陈金兰提出恋爱观是人们对男女两性恋爱关系的基本观点。一个人有着怎样的恋爱观，直接支配着个人的恋爱态度和行为，同时，对个人人生伴侣的选择也有着很深的影响。

第二，关于大学生恋爱观影响因素的研究。毛克祥在《关于大学生恋爱观的思

---

① 姜美杰. 需求视域下小学校内课后服务实施研究：以X小学为例［D］. 大连：辽宁师范大学，2022.

考》中阐述了不良恋爱观的产生受到主观因素和社会环境的影响。[①] 主观上是因为部分大学生自身学识、阅历不够，缺乏对爱情的认识；而社会环境的影响则是因为在社会转型的背景下，西方开放思想的不断侵蚀，大众传媒信息鱼龙混杂，导致大学生产生错误的恋爱观。倪秀娟等在《引导当代大学生树立正确的恋爱观》中全面分析了大学生当前的恋爱现状，认为对大学生恋爱观产生影响的因素主要为家庭教育的缺失、外国思维观念的渗透、学校管理不善等三个方面。[②] 詹薇通过实证研究分析得出，公众人物婚恋行为很大程度上影响着大学生对婚恋观的认知。陈薇薇、李木子指出，新媒体环境下大学生的恋爱受到浮躁社会风气的影响，呈现出“拜金”“投机”等特点。蔡敏在《青年恋爱心理学》一书中指出，大学生恋爱观首先受到生理和心理因素的影响。男女大学生由于大脑结构和身体构造的不同，导致思维方式存在差异，心理成熟度不同，表现出恋爱动机、心理需要、性格特点的不同。[③]

第三，关于大学生恋爱观状况的研究。基于国内学者的观点，从大学生恋爱观的内容中可以发现，目前我国大学生恋爱模式存在一些普遍特点。例如，享受恋爱过程，忽视恋爱结果；思想上学业至上，行动上爱情第一；恋爱抗挫折能力弱；从恋爱到结婚的成功率低；性行为比例高；传统道德淡化；等等。学者们普遍认为当代大学生在性观念上存在的突出问题是：性行为开放，贞操观淡化。黄希庭在《大学生心理健康与咨询》一书中就通过调查问卷分析得出当代大学生的性观念日益开放，婚前性行为不断增加。[④] 根据黄东晖、朱长虹、熊承良的调查数据显示，网络中良莠不齐的信息肆意蔓延，影响大学生的恋爱观，导致心理问题甚至违法犯罪行为产生。调查显示女大学生流产的比例很高，这种现象在危害大学生身心健康的同时，也对社会风气产生不良影响。郝文斌等在《大学生恋爱问题的最新动态和对策研究——黑龙江省高校大学生恋爱状况调查和分析》中指出，传统道德观、婚姻观对大学生的影响力日渐减弱，人们思想多元化、生活方式多样化、价值取向多元化的现实，促使传统道德观、婚姻观发生了很大变化。[⑤]

第四，关于大学生树立正确恋爱观的策略的研究。对于如何培育大学生正确的恋爱观、爱情观的研究，每个学者的侧重点不同，以下分别从个人、家庭教育、学校教育三个方面进行研究。一是个人方面：大学生要加强自我教育，提高对于爱情的认识，树立正确的恋爱观。左江萍在《大学生恋爱功利化现象的分析与培养爱的

---

① 毛克祥. 关于大学生恋爱观的思考［J］. 教书育人. 2001（4）：47-48.

② 倪秀娟，刘泽宇. 引导当代大学生树立正确的恋爱观［J］. 知识经济，2014（2）：167.

③ 蔡敏. 青年恋爱心理学［M］. 北京：北京大学出版社，2013：43-73.

④ 黄希庭. 大学生心理健康与咨询［M］. 2 版. 北京：高等教育出版社，2007：260.

⑤ 郝文斌，冯丹娃. 大学生恋爱问题的最新动态和对策研究：黑龙江省高校大学生恋爱状况调查和分析［J］. 思想政治教育研究，2005（2）：75-77.

能力》中提出，大学生要树立正确的爱情观，需要不断健全自己的人格，通过合适的方式表达爱情，不断在学习中完善个人恋爱观。① 李兵在《浅析 90 后大学生爱情观现状及教育策略》中指出，大学生要能够正确处理好恋爱中的各种关系，处理好爱情与学业、爱情与婚姻家庭、爱情与责任的关系。二是家庭教育方面：重视恋爱观教育，父母要以身作则，充分发挥家庭教育潜移默化的作用。余鲲认为子女总是通过感知父母的婚姻模式、婚姻状况，即家庭氛围来形成自己的恋爱观念。与此同时，家长还应与时俱进，不断更新自己的教育方法和教育理念。三是学校教育方面：学校应加强恋爱观教育体系建设，利用课堂讲解、专题讲座、心理咨询等方式来进行恋爱观教育，不断完善恋爱观教育内容。郝文斌主张发挥思想政治理论课的主渠道作用，从对历史名人的爱情经历的讲解，提高大学生对爱情的内涵的认识；从开展恋爱婚姻课程，消除大学生恋爱中的困惑。王颖提出通过建立校际心理咨询流动站，发挥专业人士的优势，解决学生心中的问题。胡珍认为，让大学生通过参与丰富的校园活动来充实校园生活，在集体活动中提高自身修养，处理好生活中的各种关系。

上面这个案例中对国内研究现状的阐述，做到了分门别类地将该领域研究现状进行了四方面的梳理。但是，我们也应该注意，上面这个案例缺少对研究现状的评价，没有指出当前研究中存在的不足。同时，我们还需要注意，有人会把研究现状理解成该问题发展现状，而不是对相关研究成果的研究现状进行分析。例如，作者在“大学生就业意向的调查研究”中，将国内研究现状表述为：在国内，就业方向过于集中。约 43.3%的同学选择沿海开放城市，26.7%的人选择中小城市，16.7%的人选择内地省会城市。暂且不说大学生们的功利心，对于每个公民来说，好的待遇、工作、福利都是自己所期待的。这就是典型的对课题所涉及问题的发展现状进行分析。

三、研究目标与内容

研究目标是指课题最后要达到的具体结果，要注意和研究目的区分，研究目的侧重的是为何要开展这项研究。研究目标要具体、明确、具有可操作性，一般围绕了解现状、发现问题及影响因素、探索解决问题的策略或途径等展开。一般写 3~5 点即可，因为一个课题不可能解决所有问题，也不可能达到所有的预期目标，必须有所选择。例如，在“大学生恋爱观的调查研究”中，研究目标是：通过调查宜春幼儿师范高等专科学校三年制大学生，了解当代大学生的恋爱观现状和存在的问题，探索引导大学生树立正确的恋爱观的策略。

---

① 左江萍. 大学生恋爱功利化现象的分析与培养爱的能力［J］. 福建论坛（人文社会科学版），2011 专刊：143-144.

研究内容是要明确本课题究竟研究什么问题，它是研究目标的进一步细化，比研究目标更具体、明确，一般是和研究目标对应的，有几个研究目标就有几个研究内容。要在研究目标的基础上进一步明确从哪几个方面或维度来了解现状、发现问题及影响因素、探索解决问题的策略或途径。

例如，在“大学生恋爱观的调查研究”中，研究内容可以表述为：首先，从大学生对恋爱与性的关系的认识、恋爱与学习的关系的认识、恋爱与婚姻的关系的认识和恋爱与对方家庭状况的认识四方面来了解大学生恋爱观现状；其次，从部分大学生择偶标准功利化、恋爱缺乏稳定性、追求恋爱理想化、恋爱消费观念不合理、对恋爱与学业关系处理不当来分析大学生恋爱观中存在的问题；最后，从学校加强恋爱观教育、充分发挥家庭教育的作用、营造良好的社会环境、加强大学生自身修养四方面提出引导大学生树立正确恋爱观的对策。①

四、研究方法

研究方法主要解决“如何干”的问题，“如何干”的问题又蕴藏于研究内容中，因而需根据研究内容来确定研究方法。常用的研究方法有文献研究法、问卷调查法、访谈法、观察法等。研究者要熟悉和理解这些常用的研究方法，再从完成研究的需要出发选择方法。例如，在梳理国内外研究现状时，都会用到文献研究法。要了解“双减”背景下小学课后服务的现状，就要用到问卷调查法、访谈法、观察法等调查研究方法。由于教育问题错综复杂，在开展某项课题研究时往往需要综合运用多种研究方法。在撰写这部分内容时，不能仅仅罗列研究方法，如简单地写“本研究使用了文献研究法、问卷调查法、访谈法”，而要具体说明此种研究方法在本研究中是如何使用的，或在课题研究的哪些方面会用到这些方法。

如在“小学生英语学习兴趣现状的调查研究”中，研究方法的表述如下：

（1）问卷调查法。通过向实验小学的小学生发放“小学生英语学习兴趣现状的调查问卷”来了解小学生英语学习兴趣的现状。

（2）文献研究法。通过系统梳理小学生英语学习兴趣的相关文献资料，把握国内外小学生英语学习兴趣的研究现状，为本研究提供一定的参考与借鉴。

（3）访谈法。对实验小学的老师和学生进行访谈，以便进一步了解小学生英语学习兴趣的现状。

---

① 都田媛．“95”后在校大学生恋爱观存在的问题及对策研究：以辽西部分高校为例［D］．锦州：渤海大学，2020.

五、研究步骤与进度

研究步骤与进度可以说是课题研究任务在时间顺序上的计划安排。要阐述清楚在某个时间段做什么事情，把一些重要步骤、重大安排讲清楚。具体地，可以分为准备、实施、总结三个阶段。

（一）准备阶段

准备阶段一般包括确定选题、确定研究对象和研究内容、撰写文献综述、制订研究方案、设计调查问卷、编写访谈提纲、设计观察记录表等。

（二）实施阶段

实施阶段包括资料的收集与整理、数据分析、研究内容的操作、研究方案的调整和完善、过程的管理等。

（三）总结阶段

总结阶段包括对材料进行统计分析和加工、提炼研究成果、撰写研究报告和学术论文、发表学术论文、撰写结题报告、准备结题材料等。

例如，在“大学生恋爱观的调查研究”中，研究步骤与进度阐述如下：

（1）准备阶段（2022 年 9 月 15 日—2022 年 9 月 30 日），通过网络查阅各种文献资料，召开小组会议并拟订访谈计划，设计问卷。

（2）调查阶段（2022 年 10 月 1 日—2022 年 10 月 16 日），根据课题研究方案抽取访谈对象，发放问卷，收集问卷，对问卷进行初步评定研究。

（3）分析阶段（2022 年 10 月 17 日—2022 年 11 月 17 日），开始进行问卷汇总，对问卷进行审核和复查，先通过问卷星平台自带的统计图对问卷进行分析，再结合访谈结果进行深入分析。

（4）总结阶段（2022 年 11 月 18 日—2022 年 12 月 7 日），召开小组会议，总结和提炼调查结果，评价资料质量，分析调查成果并编写调查总结，完成调查研究报告。

六、研究的保障措施

研究的保障措施包括人、财、物三方面，人主要指的是课题组组长、成员的分工协作，财指的是课题经费预算，物指的是资料、仪器、设备等物质上的保证。课题组组长即课题负责人，要负责课题研究方案的设计。课题组组长应对人员数量、结构直至具体的人选都有通盘的考虑。

以上保障措施是对集体的研究课题而言的，个人开展课题研究保障措施主要考虑文献资料、时间、研究对象的配合、经费等方面。

案例1

“课程思政”视角下师范生师德教育的现实样态与实践路径
——以Y校初等教育学院为例①

一、国内外课题研究现状及发展趋势

本课题主要涉及“课程思政”与师范生师德教育两个研究领域。“课程思政”是2014年上海市政府推进德育综合改革中提出来的一种工作理念，近年来越来越成为高等教育中关注的热点问题。师德教育则始终是国内外学界关注的焦点问题，从已有研究成果来看，学者们似乎更关注教师的师德建设问题，对于师范生师德教育问题的研究相对较少。而基于“课程思政”视角研究师范生师德教育问题的成果更是鲜有。因此，本课题首先对这两个领域的研究进展进行扼要的梳理和评估，在此基础上，提出本课题对已有研究的进一步深化和拓展之处。

（一）国内外“课程思政”研究综述

国内当前关于“课程思政”的研究主要集中在对其内涵、价值、与“思政课程”的关系、“课程思政”建设存在的问题、“课程思政”的建设路径五方面，具体来说：

1. 关于“课程思政”内涵的研究

从已有的研究成果来看，学者们的观点基本达成一致，认为高校所有课程都要发挥思想政治教育作用，要求把思政元素融入每一门课程体系之中，所有课程的教学应做到知识传授与价值引领的统一。[1-3]

2. 关于“课程思政”价值的研究

从目前的研究来看，对其价值的研究主要集中在高校思想政治教育和育人两方面。一方面，实施“课程思政”的重要价值在于坚持社会主义办学方向、体现立德树人的根本要求和确保育人工作贯穿教育教学全过程。[1]另一方面，高校实施“课程思政”建设的重要意义在于落实全国高校思想政治工作会议精神和落实全国教育大会精神。[4]

3. 关于“课程思政”与“思政课程”之间关系的研究

学者们普遍认为，当前实现“思政课程”向“课程思政”的转化是必然的，二者有着密切的联系，应协同共进，发挥育人合力。首先，实施“课程思政”，从传统的“思政课程”转向“课程思政”是必然的，是对传统思想政治教育在观念上的突破及方法上的创新等。[5]其次，“课程思政”与“思政课程”要同向同行，实现协

---

① 董芸，左志德，邱小健，等，系江西省教育规划课题（一般项目）申报书，节选了部分内容。

同育人，构建“大思政”育人体系。[6]

4. 关于“课程思政”建设存在的问题的研究

已有的研究成果多是从教育理念、课程建设和课堂教学、师资队伍、体制机制这些方面展开论述的。其一，围绕着管理理念、改革措施、教学方法和体制机制四个方面指出“课程思政”面临的关键问题[2]；其二，分别从观念、体制和效果三个层面提出“课程思政”建设面临的困境[7]；其三，从教育理念和顶层设计、课程建设和课堂教学、思政教育主体建设及体制机制四个方面提出“课程思政”的现实困境[8]；其四，从教育理念、队伍建设、人才培养和管理体制四方面指出“课程思政”建设的关键问题[4]。

5. 关于“课程思政”的建设路径的研究

纵观已有研究成果，学者们大多是从教师、教材、制度、课程等方面来探索“课程思政”的建设路径的。其一，提出要坚持马克思主义理论的价值引领，要构建新的育人机制体制，要完善哲学社会科学的评价体系与评价标准，要处理好“课程思政”与“思政课程”的关系。[2]其二，从思政教育理念转换、“大思政”课程建设、教育共同体及课程开发四方面提出“课程思政”构建的策略。[5]其三，“课程思政”的生成路径：教师是关键，教材是重要依托，挖掘“课程思政”教育资源是先决条件，制度是保障。[1]

（二）国内外师范生师德教育研究综述

国内当前关于师范生师德教育的研究主要集中在其概念、重要性、存在问题及原因、对策研究等方面，具体来说：

1. 关于师范生师德教育的概念的研究

多采用理论分析法，基于对教师职业道德概念的理解，进一步去剖析师范生师德教育的概念。在这一点上，学者们基本达成共识，一致认为师范生师德教育就是对师范生进行职前教师职业道德的培养和教育，师德教育是师范生师德内化的过程，就是把社会对教师的道德要求转化为师范生自身的道德品质的教育实践活动。[9,10]

2. 关于师范生师德教育的重要性的研究

这方面的研究多是围绕着对基础教育改革的作用、对学生人格的发展、对教师素质提高的作用等方面展开的。[11]

3. 关于师范生师德教育存在的问题及原因的研究

其一，存在的问题主要表现在师德教育的内容、途径、效果、评价方面的问题，原因主要有市场经济的负面影响、缺乏社会的关注、高校大规模扩招、缺乏监督和管理、师范生师德素养缺乏。[10]其二，问题主要表现在师范生教师职业情感教育内容缺乏、职业道德教育课程设置不完善、师资队伍建设不完善，原因主要有师德教育重视不够、教育体系不完善、社会环境消极因素及师范生自身因素。其三，问题主要有教育形式较为单一、部分高校教师职业失范、师范生师德践履能力不高，其原因主要是外界影响、师德培育理念缺失、高校教师师德失范的负面影响、部分师范生道德素质不高。[9]概言之，师范生师德教育存在的问题多围绕着教育内容、形式、教师等方面展开，而其原因多涉及社会环境、学生自身因素、教师素质、教育本身等方面。

4. 关于师范生师德教育对策的研究

其一，从社会、高校教育和师范生自身三个层面提出对策。[9]其二，提出要完善师德教育体系，加强校园文化建设，对师范生实习期间开展师德模拟考核。[12]其三，提出要整合高校师德培养环境，完善高校师德教育体系，促进师范生道德自律。[13]其四，提出要创新师德教育内容，开拓师德教育途径，注重师德教育实效，完善师德教育评价。[10]换言之，关于其对策研究，多是从师德培养环境、师德教育体系、师范生自身等方面展开的。

国外代表性的国家都十分重视师范生师德修养水平，重视教师职业道德规范建设，特别是职前的师德培养。注意在各科教学中渗透、重视各种校内外实践活动，注重对教师的道德品质的考核。这些都是值得学习、借鉴的。

（三）本研究拟突破的主要方面

纵观已有研究成果，可以发现，对师德教育的研究基本上集中在师德教育的问题、内容、原因、对策、重要性和必要性的研究上，且对象多以教师为主，而对高校师范生的师德教育研究相对偏少。已有的关于师范生师德教育的研究多是理论与实证相结合，研究的结论上没有太大的新颖性，比较陈旧。从“课程思政”视角出发来研究师范生师德教育的成果非常少，只有1篇相关的研究。

因而，本研究基于“课程思政”这一视角出发，运用问卷调查法、访谈法等来审视高校师德教育的现实样态，并构建其实践路径，以此实现研究视角和研究结果的创新。

二、研究的理论基础（解释或评判研究全过程的依据）

（一）马克思主义关于人的全面发展学说

马克思主义关于人的全面发展学说致力于实现人的自由、全面发展。“课程思政”在目标上突出育人价值，主张立德与求知相统一，二者在目标上是契合的，都致力于全面发展的人的培养。因而，马克思主义关于人的全面发展学说为本研究提供了理论基础。

（二）关怀教育理论

关怀教育理论主张教育的主要目的是培养有能力、关心人、爱人并且可爱的人。注重学生道德的培养，与“课程思政”视角下的师范生师德教育的理念相耦合。同时也体现了教师在教学过程中要为人师表，做好学生的榜样。所以，关怀教育理论为“课程思政”视角下师范生师德教育的实践路径提供了一定的对策和建议。

（三）价值澄清理论

所谓价值澄清模式，是指使受教育者通过价值评价和选择的学习，获得最合适和清晰的个人价值观的一种道德教育模式（王玄武，《比较德育学》）。它分为选择、珍视、行动三个阶段。该理论为本文提出的师德教育要理论与实践并行提供了理论支撑。

（四）体谅模式

体谅模式强调道德情感的培养。这为本文提出的师德教育要改革教学方法提供了理论基础。运用合作学习、案例教学、情境教学、角色扮演等方法来开展，以调动学生的主动性，促成学生参与，提升师范生师德情感。

三、研究方法

（一）文献研究法

本研究对于文献研究法的运用主要体现为两个方面。一是在已有研究成果的基础上，探寻将研究进一步深化和拓展的空间，避免重复研究；二是通过系统梳理学界关于“课程思政”和师范生师德教育的相关研究，对“课程思政”与师范生师德教育之间的内在逻辑关系做出理论凝练。据此，指出“课程思政”视角下师范生师德教育的必要性。

（二）问卷调查法

本研究对于问卷调查法的运用主要目的是了解 Y 校初等教育学院师范生师德教育的现状及存在的问题，分析其问题存在的原因。本研究将向 Y 校初等教育学院 300 名同学发放调查问卷。

（三）访谈法

本研究将对 Y 校初等教育学院 20 名同学进行半结构式访谈，深入了解当前 Y 校初等教育学院师范生师德教育的基本情况，并获取他们关于师范生师德教育的一些想法或建议。

（四）逻辑分析法

运用逻辑思维分析相关概念、“课程思政”和师范生师德教育的内在逻辑关系、师范生师德教育存在问题的原因等。可以说，逻辑分析法贯穿本研究的始终。

（五）跨学科研究法

“课程思政”本就是思想政治教育专业的用语，以它作为研究视角来探讨教育学中的师范生师德教育问题，将两个不同学科的理论综合运用，这是一种跨学科研究。

四、研究步骤和时间

（一）准备阶段

2019 年 10 月—2020 年 5 月：选定课题，拟订课题研究方案，进行课题论证，成立课题组，申报课题。收集“课程思政”和师范生师德教育方面的文献资料，开展相关的理论研究，撰写相关领域的国内外研究综述。

（二）中期阶段

（1）2020年6月—2020年12月：编制“师范生师德教育调查问卷”，向Y校初等教育学院学生发放300份问卷并收回问卷。同时，选取20名学生作为研究对象开展访谈。

（2）2021年1月—2021年9月：整理收回的问卷和访谈资料，利用SPSS 17.0统计软件对回收的问卷进行数据分析，运用扎根理论对访谈资料进行编码，了解“课程思政”视角下师范生师德教育的现状，分析其存在的问题。

（三）后期阶段

2021年10月—2022年12月：撰写、发表学术论文《“课程思政”视角下师范生师德教育存在的问题及对策》，向教育行政部门提交《“课程思政”视角下师范生师德教育的现实样态与实践路径——以Y校初等教育学院为例》的研究报告。

五、主要内容

（一）“课程思政”的理论概述

1. “课程思政”的内涵及特征

“课程思政”是指以思政为主，在马克思主义理论的指导下，以学校所有课程作为育人载体，将思想政治教育贯穿于学校教育教学活动全过程的育人理念和实践活动。其具有两个特征：显性教育和隐性教育相结合、教育价值取向多元化。

2. “课程思政”的本质

（1）课程目标观：知识传授与价值引领相结合，突出育人内涵。

（2）课程价值论：以德为先。

（3）课程发展观：立德与求知相统一。

（4）课程内容观：整合各类课程内涵的思政元素。

（5）课程实施：以社会主义核心价值观为指引。

3. “课程思政”的理论基础

其理论基础有马克思主义关于人的全面发展学说、习近平新时代中国特色社会主义思想。

（二）师范生师德教育的内涵及理论基础

1. 师范生师德教育的内涵

师范生师德教育是指对在校师范生进行的职前教师职业道德教育，即教育者依据社会对教师职业的道德要求，有目的、有计划、有组织地对在校师范生施加系统的教育和影响，将教师职业道德规范转化为师范生自身职业道德品质的教育活动。教师职业道德规范的具体内容是爱国守法、爱岗敬业、关爱学生、教书育人、为人师表、终身学习。

2. 师范生师德教育的理论基础

其理论基础有价值澄清理论、体谅模式和关怀教育理论。

（三）“课程思政”与师范生师德教育的内在逻辑关系

1. 核心内涵一致：育人为本

“课程思政”要凸显的是课程的育人价值，师范生师德教育强调的是师范生职业道德教育，着眼于师范生师德素质的培养。因而，二者核心内涵皆以育人为本。

2. 价值追求相契合：以德为先

“课程思政”在课程价值论上强调以德为先，师范生师德教育注重师范生道德素质的培养，二者在价值追求上相契合。

3. 载体耦合：课程

“课程思政”和师范生师德教育都须以课程作为载体来开展。

4. 师范生师德教育可助推“课程思政”的落实

师范生师德教育有利于提高师范生的师德素质，落实立德树人根本任务，实现育人目标，助推“课程思政”的落实。

（四）“课程思政”视角下师范生师德教育的现实样态——以Y校初等教育学院为例

1. “课程思政”视角下师范生师德教育的现状调查

选取Y校初等教育学院毕业班的学生作为调查对象，以不记名的方式发放“师范生师德教育调查问卷”300份，利用SPSS 20.0统计软件，根据学生选择每个问题的频数来表示选择该选项的总次数，用百分比来表示选择此选项在答案总数中所占的比例，以此来掌握Y校初等教育学院师范生师德教育的现状。同时，选取20名学生作为访谈对象，进行半结构式访谈，做好访谈记录。运用扎根理论对访谈资料进行编码，并分析资料。结合问卷和访谈的结果，分析Y校初等教育学院师范生师德教育的现状，总结如下：师范生师德认知存在偏差、师范生师德教育途径单一、师德教育实效性存在一定问题、缺乏对师范生师德评价的有效方法。

2. “课程思政”视角下师范生师德教育存在的问题

根据调查情况，分析Y校初等教育学院师范生师德教育中存在的问题主要有师德教育课程体系设置不完善、师德教育途径单一、师德教育效果不佳（师范生师德意识薄弱、职业情感淡薄）、师德评价低。

3. “课程思政”视角下师范生师德教育存在问题的原因分析

市场经济的物化逻辑、教师教育理念的落后、学生素质偏低、学校重视程度不够。

（五）“课程思政”视角下师范生师德教育的实践路径

1. 前提：更新教育理念

各科教师都要心怀“课程思政”理念，积极主动地将一些思政元素，特别是一些时事、教育新闻等灵活、巧妙地融入课程教学中，对师范生进行恰当的师德教育，发挥各类课程在师范生师德教育中的作用。

2. 基础：重塑培养目标，“五育并举”

Y校应该重新确立师范生培养目标，坚持德智体美劳全面发展的目标取向，注重师范生师德的培养。

3. 根本要求：完善师德教育课程，理论与实践并行

学校应完善师德教育课程，除传统的教育学、心理学、学科教学法等课程外，还应增设教师职业道德、教育伦理学、师德修养类课程，注意在思政课中融入师德教育内容，提高师范生师德认知水平。同时，注意理论课的学习分配，要重视专业实习，重视学生实践中的师德表现。

4. 重要手段：改革教学方法，促成学生参与

以往的师德教育途径过于单一，偏向理论说教，学生比较反感，教育效果差。在新媒体时代，师德教育要尊重新时期师范生的一些特点，考虑他们的现实需要，借助一些移动教学平台，创建相关的课程资源，运用合作学习、案例教学、情境教学、角色扮演等方法来开展，以调动学生的主动性，促成学生参与，提升师范生师德情感。

5. 关键：提高教师素养，发挥榜样示范引领作用

教师要做到“经师”与“人师”同求，提升育人能力，言传与身教统一，学术自由与学术规范统一。

6. 保障：完善师德教育评价机制

确定师德教育评价内容、评价标准和评价方法。

参考文献：

[1] 邱伟光. 课程思政的价值意蕴与生成路径 [J]. 思想理论教育，2017（7）：10-14.

[2] 高燕. 课程思政建设的关键问题与解决路径 [J]. 中国高等教育，2017（C3）：11-14.

[3] 高德毅，宗爱东. 从思政课程到课程思政：从战略高度构建高校思想政治教育课程体系 [J]. 中国高等教育，2017（1）：43-46.

[4] 彭琳. 高校“课程思政”建设的关键问题与措施 [J]. 山东广播电视大学学报，2019（3）：34-36.

[5] 何红娟. “思政课程”到“课程思政”发展的内在逻辑及建构策略 [J]. 思想政治教育研究，2017，33（5）：60-64.

[6] 吕宁. 高校“思政课程”与“课程思政”协同育人的思路探析 [J]. 大学教育，2018 (1)：122-124.

[7] 何丽萍，陈丽娇. 协同育人视域下“课程思政”建设的思考 [J]. 高教论坛，2019 (4)：60-62.

[8] 刘印房. 基于协同学的“思政课程”向“课程思政”的转变路径 [J]. 高教论坛，2019 (4)：13-16.

[9] 余华. 高校师范生教师职业道德培育研究 [D]. 成都：四川师范大学，2018.

[10] 周小雪. 地方高校师范生师德教育中存在的问题及对策研究：以重庆市为例 [D]. 重庆：重庆师范大学，2017.

[11] 汪敏，姜建忠. 立德树人背景下高校师范生的师德养成 [J]. 思想理论教育导刊，2014 (11)：140-143.

[12] 何广明，戴花. 高校师范生的师德培养问题探析 [J]. 湖北函授大学学报，2014，27 (19)：24-25.

[13] 林雪. 高师院校本科师范生师德教育的研究 [D]. 大连：辽宁师范大学，2011.

【信息窗】

下操作性定义的三种常用方法①

1. 条件描述法

条件描述法通常是通过陈述测量操作程序来界定一个概念，它对所解释现象的特征或可能产生的现象进行描述，对要达到某一结果的特定条件做出规定，指出用什么样的操作去引出什么样的状态，即规定某种条件，观察产生的结果。例如，“饥饿”是指连续24小时没进食物的状态。

2. 指标描述法

指标描述法通常是通过陈述测量操作标准来界定一个概念，是对所解释对象的测量手段、测量指标、判断标准做出规定。例如，“青少年”可以界定为“年龄在7岁以上、18岁以下的人”。

3. 行为描述法

行为描述法通常是通过陈述测量结果来界定一个概念，是对所解释对象的动作特

① 郑金洲，陶保平，孔企平. 学校教育研究方法 [M]. 北京：教育科学出版社，2003：63-64.

征进行描述，对可观测的行为结果进行描述。例如，心理学家为了用饥饿的小白鼠做实验，给饥饿下了一个行为描述的操作性定义：“饥饿”是指小白鼠一分钟内压低杠杆 10 次以上而获取食物的状态。只有达到这样行为频率的小白鼠才属于饥饿状态。

【实践与体验】

对于初学者来说，分析别人写好的研究方案，是学习撰写课题研究方案的重要途径。案例 2 来自宜春幼儿师范高等专科学校 2021 级小学教育专业学生的“教育研究方法基础”课程的小组任务。其中有一些可以借鉴的地方，但也仍然存在一些问题。请仔细阅读，并试加评价。

案例 2

“小学生英语学习兴趣现状的调查研究”课题研究方案

一、课题研究的背景及意义

（一）课题的提出

近年来，国际交流日益增多，英语作为一种交流工具的重要性日趋凸显，英语走进了小学生的课堂。学好英语，就拥有了打开世界各国大门的钥匙。2002 年，教育部重新修订和颁布了《英语课程标准》，要求从小学三年级起开设英语课程，甚至有些学校开设了幼儿英语课，时下不仅学习英语的人数增多，而且呈现低龄化趋势，各种少儿英语培训班比比皆是。

尽管家长和学校对儿童英语学习的热情高涨，但是近年来的调查发现，儿童的热情和兴趣似乎不那么乐观。代玉兰研究和调查发现，小学生在刚开始学习英语时出于好奇心和新鲜感，兴趣很浓，热情很高。随着学习内容的增多、学习难度的逐渐加大、学习困难与挫折的不断出现，不少孩子学习英语的兴趣锐减。据调查，有 60%左右的学生会出现不同程度的热情减退和兴趣滑坡，有 25%左右的学生甚至会产生厌学情绪，丧失了英语学习的兴趣。新浪教育网发布的调查结果显示，有 85%的父母表示“偶尔”“有时”“经常”“总是”与孩子在家里用外语交流，有 54. 3%的父母表示“愿尽最大努力为孩子学习外语提供人力、物力和财力条件”，可是令他们伤脑筋的是，投入和产出不成比例，孩子们似乎对英语不太感兴趣。另有调查显示，小学生对小学科目中最感兴趣的是数学，最不感兴趣的是英语。

（二）课题的核心概念及其界定

结合学习兴趣的共性与英语学科的特性，我们将英语学习兴趣定义为学生在英语学习活动中表现出来的渴望获得英语文化知识或技能，积极地进行认识和探究的一种心理倾向。

（三）研究意义

提高学生的英语学习兴趣，提高英语自学能力，使孩子们喜欢上英语，真正地进入英语的课堂。同时，也有助于老师了解同年级学生的英语学习情况，从而采取相应措施，来培养学生的英语学习兴趣，让老师在乐中教，学生在乐中学，达到寓教于乐的效果。

二、国内外小学生英语学习兴趣研究现状

我国重视英语教学的研究，2001 年英语教育阶段的总体目标是“培养学生综合语言应用能力”。故教师要发挥自己的才智，从学生兴趣需求出发，创造有趣的学习场景，使其达到“乐于学英语，想要学英语”的效果，从而提高学生的学习兴趣，以此提高综合语言运用能力。培养学生的兴趣，是学好英语的必要前提和保证。国内主要以大中学生为对象来研究英语学习兴趣，本研究选择小学生为研究对象，其研究结果在一定程度上可以丰富国内现有的学习兴趣理论。

潘寂认为学习兴趣是学习积极性和主动性的起点，能激励学生产生认识世界、获取科学文化知识及探究事物内部规律的愿望。

张念宏认为学习兴趣是学生对学习对象的一种力求认识或倾向。这种倾向是和一定的情感联系着的，是内在动机在学习上的体现，它伴随着求知的动机、理智的情感和积极主动的学习态度。刘显国认为学习兴趣是一种力求认识世界、渴望获得科学文化知识和不断追求真理，并带有强烈情绪色彩的意向活动。卫道治、吕达认为学习兴趣是个体力图探究事物并具有强烈情绪色彩的认识倾向。后来，研究者进一步将个人兴趣细分为潜在的与现实的两种。不同个人兴趣、不同年龄、不同性别学生学科归因倾向存在着一定的差异。陈毓芳以小学高年级学生为研究对象，研究结果显示小学生的学习成绩和学习自信心与他们的学习兴趣关系极大。一个学生最喜欢的科日也是学习成绩最好、学习自信心最强的科目。人格与兴趣的关系还得到了韩向前等人的研究与其他非智力因素研究的支持。国内也有调查发现个人价值观影响中学生英语阅读兴趣并且在性别上有显著差异。李洪玉、何一粟以小学生为对象，研究结果显示学习兴趣与其智力特征和性格特征呈显著正相关。

美国认知心理学家杰罗姆·布鲁纳曾指出：“学习的最好刺激乃是对所学材料的兴趣。强调了兴趣在学习活动中是起最大作用的。”罗德·埃利斯指出：“一个普通的共识就是一个人的行为是由种种需要和兴趣所控制，这种需要和控制影响他的实际表现。”

三、研究目标及内容

（一）研究目标

深入调查、分析小学生英语学习兴趣的现状，发现小学生在英语学习过程中出现的问题及影响小学生英语学习兴趣的因素，探索如何激发学生的学习兴趣，让学生通过良好的学习方法，培养正确的学习动机和积极向上的学习兴趣。

（二）研究内容

1. 小学生英语学习兴趣现状调查研究。

（1）英语教材学习兴趣情况。

（2）英语课外读物学习兴趣情况。

（3）小学生英语学习的目的。

（4）培养小学生学习英语的能力。

（5）激发小学生英语学习的积极性与主动性。

（6）在英语教学中出现的问题及解决措施。

2. 小学生英语成绩与学习兴趣的关系研究。

（1）对学习英语兴趣高与英语成绩好的关系研究。

（2）对学习英语不感兴趣与英语成绩差的关系研究。

3. 影响小学生英语学习兴趣的因素分析。

4. 小学生英语学习兴趣的培养研究。

（1）激发小学生英语学习的积极性与主动性。

（2）在英语学习中出现的问题及解决措施。

四、研究方法

文献研究法：在实验过程中，通过参阅《小学英语教学法》《全日制义务教育英语课程标准》《现代外语教学：理论、实践与方法》《英语教学法》《语言问题探索》等相关书籍，探索学生的心理、认知特点和符合学生认知规律的教学策略与教学模式。

调查研究法：通过发放问卷的形式了解学生英语学习的现状，并针对学生在英语学习中遇到的问题和困难，通过开展行之有效的活动形式进行针对性的研究。

五、研究步骤与进度

1. 前期研究（2022 年 11 月 1 日—2022 年 11 月 3 日）：先确定课题，再从调查研究法、文献研究法入手开展研究。

2. 中期研究（2022 年 11 月 4 日—2022 年 11 月 8 日）：实施研究，搜集资料，整理和分析资料。

3. 后期研究（2022 年 11 月 9 日—2022 年 11 月 13 日）：解释结果，得出结论。

六、保障措施

人员构成合理，有丰富的文献资料和充足的研究时间。

第三章

文献法

问题导入

作为一名在校师范生，李老师要求大家查找“校园欺凌”相关的资料，你会选择在什么网站上查找？该如何查找，才能找到质量较高的资料呢？

知识导图

- 第三章　文献法
  - 第一节　教育文献的概念及作用
    - 一、教育文献的概念
    - 二、教育文献的作用
  - 第二节　教育文献的分类及主要分布
    - 一、教育文献的分类
    - 二、教育文献的主要分布
  - 第三节　教育文献检索的过程、方法、原则及基本要求
    - 一、教育文献检索的过程
    - 二、教育文献检索的方法
    - 三、教育文献检索的原则
    - 四、教育文献检索的基本要求
  - 第四节　计算机检索
    - 一、一框式检索
    - 二、高级检索
  - 第五节　文献综述及其撰写
    - 一、文献综述的步骤
    - 二、文献综述的结构
    - 三、文献综述应注意的问题

第一节 教育文献的概念及作用

一、教育文献的概念

教育文献是指记载有关教育的情报信息和知识的载体。在小学教育研究中，教育文献具有重要的价值，它贯穿于教育研究的全过程。从确定选题、制订研究方案、实施研究、整理和分析资料到形成成果，都需要查阅相关文献。而判断某一教育领域发展水平的主要标志就是该领域相关文献的数量和质量。

二、教育文献的作用

（一）提供已有研究信息，明确研究方向

教育文献能为教育研究课题提供依据。通过搜集、查阅已有的与某一特定研究领域相关的文献，系统分析该领域前人的主要研究成果、研究的重点、所采用的研究方法、经验和问题、研究所达到的水平，有利于准确把握该领域研究已经解决了哪些问题，还有哪些问题尚待进一步解决，在此问题上争论的焦点是什么，进而明确研究课题的学术价值，找准自己研究的突破点。只有充分了解有关研究的动态，才能选出具有研究价值的课题。正如恩格斯所言，“即使只是在一个单独的历史实例上发展唯物主义的观点，也是一项要求多年冷静钻研的科学工作……只有靠大量的、批判地审查过的、充分地掌握了的历史资料，才能解决这样的任务”。[①] 教育研究必须继承前人的研究成果，研究者对所研究课题领域相关文献的掌握程度直接影响教育研究工作的质量。

因而，教育研究者在开展研究之前，都要先充分地准备并掌握与所研究课题领域相关的一切文献资料，全面把握已有研究成果、研究动态、研究发展历史和现状、趋势等，区分已解决的问题和未解决的问题，以此作为提出研究问题和确定研究课题的依据。

（二）为教育研究提供理论证据

开展教育研究，必须积累有关国内外最新的理论、手段、研究方法等方面的知识。通过查阅文献，不仅可以从已有研究成果中受到启发，明确课题研究的基本思路，将相关概念、理论具体化，而且已有文献中的理论、结论、事实、数据等都可

---

① 中共中央马克思恩格斯列宁斯大林著作编译局. 马克思恩格斯选集：第 2 卷［M］. 北京：人民出版社，1972：118。

以作为证据使用，以便增强自己论点的说服力，为研究结论提供可靠的材料支撑。

（三）避免重复劳动，提高教育研究的效益

教育文献资料提供教育研究的有关信息，而在教育研究过程中，从选题、研究到出成果，任何一个环节都离不开文献资料。教育研究者只有充分掌握文献资料，才能在他人研究的基础上创新，从而避免重复劳动，提高教育研究的效益。

【真题再现】

（2022 下 · 简答）简述文献检索在教育研究中的作用。

答案：参见上文。

第二节　教育文献的分类及主要分布

一、教育文献的分类

根据文献的加工程度，教育文献可分为零次文献、一次文献、二次文献、三次文献。按照文献的功能，教育文献可以分为事实性文献、工具性文献、理论性文献、政策性文献、经验性文献。具体见表 3-1。

表 3-1　教育文献的分类

分类标准	类型	含义	举例
文献的加工程度	零次文献	即曾经历过特别事件或行为的人撰写的目击描述或使用其他方式的实况记录，是未经发表和有意识处理的最原始的资料	未发表付印的手稿、草稿、书信和各种原始记录
	一次文献	即原始文献，作者本人根据自己的实践而创作的文献	专著、论文、调查报告、档案材料等
	二次文献	对原始文献加工整理所得到的文献	目录、题录、书目、索引、提要和文摘等
	三次文献	基于二次文献，对一次文献进行分析研究进而综合概括的产物	动态综述、专题述评、进展报告、数据手册、年度百科大全及专题研究报告等

续表

分类标准	类型	含义	举例
文献的功能	事实性文献	专门为教育研究提供事实证据的文献	文物、教育史学专著、各种测验量表、各类教育实验报告、教育名家、教育实录等
	工具性文献	专门为教育研究提供检索咨询的文献	工具书、网上检索查询、学术动态综述等
	理论性文献	专门为教育研究提供理性认识的文献	教育专著、论文、文集、教育家评传、方法论著作等
	政策性文献	专门为教育研究提供政策依据的文献	规章制度、政府文件与统计资料等
	经验性文献	专门为教育研究提供感性认识的文献	调查报告、工作总结、经验、教学参考书、各级各类学校教科书、教学大纲等

二、教育文献的主要分布

由于创造、记录与传播方式的不同，教育文献资料分布广泛且形式多样。为使文献检索工作顺利开展，研究者要熟悉教育文献的分布。概言之，教育文献主要分布在以下几种载体中。

（一）书籍

书籍主要包括教育名著要籍、教育专著、论文集、教科书、资料性工具书等。

教育名著要籍是指某一时代、某一学科、某一流派最有影响的权威著作。如我国古代的《论语》、教育史上传统教育学派代表人物赫尔巴特的《普通教育学》、现代教育学派代表人物杜威的《民主主义与教育》，它们能为教育研究提供重要的参考与借鉴，是治学和研究的基石。

教育专著是就教育领域某一学科或某一专门问题进行系统、全面、深入的论述，展示某一问题研究的现状、成果、理论观点、存在的问题、趋势等，属于较高水平的研究成果，往往需要作者耗费多年的心血。

论文集是将不同学者的学术论文汇集在一起，问题聚焦，论点鲜明，信息量大，具有很高的学术价值。例如，瞿葆奎先生主编的《教育学文集》。

教科书是用于教学的专业性书籍，编排体现科学性、系统性、逻辑性，内容涵盖教育学的基本理论、基础知识、某一领域内的科研成果、有待讨论的问题。

资料性工具书包括教育辞书和百科全书。教育辞书是以条目形式出现的提供教育科学名词术语的资料，规范、精确、准确。百科全书是对各个学科或某一学科知识的完备概述，提供相关的定义、原理、方法、历史、现状、统计、书目等各方面的资料，着重反映当代学术的最新成就。

【信息窗】

国内一些常用的教育工具书①

（1）李友芝主编，《中外师范教育辞典》，中国广播电视大学出版社，1994 年版。

（2）王忠民主编，《幼儿教育辞典》，中国大百科全书出版社，2004 年版。

（3）中国大百科全书出版社编辑部，《中国大百科全书·教育》，中国大百科全书出版社，1985 年版。

（4）（瑞典）托斯顿·胡森，（德）维尔·波斯波尔斯威特主编，中央教育科学研究所比较教育研究室编译，《简明国际教育百科全书》，教育科学出版社，1989 年版。

（5）李维，丁廷森主编，《国际教育百科全书》，贵州教育出版社，1990 年版。

（6）顾明远总主编，《中国教育大系》，湖北教育出版社，1994 年版。

（7）顾明远主编，《教育大辞典（简编本）》，上海教育出版社，1999 年版。

（二）报刊

报刊指的是报纸和期刊，均属连续出版物。报纸是以刊登新闻和评论为主的定期连续出版物，发行广泛，信息新且快，但材料分散，不易保存。我国目前出版发行的教育类专业报纸有十几种，比较有影响的有《中国教育报》《中国教师报》《德育报》等，此外，《光明日报》《人民日报》等都开辟了教育科学版。

期刊是定期或不定期的连续出版物，出版周期短，内容新颖，论述深入，发行量大，能反映有关学科领域研究的最新动态和最高水平，是教育科研工作者查阅文献最有效且简便的来源。其主要包括教育类专业杂志、学报和文摘杂志。根据出版周期，期刊有周刊、旬刊、月刊、双月刊、季刊等之分；根据性质，期刊有学术理论期刊、情报性期刊、专业性期刊和普及性期刊等。教育学科期刊主要有三类：一是专业杂志，刊载有关学术论文、研究报告、文摘、综述、评述与动态，兼容性强。二是会报、集刊、丛刊、会刊及高校学报。三是文摘及复印资料，它经过专业研究

① 侯怀银. 教育研究方法［M］. 2 版. 北京：高等教育出版社，2018：60.

人员精选成册定期出版，收录重要文章并附有一定时期内主要文章的篇目索引，有利于研究者及时掌握某一特定研究问题的文献概况，如《人大复印报刊资料》的教育系列。

（三）教育档案类

档案资料是人类在社会实践活动中直接形成的具有保存价值的原始文献资料。教育档案类包括教育年鉴、教育统计、教育调查报告、学术会议、学位论文等。

年鉴是系统汇集一年内重要事件、学科进展与各项统计资料的信息密集型工具书，内容完备，项目齐全，记载翔实，查找方便。年鉴包括综合性和专业性两种，以专业性为主。《中国教育年鉴》（人民教育出版社）分门别类地概括了各个年度各类教育的发展成就和经验、教育发展统计、教育综合管理、教育人事管理、教育财务与审计、教育法规及重大事件，是小学教育研究的重要工具书。《中国百科年鉴》（中国大百科全书出版社）中也能查到各年的教育资料。

此外，教育文献还包括专家询问和非文字资料（校舍、遗迹、绘画、出土文物、歌谣等）。

教育文献的分布极为广泛，收集的途径也很多。教育文献的收集在小学教育研究中具有重要的地位，掌握教育文献检索的过程和方法是很有必要的。

第三节　教育文献检索的过程、方法、原则及基本要求

教育文献检索是借助一定的方法从大量的文献中查找出符合研究需要的文献的过程。对教育文献检索的基本知识、过程、方法等的掌握程度，影响着教育文献检索的效率，进而影响教育研究的效果。从某种意义上说，教育文献检索的技能是开展教育研究必备的基本技能。再者，随着2018年《教育信息化2.0行动计划》的颁布，小学教师信息素养的提高成了教育信息化建设的目标之一。信息素养是专业化小学教师的必备素质，对他们的工作、研究、学习、生活具有重要作用。而文献检索的能力是小学教师信息素养的体现。因此，对于小学教育工作者来说，必须不断提高自己的文献检索能力。

一、教育文献检索的过程

教育文献检索一般由以下三个主要步骤构成：

（一）分析研究课题，确定检索范围

在检索文献之前，研究者应该对自己所需要的资料做到心中有数，要明确检索

的主题和范围。

首先，界定清楚课题研究中的概念。如果课题名称中只有一个概念，那么以这一个概念为主题就行。如果课题名称中涉及两个及两个以上的概念，那么需要同时考虑这几个概念，以缩小和集中文献检索的重点，使检索到的文献与自己研究所需要的文献更接近、更精确。

其次，列出相关概念。有时只按课题名称中的关键概念查找，获得的资料可能不全面。还要考虑相关概念的同义词及隶属关系词，将相关的概念都列出来。例如，在《残疾人职业教育研究热点及发展趋势》① 一文中，就残疾人这个概念来说，检索主题词除了“残疾人”外，还应包括“盲人”“智障生”“聋生”等。

最后，确定检索范围。基于对研究课题的分析，进一步明确研究问题的实质，进而确定检索范围，如内容范围、年代范围、学科范围、文献种类等。内容范围即涉及哪些问题领域？相关的主题有哪些？年代范围即涉及哪些年份的文献？在确定年代范围的时候，一方面要结合自己所采用的检索方法考虑，另一方面要注意文献出版的日期，特别是一些讲究时效性的研究课题。学科范围即单一学科还是跨学科？文献种类即书籍、期刊、学位论文还是会议论文等？这要结合自己的课题研究需要和检索工具来定。

例如，在“新高考改革研究的文献计量分析”课题中，文献检索的内容范围可定为：高考改革、高考综合改革、高考制度、高考招生、新高考、新一轮高考、高考新政、高中学业水平考试、综合素质评价、高中生涯规划教育、选考、走班。年代范围：2015—2020 年。学科范围：教育学。文献种类：期刊论文。

（二）选择检索工具和检索途径

1. 选择检索工具

检索工具分为传统工具和新型工具。传统的检索工具如索引（教育论文索引、全国报刊索引等）、目录、文摘（《新华文摘》《高等学校文科学校文摘》《高教文摘》等）等。新型的检索工具如计算机、光盘、磁盘等。运用传统的检索工具进行检索就是手工检索，运用计算机设备进行检索就是机器检索。检索工具的选择与检索目标、研究目的有关。例如，要查找某一特定的图书，需要借助图书馆的图书目录；要撰写一篇关于劳动教育研究的综述，可以通过互联网检索相关的期刊论文。一般来说，小学教师在开展教育研究的过程中，检索图书和期刊论文较为普遍。

2. 确定检索途径

教育研究中，检索图书常用的途径有分类途径（《中国图书馆分类法》对各大类的图书进行了分类，其中教育类是 G 类）、书名途径、著者途径、主题途径、关

---

① 郭文斌，张梁．残疾人职业教育研究热点及发展趋势［J］．残疾人研究，2018（3）：57-65.

键词途径等。通常在检索图书的时候会结合使用多种途径。例如，到图书馆借书，可以先到查询机上检索所需图书的书目信息（可以运用书名途径、著者途径等），记住其分类号，根据该分类号入库找书（这是分类途径）。检索期刊论文，通常会通过计算机网络检索，如在中国知网（CNKI）通过主题、关键词、作者、篇名等进行检索。考虑到期刊论文是小学教育研究中利用最多的文献种类，而计算机网络检索使用最为广泛，下一节将重点介绍计算机检索。

（三）进行文献检索与资料管理

检索与研究问题相关的文献，从中选取重要的、参考价值大的资料，特别是那些对所要研究问题做了深刻、全面、正确论证的一切有关资料，包含新观点、新材料及在理论上有重大创新的资料，剔除假的、旧的、重复的资料。根据内容类型和出版时间顺序对其进行分类和存储，记录好参考书目信息，可以条目的形式将作者、标题、时间、出版社、期刊名、刊期、所在页码等信息记录下来（可做成书目登记卡，如图 3-1 所示），并将文献中对自己研究价值大的信息、观点做一总结并以摘要的形式记录下来（可做成文摘卡，简略版如图 3-2 所示，详细版如图 3-3 所示）。关于资料管理，也可以借助 ENDNOTE 软件来完成。

书目登记卡

题目：《民主主义与教育》

作者：约翰·杜威　　　　**译者：**王承绪

出版社：人民教育出版社　　　　**版次：**2001 年 5 月第 2 版

图 3-1　书目登记卡示例

文摘卡

题目：《我国小学劳动教育课程的时代意蕴与建构》

作者：侯红梅，顾建军

期刊名称：《课程·教材·教法》，2020 年第 40 卷第 2 期，第 4-11 页。

摘要：该论文分别从劳动教育课程是学校教育的本然之义、劳动教育是指向人的全面发展两个方面论述了劳动教育课程的时代意蕴。基于此，提出要从多维度构建小学劳动教育课程，做到与学习融通，坚持教劳结合思想内涵的根本遵循；与生活沟通，深掘“具身性”劳动教育情境；与社会联结，彰显劳动教育的时代价值；与国际接轨，坚守本土化与国际化的有机结合；与未来同向，实现“完人”培养过程和目的的统一。

关键词：新时代；劳动教育；小学课程；意蕴；建构

图 3-2　简略文摘卡示例

文摘卡

题目：《小学生学业情绪现状调查及教学建议——以C市小学生为例》

作者：韩颖，董玉琦，毕景刚

期刊名称：《基础教育课程》，2019年第23期，第60-67页。

研究问题：1. 了解小学生学业情绪总体状况；2. 对小学生学业情绪状况进行性别、年级和地域的比较。

研究对象：在吉林省C市城区选取一所小学，在农村选取两所小学，采用分层随机抽样法在二至六年级中抽取部分小学生作为调查对象。

研究方法：问卷调查法。选用王妍（2009）编制的“小学生学业情绪问卷”作为测量工具。

研究结果：1. 小学生的积极情绪与消极情绪并存；2. 小学生学业情绪无性别差异；3. 小学生学业情绪存在年级差异；4. 小学生学业情绪存在城乡差异。

研究结论：学业情绪对学生的学习活动有着重要的影响，本次调查结果可以为教师进行情绪干预提供依据。学业情绪调节有多种方式，可以针对情绪本身（情绪导向的调节和干预），对学业控制感和价值的评估（评估导向的调节）、学习技能（以能力为导向的训练）、教育机构环境（学习环境的设计）等方面进行干预。

图3-3 详细文摘卡示例

二、教育文献检索的方法

教育文献检索的方法多种多样，不同的方法有不同的特点和适用范围。小学教育研究中，应根据自己的研究需要确定文献检索的方法。这里仅介绍几种基本方法。

（一）顺查法

按时间范围，以课题研究发生的时间为检索起点，按事件发生、发展时序，由远及近，顺着时间的顺序查找。查时可以随时比较筛选，检索到的结果基本能反映该领域研究的全貌。该方法适用于范围较广泛、项目较复杂、所需文献较系统全面的研究课题。

（二）逆查法

与顺查法相反，逆查法也叫倒查法。由近到远，逆着时间的顺序查找。此法不太关注历史渊源和全面系统，容易漏检。因新课题往往需要最近一个时期的较新的文献资料，所以此法适用于新文献的搜集和新课题的研究。

（三）抽查法

抽查法是指根据课题研究发展的实际情况，选择有关该课题研究的文献信息出现最多、发展最快、研究最热、发表论文较多的一个时间段，利用检索工具对该时间段的文献进行重点检索的方法。这种方法应以熟悉本学科与本课题研究为前提，费时少，所查资料丰富。抽查法适用于撰写专题调查报告。

上述三种方法的特点是直接利用检索工具（系统）检索文献信息，是最常用的教育文献检索方法，所以又被统称为直接法或常用法。

（四）引文查找法

引文查找法又称追溯法或跟踪法，以所收集到的文献中所列的引用文献或所附的参考文献作为基础，查找相关主题的文献。其优点在于文献涉及范围较为集中，获取文献资料方便迅速，并可不断扩大线索，有利于找出该研究领域中丰富的、重要的原始资料。其缺点是查得的文献资料受原作者引用资料的局限性及主观随意性的影响，资料往往比较杂乱。因此，采用此法，应保证所收集到的文献的质量可靠，最好是该领域内的经典著作、著名学者的专著、核心期刊和 CSSCI 期刊上的论文。这就要求收集文献时要注意文献的质量。

（五）综合查找法

综合查找法是指将直接法和引文查找法结合起来加以利用以达到检索目的的一种方法。既要利用检索工具进行常规检索，又要利用文献后所附参考文献进行追溯检索，分期分段地交替使用各种方法。

三、教育文献检索的原则

要开展教育研究，首先要围绕某学科、某专业，或者所研究课题的内容和目标，通过各种途径有计划地广泛收集与积累有关的文献资料。为了避免人力、物力和时间上的浪费，提高工作效率，在收集文献时应遵循以下几个原则。

（一）计划性

在开展研究工作前，对所需文献要做到心中有数，有计划、有步骤地进行。要明确收集文献的种类、起止时间、经费预算、完成计划的保障措施等。

（二）针对性

收集文献时必须根据研究的性质、任务，有针对性地确定收集的范围和重点。如了解与本学科、本专业或本研究课题有关的历史、现状、趋向及国内外研究进展情况等。

（三）系统性

需要系统、连续地搜集相关文献资料。可按学科、专业和专题进行纵向搜集，也可按文献类型进行横向搜集。大型课题的文献资料收集，应力求系统、连贯和完整。

（四）策略性

收集文献时，可以通过总结文献信息的分布规律，有重点地选择信息密度大、能够满足需要的文献信息资源。一般来说，开展研究工作首先应搜集本研究领域的核心期刊等权威文献。

（五）预见性

收集文献时，要保持敏锐的判断力和预见性，判断所研究的问题领域当前达到的水平，预见出现的新动态和发展趋势，收集一些目前研究可能暂时用不到的文献。

（六）持久性

要养成敏锐的洞察力和高超的预见力，需要通过大量的文献阅读和长期的教育研究积累。研究者应摒弃功利目的，不应在完成某问题研究后就停止收集与此问题相关的研究资料。持之以恒地收集文献的过程是初学者逐渐成长为专家的过程。

四、教育文献检索的基本要求

一般而言，教育文献的检索有四个基本要求：

第一，全面性。既要查阅自己特定范围内的国内外已有研究成果，又要放宽视野，浏览特定范围之外的相关研究成果；既要搜集与自己观点一致的材料，又要搜集与自己观点不一致的材料；既要阅读中文资料，又要阅读外文资料。要掌握最新研究动向，特别是要着力收集第一手资料，以保证研究的客观、全面。

第二，准确性。检索过程中要认真细致地查阅近十年来所研究领域研究过的问题、代表人物、主要著作、主要观点、存在的分歧、倾向，推敲其中的观点和论据，并做好记录。

第三，勤于积累，检索方法要多样化，建立个人资料库。要养成不断学习、勤于积累的好习惯，在日常的工作和生活中有意识地培养自己读书治学的能力，掌握检索文献的方法，积累好所需要的资料目录。熟练掌握做摘要、札记、卡片的方法，编制自己的文摘、提要、综述，建立个人资料库。

第四，善于思考，用创造性思维综合分析文献内容。运用综合分析的方法对文献资料进行去粗取精、去伪存真、由表及里的改造与加工，抛弃自己的偏见，在理论联系实际的基础上锻炼和提高对资料真伪和价值的判断力和敏感性，进行创造性的理论思考。只有这样，才能有所创新。

第四节　计算机检索

计算机检索是指利用计算机查找存储介质和网络中的文献。随着教育学学科自身的发展，教育领域内的研究文献数量剧增，传统的检索方式已经不能满足需求，借助计算机检索可以提高检索的效率。特别是随着网络时代的到来，越来越多的文献资料以数字化形式进入网络，利用计算机进行检索越来越便捷。

计算机检索包括联机检索和网络检索。在小学教育研究中使用最多的是网络检索，利用任何一台终端检索网络内任何一台计算机的文献资料库，实现真正的资源共享。要使用网络检索，有必要了解小学常用的计算机网络资源，主要有 Internet 国际互联网（最常用的搜索引擎是百度，学术搜索引擎是百度学术）、中国教育和科研计算机网络、国家基础教育资源网、CNKI 中小学数字图书馆、中国知网。上述计算机网络资源中，中国知网使用最普遍、最广泛。下面以中国知网为例，简要介绍计算机检索的基本步骤。鉴于中国知网首页的一框式检索和高级检索应用较多，将其分开介绍。

一、一框式检索

打开中国知网首页，显示的就是一框式检索。一框式检索的操作步骤如下：

（一）检索内容的确定

假设我们要研究的课题是“小学课后服务现状的研究”。首先，进入中国知网首页，如图 3-4 所示。

图 3-4　中国知网首页

（二）检索词和检索项目的确定

在本例中，我们将“小学课后服务”设定为检索词，将其输入首页上方的检索框内，再按照默认的检索项目为“主题”，单击方框右边的“检索”按钮，进行这一主题文献的检索，检索结果如图 3-5 所示。从检索页面我们可以发现，以“小学课后服务”为主题，截至 2023 年 3 月 25 日，共有 877 条结果。对于检索到的结果，我们可以根据主题、学科、发表年度、研究层次、文献类型、文献来源等进行浏览，根据设定的检索主题，我们可以将检索范围确定为“初等教育”，单击检索结果左侧的学科，勾选“初等教育”，如图 3-6 所示。如果要下载相关文献，建议按照“发表年度”浏览后下载并按年份保存，这样有利于我们阅读文献。同时，中国知网也提供了计量可视化分析，在“导出与分析”中选择“可视化分析”→“全部检索结果分析”，便能得到关于此次检索结果的计量可视化分析结果（如图 3-7 所示，仅展示部分)，呈现了研究的总体趋势、关系网络、分布等情况。这种分析有利于我们发现某一领域的研究热点和趋势、关键人物、重要机构等情况。

图 3-5　确定检索词和检索项目

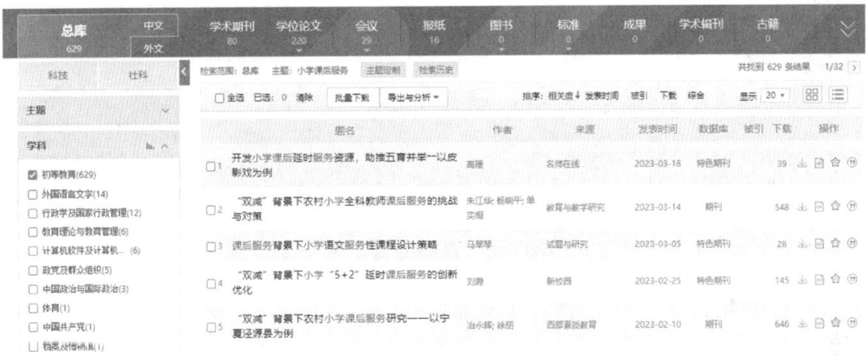

图 3-6　确定检索范围

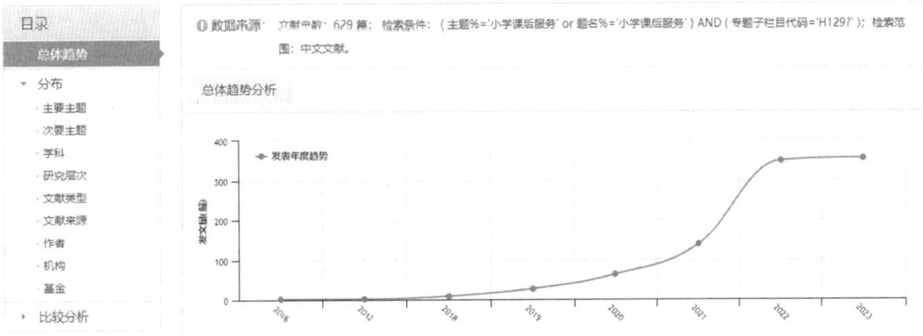

图 3-7　计量可视化分析结果

二、高级检索

在检索文献的过程中，有时候我们会有多个检索词，或需要查找特定期刊的文章，特别是如果我们要撰写综述类文章，往往需要查阅核心和CSSCI期刊上的文章。因为根据布拉德福定律，大多数的关键文献都集中分布在核心期刊，这时就要用到高级检索。在中国知网首页检索框的右边单击“高级检索”，进入高级检索页面后，左侧设有文献分类目录，单击文献分类目录右下方的“清除”，便能取消默认选择的所有学科领域，在所需要的学科领域范围前的方框内单击鼠标左键，便能确定文献检索的范围。如果要确定此领域下的具体学科范围，可以单击所需的学科领域范围前带“+”的复选框，这样便能精确地检索该具体学科范围的文献。页面底部蓝色区域内为文献类型。如“小学课后服务现状的研究”，可选择“社会科学Ⅱ辑”下的“初等教育”类目，进行文献检索的精确定位。具体如图3-8所示。

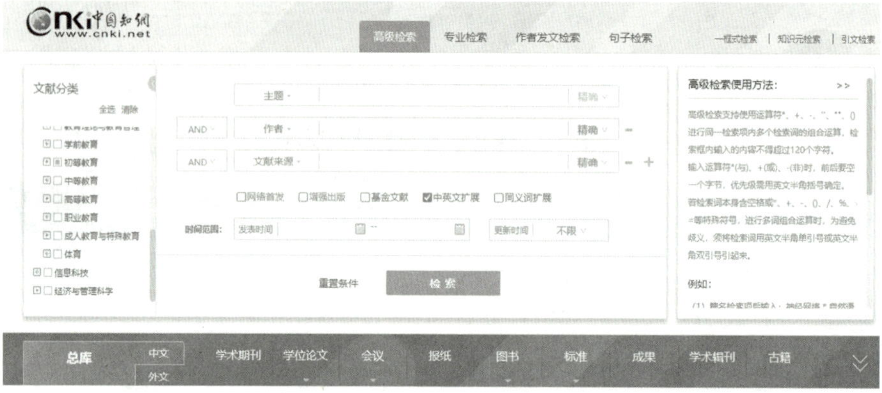

图3-8 高级检索页面

在内容检索条件下，可供选择的检索项目有“主题”“篇关摘”“关键词”“篇名”“摘要”“全文”“参考文献”“分类号”“DOI”等。这里我们采用默认的“主题”检索方式，在检索框内输入“小学课后服务”。此时，我们也可以选择采用布尔逻辑检索，运用“与”这个布尔运算符，将“小学”和“课后服务”两个检索词连接起来，构成一个逻辑检索式。具体来说就是，仍然采用默认“主题”检索方式，在旁边的检索框内输入“小学”，在“并含”旁边的检索框内输入“课后服务”。逻辑检索式有三种，即“并含”“或含”“不含”。前面提到的是“并含”。“或含”主要是连接同一检索组里的多个同义词、近义词和相关词，扩大检索范围，以便提高查全率。如要检索“翻转课堂”方面的文献，其关键词还包括“翻转教学”，在检索的时候我们就可以按默认的检索方式，在“主题”旁边的检索框内输入“翻转课堂”，点选“或含”，在其旁边的检索框内输入“翻转教学”。“不含”主要是要排除不希望出现的概念，以增强检索的准确性。如要检索“STEM教育”方面的文献，但其中关键词不包括“创客教育”，便可以按默认检索方式，在“主题”旁边的检索框内输入“STEM教育”，点选“不含”，在其旁边的检索框内输入“创客教育”。如果需要检索多项内容，可以单击检索项目前面带“+”的复选框来添加检索条件。

在检索控制条件下，若要查找某个作者或某个单位所发表的文章，在“作者”或“作者单位”旁边的检索框内输入相应的信息就可快速查阅。若要查找某个时间段的文献，可以设置具体的日期范围。例如，我们要了解“新世纪以来我国教科书研究的现状”，那么，发表时间就可设置为从 2000 年 1 月 1 日到检索当天的日期。“文献来源”可以精确定位要检索的文献类型是期刊、硕博论文、报纸、年鉴、辑刊等，“基金”可以选择“国家自然科学基金”“国家社会科学基金”等，只需在检索框内输入相应的检索词，便可查找到所需的文献来源和支持基金。

将所有条件设置好之后，单击“检索”按钮，便可以得到满足条件的检索结果。对于检索到的结果，和一框式检索一样，可以按照主题、发表年度、研究层次、作者、机构等浏览，可以按发表时间、被引等来排序。

鉴于在实际开展研究过程中，所需的文献类型以期刊居多，再介绍下期刊的高级检索。

首先，在高级检索页面最上方选中“期刊”，内容检索条件和发表时间跟前面一样操作，如果要检索高质量的期刊，文献来源可以直接勾选“北大核心”和“CSSCI”。以“新世纪以来我国劳动教育研究现状”为例，检索与之相关的发表在北大核心和 CSSCI 期刊上的论文。首先在高级检索页面最上方选中“期刊”，在左侧的“文献分类”目录中，勾选“社会科学Ⅱ辑”，按照默认的“主题”方式检索，在检索框内输入“劳动教育”，时间设置为从 2010—2022 年，来源类别勾选“核心期刊”和“CSSCI”，单击“检索”按钮，得到检索结果。检索条件的设置如图 3-9 所示。

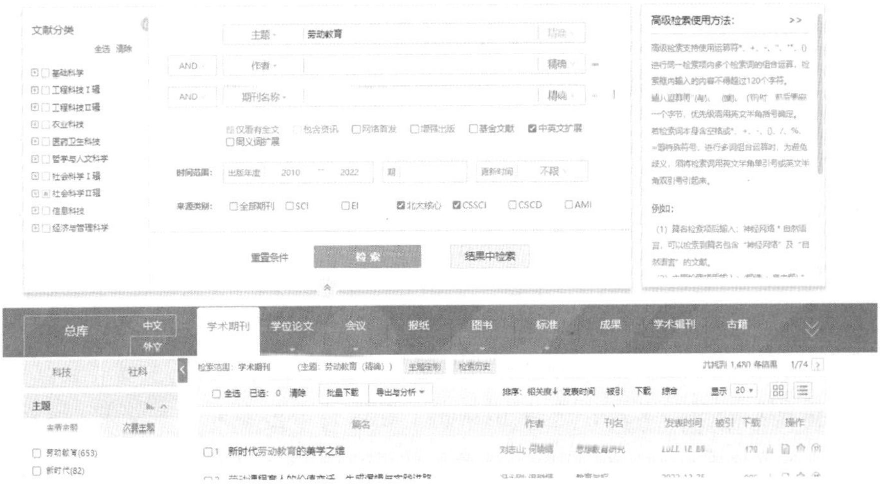

图 3-9　期刊论文高级检索设置

【信息窗】

本节提到了中国知网中的计量可视化分析结果，这实质上是文献计量法的运用。它是一种定量分析方法，以科技文献的各种外部特征作为研究对象，采用数学与统计学方法来描述、评价和预测科学研究的现状与发展趋势。其主要用途有：一是快速发现某一领域的研究热点；二是有效呈现某一领域的关键与领袖人物；三是有效寻找推动某一领域进展的重要机构；四是深度揭示研究成果之间、研究者之间的联系。常用的文献计量分析软件有 SATI、Bibexcel、Vosviewer、CiteSpace、Bicomb、Ucinet 等。

案例 1

我国教育惩戒的研究热点与趋势
——基于 CiteSpace 的可视化分析①

一、研究方法

（一）样本选择

本研究样本来源于中国知网，期刊来源为北大中文核心期刊与 CSSCI 来源期刊，文献来源时间为 2000—2020 年，同时分别以“教育惩戒”或“教育惩罚”为主题、篇名、关键词进行检索，最后共得到 420 篇与“教育惩戒”密切相关的文献，并确定为有效数据。本研究选取该检索方案的原因如下：一是北大中文核心期刊与 CSSCI 来源期刊的文献质量较高，能更准确地反映国内教育惩戒研究的现状；二是考虑在研究的早期“惩戒”及与其概念相关的“惩罚”之间的关系常被模糊化甚至不作区分，因此也将“惩罚”作为主题词同时进行检索。

（二）研究工具

本研究运用引文分析软件 CiteSpace 5.7 绘制教育惩戒的知识图谱，其兼具“图”与“谱”的双重特质，便于研究者发现知识群之间演变、交叉等不易被人察觉的隐性关系。

（三）研究过程

首先，本研究对检索到的 2000—2020 年核心期刊中教育惩戒主题类文献的初始数据进行筛选和处理。其次，选择 Refworks 的格式导出参考文献，利用 CiteSpace 5.7 软件对有效数据进行数据转换。最后，在 CiteSpace 5.7 软件中对教育惩戒文献

---

① 毛乐. 我国教育惩戒的研究热点与趋势：基于 CiteSpace 的可视化分析［J］. 教育理论与实践，2023，43（11）：18-22. 内容有删减。

进行多次运行分析，主要是对文献的作者、机构、关键词等不同节点类型的信息进行可视化分析，利用共现图谱、聚类视图和时区视图，分析我国教育惩戒研究领域的进展、研究热点和研究前沿。

二、演进阶段

通过分析教育惩戒研究的关键词时区图，将教育惩戒研究划分为三个阶段。

（一）初步萌芽阶段："教育惩戒"观念导向阶段（2000—2012）

这一阶段的热点关键词主要是"教育惩戒""教育惩罚""惩戒权""体罚""变相体罚"等，重点关注教育惩戒相关概念辨析、尺度、功能价值、实施原则、惩戒手段、困境、策略等方面的研究。学者对惩戒在教育中扮演的不可或缺的重要角色达成共识，从教育史、文化学、法学、伦理学等多学科视角论证惩戒的教育意义，从学生身心发展规律、生活环境、完整教育等多方面论述教育惩戒的必要性。学者对惩戒、惩罚、体罚、变相体罚等相近概念进行了辨析，力求厘清惩戒的内涵与外延。学者对惩戒目的异化、惩戒功能异化、惩戒范围异化等教育惩戒异化现象进行分析并提出防治策略，指出了变相体罚在学生发展、教育发展、教师形象等方面的危害。强调教育惩戒应遵循教育性、艺术性、因材施教、与其他教育方法相结合等一系列原则。该阶段发表的文章开启了我国教育惩戒研究的先河，被引频次较高。"教育惩罚""惩罚"呈现出了较高的突现度，且持续时间较久，长达十余年，影响力不容小觑。

（二）深入拓展阶段："教师惩戒权"立法导向阶段（2012—2017）

这一阶段的热点关键词主要是"教师惩戒权""教师法""学生权利"等，主要关注教师惩戒权及学生合法权益保护的研究。"教师惩戒权"这一关键词的突现度高达6.36。学者开始关注教师惩戒权问题，即对教师惩戒权的缺失与滥用、困境及原因进行了探讨。"学生权利"这一关键词反映了教师惩戒权与学生权利之间的关系，即赋予教师惩戒权的同时也要保障学生的合法权益，并倡导借助《中小学生守则》的修订契机来构建与惩戒相互支撑的学生管理体系。总体来看，这一阶段的研究主要是学者对教师惩戒权立法及行使的思考。

（三）快速发展阶段："学校惩戒"科学导向阶段（2017—2020）

这一阶段的热点关键词主要是"学生管理""正当程序""学校惩戒""申诉机制"等，主要探讨了教育惩戒立法与学校惩戒的问题。伴随着2018年《教师法》的修订，学界对教育惩戒权的性质、边界、行使、合法性、适用性等方面展开了讨论，惩戒权入法的呼声此起彼伏。2019年11月发布的《中小学教师实施教育惩戒规则（征求意见稿）》发出了教育惩戒立法的信号，学者们对教育惩戒的实施条件、实施主体、实施范围、程序及立法重点等方面进行了探讨，对该文件进行解读、评价并提出完善的建议。基于上述一系列政策背景与学校惩戒引发的学生伤害事故，引发了学界对学校惩戒的反思，围绕学校惩戒的限度、司法程序、申诉、救济、监督等方面展开了讨论。总体来看，这一阶段的研究触角延伸至学校惩戒领域，关注如何科学实施惩戒，以促进学校惩戒的实效性。

【评析】 采用文献计量法来描述、评价和预测科学研究的现状与发展趋势在教育研究中应用得越来越广泛。本案例采用 CiteSpace 软件对 2000—2020 年发表在北大核心期刊和 CSSCI 期刊上的我国教育惩戒相关的文献进行了梳理，理清了我国教育惩戒研究的发展脉络，让读者对此有直观而清晰的把握。在开展小学教育研究的过程中，了解、掌握一些新的研究方法，借鉴其他学科的研究方法是必要的和必需的，这是我们想告诉读者的。

第五节 文献综述及其撰写

文献综述，是文献综合评述的简称，是指依据对所搜集到的有关文献资料的全面整理、分析与理解，对一定时期内某学科或某专题的研究成果、研究进展进行系统、全面的叙述和评论。文献综述信息量大，能反映当前某研究领域或某研究问题的研究现状、最新进展、发展趋势等，参考利用价值高，有助于研究者做好选题工作，避免重复研究，在此基础上开展深入研究。

一、文献综述的步骤

文献综述的撰写是推进性的，每一步的工作都为下一步工作奠定基础，它有四个步骤，分别是选择主题、搜索文献、阅读消化、撰写综述。

（一）选择主题

首先，选择研究兴趣。选择合适的研究兴趣是项目成功的关键。研究兴趣可以从自己的工作经历、学科专家或实践家、各种文献资料、媒体报道等途径获得，一定要注意客观，控制好个人偏见。其次，注意研究兴趣的具体化、聚焦和角度。一方面我们要准确阐释有关研究兴趣的各个主要观点，另一方面我们要注意缩小研究范围，使研究具体到一个定义明确的对象上，同时也要注意选择好研究的角度或立场。最后，根据研究兴趣确定研究课题。我们要通过查阅相关文献资料，将研究兴趣中涉及的关键概念转换为某一学科领域的专业术语，进而提炼出自己的研究课题。

（二）搜索文献

确定研究课题后，要围绕研究课题搜集与之相关的文献。关于文献搜索的方法，前面的有关章节已经介绍，在此不再重复。选择文献应由近及远，先看近 3~5 年的。在广泛阅读文献的基础上，应再深入研读几篇有代表性的文章的原文，特别是有权威性的文章。

（三）阅读消化

综述不是众多文献资料的堆积，而是作者基于大量文献资料的阅读，对重要的资料进行细读，抓住其主要观点和结论，对占有的资料进行分析、综合。在阅读文献时，我们可以通过制作卡片或记笔记的方式进行书目登记、文献摘录，或通过通篇复印的方式积累资料。关于卡片的制作在前面的章节已经介绍，这里不再重复。做好这项工作，可以为我们引用相关文献资料提供便利，也有利于训练自己的表达能力，提高自己的阅读水平。在引用相关文献资料的时候，要加以选择，有所取舍，尽可能引用经典或权威文献。

（四）撰写综述

撰写综述的过程包括两个主要发展阶段，分别是通过写作增进自身理解和通过写作促进别人理解。就第一阶段来说，可以先尝试性写作，搜集并发展有关研究课题的知识，加深对研究课题的理解。然后设计大纲，对研究材料进行编排与组织，为综述撰写做准备。设计大纲时，确保大纲能够涵盖所有信息。最后，撰写初稿。初稿需经历写作、审核与修改三步。撰写初稿时，先根据草稿的意向与目的来写；再从内容、编排、结构、连贯性、语句、文字润色等方面对文章进行审核；在此基础上，对文章进行修改，修订错误之处，弥补纰漏与不足之处。就第二阶段来说，要想让自己的作品能够被他人理解，要不断地修改，直到文章能够准确而充分地与他人交流某一主题的观点为止。要达成这个目标，要找别人与你一起修改论文，可从文章的内容与形式入手，让他人审阅你的文章，优化文章的结构与内容。

二、文献综述的结构

文献综述的格式与一般研究性论文的格式有所不同，这是因为研究性论文注重研究的方法和结果，而文献综述要求介绍与主题有关的详细资料、动态、进展、展望及对以上方面的评述。因此，文献综述的结构一般可分为六个部分：标题、摘要和关键词、引言、正文、总结、参考文献。

标题是对综述内容的高度浓缩和概括，应能鲜明地表述综述的主要问题，重点一目了然，字数一般在20字以内。

摘要是对综述全文内容简明扼要的概括。关键词是选取能够代表本文献综述重要主题的词语或术语，一般3~5个。

引言是正文最前面用以交代写作目的、引出正文主题的文字，以便让读者对全文要叙述的问题有一个初步的把握。通常要介绍有关的概念、定义及综述的范围，扼要说明有关主题的现状或争论焦点。

正文是综述的核心部分，主要介绍研究课题的历史发展、研究现状、前沿趋势及对这些问题的评述。可以按照不同的年代顺序、研究方法、理论基础和研究观点进行分类阐述，对相关研究的描述和评论要准确合理，整体符合逻辑、层次分明、条理清楚。正文部分应特别注意选取代表性强、具有科学性和创造性的文献进行引用和评述。

总结与研究性论文的小结有些类似，扼要总结正文部分的内容，在前文的基础上指出目前研究的焦点、争议和尚待解决的问题，并对未来研究发展方向做出预测。

参考文献是文献综述的重要组成部分，不仅表示对被引用文献作者的尊重及引用文献的依据，而且也为评审者审查提供了查找线索。参考文献的编排应条目清楚，方便查找，内容准确无误。参考文献的标注应符合国家标准，一般可参见《信息与文献　参考文献著录规则》（GB/T 7714—2015）。如果撰写的综述要用于投稿发表，因不同期刊对参考文献要求有细微差异，投稿前要仔细阅读拟投刊物的要求。

根据文献的出版形式，可将参考文献分为普通图书、期刊、学位论文、报告、报纸、标准、专利、电子资源等，有助于研究人员进行引文统计。要做好参考文献的标注，需要了解主要文献类型和标识代码（表 3-2）。

表 3-2　文献类型和标识代码

文献类型	标识代码	文献类型	标识代码	载体类型	标识代码
普通图书	M	报纸	N	磁盘	DK
期刊	J	报告	R	光盘	CD
会议录	C	数据库	DB	联机网络	OL
学位论文	D	计算机程序	CP		
专利	P	电子公告	EB		
标准	S	磁带	MT		

GB/T 7714—2015 标准与国际标准保持一致，要求参考文献著录时采用英文标点符号。具体地，列举四类文献著录格式如下：

1. 期刊论文的著录格式

格式：[序号] 主要责任者（3 人以内全部写上，3 人以上只写 3 人再加“等”字）. 题名 [J]. 刊名，出版年份，卷号（期号）：引文页码.

示例：[1] 李宝庆，魏小梅 . 新高考改革研究的文献计量分析 [J]. 西南大学学报（社会科学版），2020，46(3)：79-90，202.

2. 普通图书的著录格式

格式：［序号］主要责任者. 题名［M］. 其他责任者（译著）. 版本项. 出版地：出版者，出版年：页码.

示例：［1］温忠麟. 教育研究方法基础［M］. 3 版. 北京：高等教育出版社，2017：49.

示例：［2］［美］维尔斯马，于尔斯. 教育研究方法导论［M］. 袁振国，主译. 9 版. 北京：教育科学出版社，2010：89.

3. 学位论文的著录格式

格式：［序号］主要责任者. 题名［D］. 大学所在城市：大学名称，出版年.

示例：［1］卜彩丽. 深度学习视域下翻转课堂教学理论与实践研究：以小学语文教学为例［D］. 西安：陕西师范大学，2018.

4. 报纸的著录格式

格式：［序号］主要责任者. 题名［N］. 报纸名，出版日期（版面数）.

示例：［1］马玲，李超群. 因材施教探究新型教学模式：以机械制图课程教改为例［N］. 中国教育报，2019-03-19（11）.

三、文献综述应注意的问题

（1）搜集的文献应尽量全面。写好文献综述的前提是要全面掌握大量的文献资料，只有这样，才能准确把握已有研究现状。随便搜集一点文献就动手写是写不出好的综述的。

（2）要覆盖高质量的参考文献。高质量的参考文献应是较为完整的，与所述主题高度相关的，且应该具有较强的代表性。应主要选自高质量的期刊论文、权威学者的专著等，同时参考文献的标注一定要符合国家标准。

（3）所有引用和所列出的参考文献都应该和所研究问题直接相关。引用文献要忠于文献内容，且应是自己亲自读过的原始文献。

（4）综述中所引用的观点、内容、数据、图表等均应标明出处。

（5）应体现作者独立的综合分析。文献综述不是文献资料的堆砌，内容的组织应有一定的内在联系，体现作者对相关文献的综合及系统的整理。在呈现特定文献时，应选取与本研究有关的内容有针对性地进行介绍。在评论时，应体现作者的独立思考和批判性，指出已有研究成果的不足。

文献综述反对述而不评，也要避免流于形式，不能仅仅告诉别人“我读了些什么”，而应说明作者对研究现状的了解，明确需要进一步研究的问题，使之成为自己更深入研究的导引。

案例 2

教学评价研究 40 年回顾、反思与展望①

一、教学评价研究 40 年研究脉络

以基础教育重大教育政策颁布为基本依据，笔者将我国教学评价近40年的相关研究划分为三个阶段。

（一）起步阶段（1977—1986）

十年“文化大革命”对于教育领域的破坏极其严重，正常的教育教学秩序被打乱，教学内容被肆意篡改，教学评价几乎以政治标准为唯一标准。1977 年 8 月，全国高等学校招生工作会议召开，确定改革高等学校招生制度，终止 11 年的高考再度实行，关于教学评价的相关研究渐渐复苏。这一阶段教学评价研究主要包括以下几个方面。

（1）确定教学评价是教学过程的重要环节。随着教育领域对于极“左”错误的反思，教学在学校教育中的核心地位重新确立，与之伴随的一系列教学制度、方法，包括评价的制度、方法等的重要性重新得到肯定。

（2）对评价方法的初步思考。一直以来，考试是重要的教学评价方法，并与升学制度紧密相连，因其高厉害而备受重视，但在实践中又容易出现“一刀切”等问题，因而也备受诟病。研究者批评有些考试忽略评价的目的，只注重考查学生对知识的记忆能力，而不注重对理解力的考查，考试方法单一死板。“现在的文科考试方法并非没有弊病。主要缺点是考得太死，框住了学生活跃的思想，不利于培养学生独立思考问题和解决问题的能力。”五分制曾是教学评价最经常使用的等级评价方法，有研究者总结了国外的相关研究，提出应该避免简单化地处理评价问题，而要通过评价来唤起学生的求知欲，建立包括家长、教师和学生为评价者的评价体系。

（3）对课堂教学评价标准的研究。怎样才是一堂好课，是讨论课堂教学评价标准的核心问题。研究者从教学目标、教学内容、教学方法、师生互动等多个角度探讨了一堂好课的标准。虽然大部分的研究还处于描述性的、经验性的层次，但是这一问题一直到今天仍然保持了一定的热度。好课的标准随着教育教学理念的发展也在不断发展。

随着改革开放的推进，外国关于教学评价的研究成果进入研究者的视野，包括对学分制、学科教学评价、布卢姆学习分类思想等内容也开始了初步的研究。对于国外的相关研究，还以介绍为主，与国内教学实际未能紧密结合。理论性、体系化

---

① 牛瑞雪．教学评价研究 40 年回顾、反思与展望［J］．课程・教材・教法，2018，38（11）：60-66.

的教学评价研究还未真正建立。

（二）积累阶段（1987—2000）

1986年7月1日，开始实施《中华人民共和国义务教育法》。1993年2月13日，中共中央、国务院印发《中国教育改革和发展纲要》，提出“中小学要由‘应试教育’转向全面提高国民素质的轨道”，要“建立各级各类教育的质量标准和评估指标体系”。教学评价研究由此迈上了一个新台阶，在数量和质量上都有大幅度提升。

1. 关于教学评价的基本理论

教学评价的基本理论问题涉及什么是教学评价、教学评价的目标、教学评价的原则、教学评价的方法、教学评价的标准、教学评价的功能等。综观这一时期的研究成果，针对上述问题的讨论，占据了相当多的数量，如《教学评价新论》《教育评价的概念和模式》《教学评价的类型》《教学评价的规律和原则》《教学评价及其方法与实践》《关于教学评价功能问题的思考》。在关于教学评价问题的多维度讨论开启后，有学者对于教学评价的本质问题做了反思，如《还教学评价以教学的本性：评阿莫纳什维利的教学评价观》。相关研究的日益丰富，也是教学评价作为一个独立的、系统性的研究领域成立的标志。

2. 教学质量评价问题

关于好课标准，在各学科的教学评价中基于学科的特点有很多讨论，其热度持续不减。关于课堂教学质量的研究比前一时期有所增加，比如，《课堂教学的评价标准》《课堂教学质量的综合评价》《教学质量评估初探》等。此外，由对于教学活动的评价还衍生出了对于教师教学行为是否良好的评价，即评价教师，涉及教师的教学行为、方式等问题，相关研究如《教师教学质量的综合评判》。还有学者关注到教师对于教学的自我评价，如《教育评价的一个重要的形式与内容——论教师的自我评价》；也有学者认为学生也是评价教师教学质量的重要主体，并对学生评价教师进行了有效性和恰当性的相关研究，如《如何看待学生评估的作用》等。

3. 教学评价价值观的研究

评价本身就是一种价值判断，而指导价值判断的理念就是教学评价的价值观。《教育评价的意义和动向》一文指出，教学评价本来是一种确认，即确认学生取得了怎样的学习成绩，教师应当让学生学习什么合适。教育评价的立场在于，一方面追求教育活动的科学化，另一方面提高其生产性，不仅评价学生的学业成绩，而且要在价值观、态度兴趣、行为、习惯、适应性等教育的整个领域，综合地评价学生的发展，以此来了解教育目的、目标的实现程度，这代表了一种全面评价的价值观。如《教学评价应贯彻人道主义原则》探讨了评价的价值观念要与上位的伦理价值符合，《搞好教学评价，提高教学质量》指向了评价的根本目的，反映了以目的引导评价的价值观念。

4. 国外教学评价研究述评

本阶段对于国外相关研究能够结合国外的经验与我国的实际展开论述，已有关于国外教学评价总体趋势的介绍，如《国外教育评价的发展趋势》。既有对于教育评价问题的粗线条讨论，如《谈美国学校教育、教学评价问题》《从单一尺度考试到多元评价——日本“中考”改革的启示》，也有具体评价方法的介绍，如《一种值得借鉴的教学评估方法》。关于评价理论、模式的述评，有《布卢姆教学评价理论述评》《美国教育评价模式价值取向的转换及其借鉴作用》等。

在教学评价研究积累阶段，还有研究者探讨了教学评价与教学目标、教学过程等其他教学要素的关系。总体而言，研究者对于教学评价开展了更加细致化和系统化的研究。

（三）迅速发展阶段（2001—2018）

2001 年 6 月 8 日，教育部印发《基础教育课程改革纲要（试行）》，提出：“大力推进基础教育课程改革，调整和改革基础教育的课程体系、结构、内容，构建符合素质教育要求的新的基础教育课程体系。”2001 年秋季起，“新课程”改革正式实施，持续至今。伴随课程改革的一路推进，也开启了中高考改革，带动了对于学生学业评价的相关研究。

1. 新课程的评价理念、方法

新课程在课程和教学评价方面提出：一要重视发展，淡化甄别与选拔，实现评价功能的转化；二要重视综合评价，关注个体差异，实现评价指标的多元化；三要强调质性评价，定性与定量相结合，实现评价方法的多样化；四要强调参与与互动、自评与他评相结合，实现评价主体的多元化；五要注重过程，终结性评价与形成性评价相结合，实现评价重心的转移。对于课堂教学评价，新课程理念认为其具有促进学生发展和教师专业成长的双重功能。

但新课程教学评价理念在实施过程中出现了一些偏差，将理念口号化，造成人们的理解过于简单、表面。在实践中出现了促进作用虚化，表现为“激励性评价”用得过多、过滥，未能达到促进发展的目的；评价标准泛化，表现为知识掌握情况的指标受到冷落、对学生的要求降低；评价手段形式化，表现为多样化的评价方法显得轰轰烈烈，但在升学考试中并不受青睐，只是作为展示新课改成绩的装饰。

2. 对于有效教学的讨论

有效教学是对课堂教学效果的整体评价。对于有效教学的研究，其与其他领域的研究轨迹非常相似，最初也是从翻译国外相关研究开始的。比较系统地介绍国外研究成果的是华东师范大学皮连生教授组织翻译的美国教育心理学家加涅的《学习的条件和教学论》《教学设计原理》。《学习的条件和教学论》是从学习者的认知特点出发来研究有效教学的。很多关于有效教学的研究是基于操作层面的。有研究者提出了课堂教学有效性标准，阐述了有效教学的细化标准和行为要素。《论公开课的有效性及其实现——以一次体验式语文教研活动为例》讨论了公开课这一特殊课型的有效性标准。余文森总结了我国有效教学模式的经验，他认为主要有“双基教学”“目标教学与掌握学习”“情感教学”“主体性教学”“生命性教学”“新课程教学”等。崔允漷阐述了教师在教学准备、主要教学行为、辅助教学行为、课堂管理行为、教学评价及教师开展教学研究方面应该如何做以提升教学效果。陈厚德从学习与教学的关系出发来研究有效教学，引出有效教学的基本理念：衡量教学有效性的唯一标准是促进学生的学习和发展；有效教学的出发点和基础是激发和调动学生学习的主动性、积极性和自觉性；有效教学的实质和核心是提供和创造适宜的教学条件，促使学生有效学习。程红认为，在传统教学重“效果”“效率”“质量”的基础上，还应重视“效益”。教学效益即教学活动的收益，教学活动价值的实现，也就是教学目标与特定的社会和个人的教育需求是否吻合以及吻合程度的评价。袁振国曾谈到教育研究的重心要转移到教学的有效性研究上。他说所谓有效教学是学生真正发生了什么样的变化。这些教学观、课程观的改变，深刻地影响到有效性的评价，也使人们在审视如何提高教学的有效性时，视域更加宽广，手段更加丰富，形式更加多元。

关于有效教学研究的后期讨论，突破了有效教学是“有效率的教学”的常识，越来越关注教学对于人的发展的影响。李森尝试概括“完整的”有效教学的含义：有效教学就是教师在先进的教学理念指导下，合理统筹各种教学要素，选择和运用适合的教学策略，促进学生在知识与技能、过程与方法、情感态度与价值观三个方面不断地进步与发展，满足社会和个人的教育价值需求的活动。《全人教育视野下的有效教学》将有效教学置于“全人教育”的视野中思考，脱离了效果、效率、效益的经济学思维“桎梏”，回归了教育的本质——关注人的发展。如此描述有效教学的特征，与教学和教育的初衷更加接近。

3. 学生学业成就评价

学生学业成就评价是教学评价中最核心、最基本的活动，也是现实中教学评价关注的焦点。学生学业评价主要涉及考试等量化评价，也涉及作业、成长记录袋等质性的评价。

在实践操作领域，学业评价是教育质量评价的重要部分，各地教育行政部门自主开发了一些评价标准和操作细则。比如，北京市在建立“北京市义务教育教学质量监控与评价系统”时不仅建立了评价框架，而且制定了学科内容标准。内容标准采用布卢姆认知目标分类学中体现认知层次类型的行为动词来体现学科能力的要求，如数学学科的认知层次分为了解（认识）、理解（会）、掌握（能）、灵活运用。

教育部印发的《普通高中课程方案（实验）》中要求："实行学业成绩与成长记录相结合的综合评价方式。学校应根据目标多元、方式多样、注重过程的评价原则，综合运用观察、交流、测验、实际操作、作品展示、自评与互评等多种方式，为学生建立综合、动态的成长记录手册，全面反映学生的成长历程。"考试测评是重要的学业评价方式，尤其是中高考，备受关注。有研究者指出了高中学生学业评价存在严重的弊端，包括：目的偏向功利化，以考上重点大学为最终目的；重鉴定选拔，轻发展，重短期效应，轻长远利益；关注学生智能方面的评价，忽视对学生情感态度等非智力因素的评价。评价标准过于统一化，不能突出学生的差异性，注重可以量化的内容，忽视质性的评价手段；教师仍然是学业评价主体，对学生自我评价、同伴评价、家长评价不够重视。有研究者特别关注了评价方法和技术的规范性、科学性程序，指出：传统的学业评价以测试学生所掌握的知识为主，较少反映学生的学业能力；在方法和技术上的科学性有待改进，考试内容的人为性和主观性明显，缺乏客观而科学的程序，考试的过程缺乏心理测量学的指导；考试功能单一，仅反映学生现阶段所掌握的知识。新形势下中小学生学业评价要在科学的测量理论指导下，以能力为导向，注重学生素养的测试，并规范评价程序，充分挖掘评价信息，让学业评价促进学生健康发展。

在这一阶段很多大规模的国际学生学业表现的测评，著名的有 PISA、TIMESS、PIRLS、NAEP 等，引起了世界各国的重视。我国学者也积极地投入对国际流行的测评考试的研究中，总结出这些评价方式对我国教学评价的启示。

本阶段的教学评价研究明确了教学评价在教育活动体系中的地位和作用，发挥了教学评价的功能，初步建立起我国教学评价的理论和方法体系，对教学评价的概念、功能、类型、标准、模式、基本原则、收集与处理教学评价信息的方法等都进行了较为深入的研究，评价制度化，不断提升了评价的信度和效度，基本上形成了适合我国国情的教学评价的实践模式和体系。

二、教学评价研究发展趋势

伴随新一轮课程标准的发布，未来教学评价的研究也将开启新的征程。

（一）复杂情境下的素养评价导向

2017 年高中各科课程标准已经发布，各学科依据中国学生发展核心素养的基本框架构建了学科核心素养指标，并首次依据标准确立了表现性评价指标，这标志着我国教学评价进入了素养评价时代。

核心素养的评价在学业评价部分，广泛参考了国际大型学业评价项目的方式，特别关注在真实的"情境"下开展测评，这意味着要测量学生在一种复杂的非结构化的条件下解决问题的策略。深刻理解"情境"的内涵及其测评价值指向，对于把握未来教学评价的方向大有裨益。“情境”的本意并不复杂，但是当它与评价关联起来时，至少包含这样一些内涵。首先，情境表达了一种真实性。将学生的学习表现放置在真实的场景中来开展，知识的运用就不再是从抽象的知识到抽象的回答的过程。学生需要从情境中剥离出基于学科知识的问题，运用相关知识和技能很好地解决这个问题，之后再将结果有效运用到真实的情境中去。情境要评价的是知识的产生、演绎和应用的全过程。其次，情境具有极强的角色意识，具有一种角色的代入感。以往学生的情感、态度、价值观很难被测量。但当情境赋予测评者一种角色意识的时候，他的整体表现可以反映出知识和价值观的融合。例如，在解决某些科学问题时，可以在考查学生的基本科学知识之外，通过不同策略的展示，看到学生具备怎样的人文理念、生命观念及科学观念等。在写作评价中，通过赋予写作者一定的身份，可以考量他是否具有能够从不同的角色立场考虑问题的能力和态度。再次，情境具备隐蔽性。在情境的创设中，很多条件是隐含在情境中的，必须由被测评者自己主动发掘和提取。这可以充分考查被测评者的理解力、开放性思维能力和信息挖掘能力等。最后，情境具备综合性的特征。某些真实的情境问题，不一定有标准的正确答案，而是可以依据被测评者自己能力的高低、考虑问题的全面程度等，划分出不同的层次。这是以往的测评所不能及的。而在“情境”中测评的核心价值在于，考查被测者的迁移运用能力，测量他们的知识、能力和态度是否能够迁移到不同的情境中，表现出应有的水平。面临未来社会的挑战，变化将成为常态。面对变化的生存情境，学会有效应对是教育的基本意义。

（二）应用信息技术改进教学评价方法

在评价方法上，人们以往对于教学评价方法的研究，一直在定量和定性两方面不断推进。对于学生学业水平的测量，仍需要大量评价工具、量表的介入，这些测量工具的研发仍将是未来教学评价的重要内容。伴随信息技术深度参与教育活动，在日常教学中，教育信息技术手段已经得到了常态化的运用。大数据技术的发展，从数据的收集、整理和分析、诊断都日渐成熟。科学的测评量表、量化调查工具的研制，借助信息技术可以更加简便、快捷和准确。线上课程的学习，还可以借助信息技术收集学生的学习行为数据，让以往难以实现的长期数据的跟踪、收集成为可能。信息技术辅助量化测评可以瞬间完成，教学评价的诊断功能可以发挥得更好。例如，课前教师可以更准确地把握学生的学习情况及问题所在，找准教学的起点。课后的测评和学生学习行为分析，可以帮助教师更有针对性地向学生提供个性化的学习帮助。

在量化测评更容易、更快捷实现的情况下，如何正确收集、解释和运用量化评价信息成为重要的思考方向。首先，要科学建构数据收集的体系，力求全面反映学生的学业水平。其次，在解释数据时，应避免武断的结论，尤其应审慎对待负面评价，坚持量化评价和质性评价相结合的策略，关键数据应辅以长期的课堂观察和深度访谈等质性依据。最后，要对教师加强有关数据分析、判断的培训，使教师能够读懂数据，有效利用数据，对学生的学习进行正面干预，要有行动研究意识，注重不同阶段教学干预的效果对比。

参考文献：

[1] 王晓燕．中小学劳动教育的政策演变、价值诉求与未来建构［J］．中小学管理，2019（5）：5-7.

[2] 眭定忠．城市中小学劳动教育的校本化实施路径：上海市沙田学校劳动教育探索［J］．人民教育，2019（10）：26-27.

[3] 刘向兵．新时代高校劳动教育的新内涵与新要求：基于习近平关于劳动的重要论述的探析［J］．中国高教研究，2018（11）：17-21.

[4] 曲霞，刘向兵．新时代高校劳动教育的内涵辨析与体系建构［J］．中国高教研究，2019（2）：73-77.

[5] 岳海洋．新时代加强高校劳动教育的价值意蕴与实践路径［J］．思想理论教育，2019（3）：100-104.

【评析】 本案例只是截取了文中的两大部分，作为一篇综述类文章，这篇文章结构非常清晰，有述有评。文章将我国教学评价研究分为三个阶段，每个阶段分门别类地阐述了各个方面研究的情况，并对该阶段的研究情况进行了总结与评价。最后，指出了教学评价研究未来发展的趋势。

【信息窗】

据美国科学基金委员会、美国凯斯工学院研究基金会调查统计，社会科学和理工科各项研究活动时间比例如表 3-3 所示。①

表 3-3 社会科学和理工科各项研究活动时间

分类	选定课题	情报搜索与信息加工	科学思维、科学实验	学术观点形成
社会科学	7.7%	52.9%	32.1%	7.3%
理工科	7.7%	30.2%	52.8%	7.3%

可以看出，情报搜索与信息加工占全部研究的 1/3～1/2，由此可见文献在科学研究工作中的地位与作用。

① 鲁胜全．教师如何进行教育科学研究［M］．乌鲁木齐：新疆青少年出版社，2009：3.

【实践与体验】

请自拟一个研究选题，自行在知网进行文献检索，以文字形式简要介绍检索过程和检索结果，须附上有代表性的核心期刊文献 3~5 篇。以“高职院校劳动教育现状的调查研究”为例，示例如下：

在中国知网（CNKI）高级检索页面，选定“期刊”，将篇名设定为“劳动教育”，词频勾选“模糊”，来源类别选定“北大核心”和“CSSCI”，时间设定为从 2010—2020 年，共检索到 227 篇文献。以下列出几篇主要参考文献。

第四章

问卷调查法

问题导入

我们经常给别人填写网络问卷，有时候我们可能会发出“不知道这个问卷要调查什么”“题目怎么这么多”“我好像不是合适的问卷对象吧”等抱怨。作为被调查者的我们，在面对别人发放的问卷时，为什么会发出这样的抱怨呢？怎样设计问卷，问卷发放有哪些需要注意的事项，问卷填写完后我们应如何对这些数据进行整理、分析呢？就让我们带着这些疑问进入这一章的学习，让我们站在研究者的立场，尽量减少自身的迷茫，同时避免被调查者抱怨或拒绝。

知识导图

- 第四章 问卷法
  - 第一节 教育调查研究概述
    - 一、教育调查研究的概念及特点
    - 二、教育调查研究的类型
    - 三、教育调查研究的一般步骤
  - 第二节 问卷的特点、内容与结构
    - 一、问卷的特点
    - 二、问卷的内容
    - 三、问卷的结构
  - 第三节 问卷的设计及注意事项
    - 一、问卷设计的一般程序
    - 二、问卷题目的撰写
    - 三、问卷设计时应该注意的相关问题
  - 第四节 问卷调查的实施及注意事项
    - 一、问卷调查的实施
    - 二、问卷调查时应注意的相关问题
  - 第五节 问卷数据的统计分析
    - 一、问卷数据的类型
    - 二、常用统计分析软件的操作
  - 第六节 问卷法的优缺点
    - 一、问卷法的优点
    - 二、问卷法的局限性

第一节　教育调查研究概述

1930 年 5 月，毛泽东为了反对当时红军中存在的教条主义思想，专门写了《反对本本主义》一文，提出“没有调查，没有发言权”的著名论断。2020 年 10 月 10 日，习近平总书记在中央党校（国家行政学院）中青年干部培训班开班式上的重要讲话中指出，“调查研究是做好工作的基本功。一定要学会调查研究，在调查研究中提高工作本领”。2023 年 3 月，中共中央办公厅印发《关于在全党大兴调查研究的工作方案》，可以看出调查研究对于开展工作的重要性，可以说调查研究是干好工作的重要方法。同样地，在开展教育研究时，教育调查研究是最常用的研究方法之一。

一、教育调查研究的概念及特点

（一）教育调查研究的概念

教育调查研究是指在教育实践中采用一定的程序和手段，有目的、有计划地收集所研究对象的有关资料，并对其进行整理、分析，从而了解实际情况，揭示事物的本质和规律，得出较为科学的结论，用以解决教育实践中的问题的一种研究方法。

（二）教育调查研究的特点

（1）在研究对象上，教育调查研究是以活动形态或现实存在形态的教育问题、教育现状为研究对象的。

（2）在研究目的上，教育调查研究不是以操纵并改变研究对象的状态来获得关于教育问题的认识，而是就事论事，通过问卷、访谈、观察等方式，获得关于研究对象的教育科学事实。形成教育科学事实是教育调查研究的直接研究目的。

（3）在研究方法的性质上，教育调查研究是一种通过语言直接与研究对象打交道的研究方法，属于接触性研究方法。

二、教育调查研究的类型

教育调查研究包括调查和研究两个相互联系的基本要素，调查是用一定的方法收集事实和资料；研究是对收集的资料进行整理、分析。教育调查研究根据调查对象的选择范围、调查目的、调查手段等，划分为不同类型（表 4-1）。

表 4-1 教育调查研究的类型

分类标准	类型	概念
调查对象的选择范围	普遍调查	也叫全面调查，是对某一范围内所有被研究对象进行调查。普遍调查既可以是单位性的或地区性的，也可以是全国性的，只要是对研究对象的每个个体进行的调查，都是普遍调查。它能够得到有关调查对象的全部情况，为制定重大的方针、政策和规划提供必要的依据，如人口普查
	抽样调查	即从被调查对象的全体范围（总体）中，抽取一部分单位（样本）进行调查，并以样本特征值推算总体特征值的一种调查方法
	个案调查	即在对被调查的教育现象或教育对象进行具体分析的基础上有意识地从中选择某个教育现象或教育对象进行调查和描述
调查目的	现状调查	即对某一教育现象或教育对象的现在状况、特征、影响因素等进行调查。这种类型的调查，其时间特征是“现在”或“当前”，是进行“现在状况”“当前情况”的调查
	相关调查	主要调查两种或两种以上教育现象的性质与程度，分析与考察它们是否存在相关关系，是否互为变量，目的是寻找某一教育现象的相关因素，以探索解决问题的办法
	发展调查	即对教育对象的发展变化过程进行纵向考察，通过对发展过程、影响因素、与其他教育现象的联系等方面的调查分析，揭示一定教育现象的本质及规律的一种调查方式
	预测调查	主要调查某一教育现象随着时间变化而表现出的特征和规律，从而推断未来某一时期的教育发展趋势与动向。这类调查难度较大，其结果相对来说准确性不是很大
调查手段	问卷调查	将事先编制好的问卷发给被调查者填写后收回，以获得所需要研究资料的一种调查方法
	访谈调查	调查者通过与调查对象面谈来了解情况、收集资料的一种调查方法
	观察调查	调查人员运用自己的感觉器官或借助一定的科学仪器有目的、有计划地观察调查对象，记录观察结果

三、教育调查研究的一般步骤

教育调查研究包括问卷调查法、访谈法、观察法等不同的具体方法，程序上虽各有所侧重，但都要遵循以下步骤：①

（一）确定调查研究课题

调查时要了解什么情况，探究什么问题，达到什么目的，都要预先考虑。所选

① 王庭照. 教育科研方法［M］. 西安：陕西师范大学出版总社，2016：171.

的课题要具有现实意义或理论价值。例如，“双减”背景下小学课后服务现状的调查、小学语文课外作业设计调查、小学生英语学习兴趣调查等，都是具有现实意义或理论价值的课题。

（二）选择调查研究对象

研究课题的性质、目的、任务决定着调查对象。确定调查对象包括确定调查的总体对象和调查的样本。调查研究大多数是抽样研究，因此，在确定调查样本时要合理地使用抽样方法和合理确定样本容量的大小。

（三）拟订调查计划

拟订调查计划要考虑以下几方面的内容：

1. 构思调查设计

构思是指进行纵向研究设计或横向研究设计。纵向研究也叫追踪研究，是指对同一研究对象在不同的年龄或阶段进行长期的反复观测的方法。横向研究也叫横断研究，是指在某个相对比较短的一段连续的时间内围绕研究课题，搜集有关资料，并描述研究对象在该时间段内的基本性状或探讨有关不同变量之间的关系。

2. 确定所采用的具体的调查方法

确定具体的调查方法是指调查拟采用问卷调查法、访谈法或观察法，抑或问卷调查法与访谈法相结合。

3. 确定调查项目或调查指标

确定调查项目，也就是明确调查的内容，即打算向调查对象了解哪些方面的问题，以防止调查中漏掉重要的研究变量，即漏掉重要内容。确定的调查项目要能有效地反映所要研究的问题，项目的构成要合理简便。大项目要分解成若干具体的小项目。

4. 确定调查进程

如果调查范围广，研究样本很大，调查任务繁重，还需对完成调查任务的进程做出安排。

（四）进行预调查

预调查就是在正式调查之前，先在小范围内进行初步调查。其目的在于对调查对象的基本情况有个了解，为编制研究工具或修改研究工具（调查问卷、访谈提纲、观察提纲等）奠定基础。

（五）编制调查工具

调查研究使用的工具（如调查问卷、访谈提纲、观察提纲等）常常需要研究者自行编制。在编制调查工具时，要遵循一定的技术要求，以保证调查工具的科学性、实用性和有效性。

（六）实施调查

实施调查就是运用编制好的调查工具了解情况，占有材料。调查实施阶段是调查研究的重要环节，调查研究能否取得成效，往往取决于这个阶段的工作状况。调查实施过程就是资料的搜集过程，即运用调查手段，接触调查对象，从中搜集第一手资料。在调查实施过程中要及时核查资料，看看所搜集的资料是否齐全、准确，留意数据的数字是否正确，做到及时补救、更正，尽可能避免人为的错误。

（七）整理、分析调查资料

调查资料就是研究者所回收的调查问卷、访谈记录、观察记录，这些资料往往是大量的、杂乱的。调查研究的一个重要任务就是对这些资料进行分析、整理。问卷资料往往采用统计方法进行分析，访谈和观察记录往往需要分类归纳、对资料进行编码处理。

（八）撰写调查研究报告

撰写调查研究报告是教育调查研究的最后一个环节。简单地说，撰写调查研究报告就是把前面定性分析和定量分析的结果写成文章，在后面的章节会有所讨论。

第二节 问卷的特点、内容与结构

一、问卷的特点①

（一）标准

对于所有的被调查者都以同一种问卷进行询问，同时，以同一种方式发放与填写问卷。

（二）匿名

填答问卷时一般不要求被调查者在问卷上署名。匿名可以减少被调查者的顾虑，有利于了解到被调查者的真实情况。

（三）间接

被调查者在填答问卷时，一般不需要与调查者见面，而是由被调查者自己填写问卷，具有间接性。

---

① 郑金洲，陶保平，孔企平. 学校教育研究方法［M］. 北京：教育科学出版社，2003：143-144.

二、问卷的内容

就问卷的内容而言，一般有以下三种类型。①

（一）基本资料

这部分内容主要是关于答卷人的基本情况的，会涉及一些人口学变量，比如性别、年龄、年级、文化程度等。一般来说，调查者在进行问卷调查时，会收集关于被调查者的一些基本情况，以便后续的统计分析。

（二）行为表现

这部分内容是专门向答卷人收集已发生的行为事实或事件发生经过的。这些行为或事件，可以是答卷者本人的或他人的，答卷人作为知情人，应该实事求是地回答清楚，以便了解事实。

（三）态度资料

这部分内容主要是收集答卷人对某些问题的意见、看法、态度、兴趣、爱好等，如学习兴趣、动机、理想等。

无论是行为表现方面的资料还是态度方面的资料，都由调查者以问题的形式提出，要求被调查者如实回答。

三、问卷的结构

一份完整的问卷一般包括标题、指导语、问题、结束语。

（一）标题

标题要高度概括调查内容，要与研究内容一致，又要注意对被调查者的影响。通常表述为"……的调查问卷"。例如，"小学生英语学习兴趣现状的调查问卷"。

（二）指导语

指导语主要用来指导答卷人如何填写问卷。一般需要交代研究者身份和调查问卷的目的，起到和被调查者沟通的作用，说明此问卷是匿名问卷，仅做研究使用，会坚守保密原则，回答无对错之分，以消除对方的顾虑，并交代答题的要求、注意事项、规则、填写问卷所需的大致时间等。尽量简洁、明了，用词恰当，便于理解。例如，"X 小学课后校内服务家长调查问卷"中的指导语：②

尊敬的家长：

　　您好！这是一份关于小学生课后校内服务现状的调查问卷，非常感谢您能够参与问卷调查。此次调查用于学术研究，填写采取匿名的方式，不

---

① 杨晓萍. 教育科学研究方法［M］. 重庆：西南师范大学出版社，2006：94-95.

② 姜美杰. 需求视域下小学校内课后服务实施研究：以 X 小学为例［D］. 大连：辽宁师范大学，2022.

会对您的生活和学习造成任何影响。问题没有对错之分，请您根据实际情况作答即可。

填写说明：本问卷有选择题、填空题两种题型。选择题请在选项上画“√”，填空题请在线上填写具体内容。

（三）问题

问题是问卷的主要部分，是其核心内容。题项的设计要具体、清楚、客观、具有可操作性、通俗易懂，而且应该是被调查对象熟悉的问题。题目有开放式、封闭式和混合式三种。

1. 开放式题目

只有问题，没有可供选择的答案，被调查者可以任意作答。例如，您对学校提升课后服务质量有什么建议？

2. 封闭式题目

不仅要提出问题，而且还要提供选择的答案。封闭式题目所提供的答案要准确，符合实际，便于被调查者进行选择。封闭式题目的常用形式有填空、选择、量表等。

（1）填空。要求回答者在横线上填写答案。例如：

你的年级：____________。你的性别：____________。

（2）选择。一个题目由一个题干和若干选项组成，回答者在选项中选择答案，分为单选题和多选题。例如：

你放学后是否参加校内课后服务？

A. 不参加　　B. 参加

（最多选 2 个）你参加课后服务那段时间主要做什么？

A. 做辅导作业　　B. 参与课外活动　　C. 参加体育锻炼　　D. 阅读

E. 绘画　　F. 其他

（3）量表。用直观的尺度表示主观评判的结果。例如：

我非常满意学校提供的工作环境。

非常不同意　　　　　　　　非常同意

①　　②　　③　　④　　⑤

3. 混合式题目

把封闭式题目和开放式题目组合在一起，常见的形式有两种：第一种前半部分是封闭式，后半部分是开放式；第二种提供 A、B、C、D、E、F 五个选项，其中 F 选项是“其他+________”，如选其他，需在横线上补充说明。

（四）结束语

这是问卷的最后一部分，一般用来向被调查者表示感谢。

第三节　问卷的设计及注意事项

一、问卷设计的一般程序[①]

设计问卷时要根据研究目的设计总体框架。问题要根据总体框架来提出，且问题之间有内在的逻辑关系。要做到这些，就要对问卷研究的问题或概念进行框架式的建构。

（一）明确调查的中心概念，确定研究范围

例如，在“需求视域下小学校内课后服务实施研究”中，首先要明确“课后服务”的含义，在此基础上，根据研究目的，明确要研究的是小学校内课后服务，即“课后父母将未成年子女委托给学校，学校对学生进行安全看护并组织学生开展一系列教育活动的一项服务”。

（二）构建问卷框架

1. 分解中心概念，构建问卷框架

例如，在“需求视域下小学校内课后服务实施研究”中，作者设计了小学生问卷和家长问卷。小学生问卷中将小学校内课后服务实施分为参加课后服务的原因与态度、课后服务的保障机制（师资、经费、安全）、小学生对课后服务的认知与需求、课后服务的实施要素（内容、形式、主体）四个方面，建立起该问卷的结构框架。

2. 以理论为依据，构建问卷框架

例如，有学者把价值观分为工具性价值观和终极性价值观，把人生价值观的研究分为实现人生价值的手段和实现人生价值的目的。

3. 通过文献查阅，构建问卷框架

例如，在设计“师范生师德教育现状调查问卷”时，就通过文献查阅，参考前人研究成果，将其分为师德教育内容、师德教育途径、师德教育效果和师德教育评价四个维度。

（三）在建立框架基础上进一步将问题细化

问卷的核心是问题，编制问卷最重要的就是确定问题，即在问卷中要提出供被调查者回答的题目。问题的形成一般需经过以下步骤：① 课题分析，提出假设；

① 杨晓萍. 教育科学研究方法［M］. 重庆：西南师范大学出版社，2006：98-99.

② 概念具体化，寻找变量；③ 确定指标；④ 为测定已经确定的指标，编制直接与间接的问题。

例如，在“小学生厌学问题影响因素”这一调查课题中，我们可以形成一系列的问题，具体过程如下：①

课题：小学生厌学问题影响因素有哪些？

假设：家庭因素、教师因素、学校因素及社会因素会导致小学生厌学。

概念：家庭因素、教师因素、学校因素及社会因素。

变量：家庭因素涉及的变量有父母的教育理念、父母的教养方式、父母的期望、家庭氛围；教师因素涉及的变量有教学方式、教学内容、教师素养、师生关系；学校因素涉及的变量有同伴关系、校风、校园活动；社会因素涉及的变量有社会风气、社会环境。

指标：仅列举父母的教育理念，包含父母对学习的重视程度、父母对学习的指导方式；父母的教养方式包含父母的关心和爱、父母管教太严、父母的忽视；父母的期望包含父母对学习的要求、父母经常唠叨并拿孩子和他人进行比较；家庭氛围包括家庭成员之间的关系、家庭学习环境。

问题：仅列举父母的教育理念这一指标下的 6 个问题。① 父母只关心我的成绩，从不关心我的其他事情。② 我的父母不管多忙，都会监督我学习。③ 我的父母会给我安排我不喜欢的兴趣班。④ 我的父母会采用物质奖励（比如给我买玩具）来激励我去学习。⑤ 在我的学习过程中，遇到不会的题目，我的父母能指导我。⑥ 我的父母会带我去图书馆或者给我买课外读物，帮助我拓展知识面。

（四）广泛征求意见，修订题目

请团队成员、同行或专家来评估问卷题目设计是否合理。对题目的评估要从问题是否和问卷维度有关、表述是否含糊、一个题干是否包含多个问题、是否存在引导被调查者作答的情况、是否存在社会赞许效应、题干表述是否存在否定句或多重否定、对不同类型的被调查者是否使用了同一份题目等方面来考虑。

（五）试测

试测样本一般为 30~50 人。试测是问卷设计的重要步骤。试测有两个目的：一是考察问卷的信度和效度。二是进一步发现具体缺陷，如问卷的难度、分量、顺序是否合适，问卷的问题是否合理，语言的表达是否确切等，以便在正式施测前加以修正。

（六）根据测试结果再次进行修订

根据试测结果，保留具有代表性的、相关度高的题目，剔除相关度低的题目。

---

① 程丽娟. 小学中高年级学生厌学问题的研究［D］. 上海：上海师范大学，2022.

至此，问卷的编制工作完成，可以按计划发放问卷，正式开展调查。

二、问卷题目的撰写

题目是问卷的核心部分，题目的质量直接影响调查结果的准确性、科学性及所调查内容和研究问题的相关性，所以问卷题目的撰写特别重要。

（一）问卷题目撰写的基本要求

1. 所设计的问题要和研究目的相一致

即问卷中的题目都是研究课题所需要的，符合研究的主题，要和问卷的维度紧密相关。

2. 不要涉及社会道德问题

在设计问卷题干和答案时，要避免社会道德问题，让题干和答案看上去都是中性的，以消除被调查者的顾虑。例如："你经常抄别人的作业吗?"这个问题谁也不愿意做肯定的回答，即使经常抄别人作业的人也不会做肯定的回答，因为我们总是希望自己的回答能够得到社会的认可，而不愿意选择明显的违反社会规范和道德、容易受他人指责的答案。

3. 表达清楚、简洁

为便于被调查者作答，问题的表述要尽量简洁，如果问卷过长，被调查者可能因为要占用过多时间，没有耐心而不认真回答，同时问卷的题目表达要清楚，不能超出被调查者的知识能力范围。

（二）问卷题目撰写的技巧

1. 要避免一个题干包含多个问题

在问卷中，一个题目应该只设计一个问题，只包含一个概念，两个问题就用两个题目来表达。比如："你喜欢英语和语文吗?"如果两个都喜欢或都不喜欢，这个问题就好回答；如果被调查者只喜欢二者之一的话，就不好作答了。所以，这样的问题就要设计成两个题目。比如："你喜欢英语吗?"或者"你喜欢语文吗?"

2. 题干要避免采用否定句或多重否定句

题目要尽量避免使用否定句，更不要用多重否定句，应尽量把题意直接表达出来。例如："下列看法你不同意哪一种?""你是否认为教学方法不会对学生学习成绩产生影响?"这些题干尽量避免。

3. 题干应避免不适当的假设

例如，针对学生的问卷中的一个题目："你喜欢翻转课堂教学模式吗?"这个问题隐含了一个不适当的假设，那就是假定被调查者都体验过翻转课堂教学模式，只有体验过，才能说喜欢或不喜欢。事实上并非如此。这里最好改用一个有条件的问题，先提一个过渡的问题，然后再进一步问上面的问题。例如："你体验过翻转课堂教学模式吗?”如果回答“是”，再加问：“你喜欢吗?”

4. 题干应避免诱导和暗示被调查者

问卷题目不能隐含着某种假设或期望，不能带有偏向性的暗示；否则，会影响被调查者按真实想法作答，影响调查结果的客观性和科学性。例如：“专家建议青少年要保证充足的睡眠时间，不要熬夜，你会熬夜吗?”这里以专家的意见开头，会诱导被调查者和专家的意见一致。

5. 题干应避免使用学术用语

例如：“你赞成高考成绩使用标准分数吗?”这里的“标准分数”属于专业的学术用语，不是所有人都理解其含义，如果用这种生涩的学术专有名词，会影响调查结果的客观性。

6. 题干应尽量避免影响调查对象情绪的内容

例如：“你认为某某老师教学水平怎么样?”这个问题涉及了学生对老师的评价，容易引起被调查者的困扰。

7. 问题设计要具体明确

例如：“你认为玩具对儿童的发展有影响吗?”这个问题的范围过大，玩具对儿童的影响涉及思维、动作、想象等方面，这里指的是哪方面?影响有积极的和消极的，这里指的是哪种?对于这种问题，被调查者就无从回答，即使作答了可能也不是其真实的想法。

8. 问题的指代要清楚，避免产生歧义

例如：“你在哪里读书?”“哪里”可以指代所就读的学校的名称，也可以指代所就读学校所在的城市。

9. 题干要避免“社会认可效应”

例如：“你热爱自己的学校吗?”“坐公交车时会主动给老人让座吗?”对于这类问题，被调查者很可能会按照社会规范、社会期待的反应去作答，而隐藏自己的真实想法。

10. 选项要遵循统一逻辑分类

题目的答案选项要从统一逻辑角度划分。例如：

你父亲的职业是什么?（　　）

① 知识分子　② 教师　③ 工人　④ 农民

⑤ 其他

②③④⑤可能都是“知识分子”，被调查者就无从选择。

11. 选项要避免没有穷尽所有可能选项

例如，你父亲的职业是什么?（　　）

① 医生　② 教师　③ 工人　④ 农民

这四个选项加在一起并没有穷尽所有的职业，如果父亲是公务员或工程师，就没有选项可选。所以，有必要在后面加一项“⑤ 其他”。

12. 选项要避免相互交叉或包含

题目的答案选项之间必须是相互排斥的；否则，收集的资料将无法整理和统计。例如：

你每天用于课外阅读的时间是（　　）。

① 1 小时以下　　② 1~2 小时　　③ 2~3 小时　　④ 3 小时以上

这里②和③有交叉。如果是 2 小时，被调查者可能选②，也可能选③，这样，最终的统计结果就无法反映真实情况。

13. 选项要按照一定的逻辑顺序编排

题目答案的选项要按照一定的逻辑顺序编排；否则会给被调查者答题带来不便，影响调查结果。例如：

你的课外阅读频率是（　　）。

① 每天都读　　② 每周 3 次以上　③ 每周 1~2 次　　④ 每年偶尔几次

⑤ 每月偶尔几次

从选项的排列可以看出选项是按照阅读频率由高到低的顺序排列的，而选项④和⑤就没有按照这一逻辑顺序编排。

14. 选项使用的量纲要统一

例如，你平均每次花在阅读课外书籍的时间是（　　）。

① 2 个小时左右　② 1 个小时左右　③ 20~30 分钟左右　④ 不足 20 分钟

这道题既有以“小时”为量纲的答案，也有以“分钟”为量纲的答案。选项使用的量纲没有统一，被调查者在作答时还需要先换算。

15. 牵涉到距离时各选项距离应相等

当题目的答案选项牵涉到距离时，除第一个和最后一个开放性选项可以无穷大和无穷小外，中间的选项应该是等距的。例如：

你的年龄是（　　）。

① 21~30 岁　　② 31~40 岁　　③ 41~50 岁　　④ 51~55 岁

⑤ 56 岁及以上

这里①②③的年龄间距是 10 岁，④的年龄间距是 5 岁，没有做到等距。

（三）调查问卷问题设计的基本要求

1. 语义清楚

设计的问题应使研究对象能够正确理解，不会产生歧义，对题意的理解应是唯一的，不能把两个或两个以上的问题合并成一个问题来提问。

2. 语句简洁

问题的语句形式要简单，通俗易懂。问题的表述形式一般采用简单陈述句或简单疑问句。

3. 面向对象

问题的语句和措辞要适合研究对象的文化水平和职业特点，特别是研究对象是小学生时，就更应考虑研究对象的理解能力，尽量把复杂问题作简化处理。

4. 价值中立

在设计问题时，应避免引证权威论断，也不应把个人的认识、观点和价值判断包含在问题之中，以免对研究对象产生暗示作用，导致特定的、有倾向性的回答。

5. 避免社会认可效应

社会认可效应是指研究对象按照社会规范、社会期望进行反映，而不是反映自己真实的观点、看法和态度。这种现象一般出现在回答有关思想、政治和道德等方面的问题时。在设计这类问题时，应少用是否式问题，可以采用情境式问题或两难问题代替。

【真题再现】

1.（2020 下·单选）在设计调查问卷时，应避免将权威论断、个人观点包含在问题之中。这体现的问卷设计原则是（　　）。

A. 面向对象　　B. 价值中立

C. 语句简洁　　D. 避免社会认可效应

2.（2018 上·简答）调查问卷的问题设计有哪些基本要求？

答案：1. B　2. 参见上文

（四）题目的编排要注意的问题

1. 合理的编排顺序

一般来说，题目的编排要遵循以下顺序：一是时间顺序，由近及远，连贯排列；二是内容顺序，容易的、感兴趣的题目在前，由浅入深，先易后难；三是类别顺序，按问题的类别编排题目，排序为个人基本信息题目、行为表现题目、态度资料题目。此外，开放式题目放在封闭式题目之后。

2. 同一维度的问题应该有多个题目

在小学生厌学问题影响因素问卷中，共有家庭因素、教师因素、学校因素和社会因素四个维度。以“学校因素”这一维度为例，包括同伴关系、校风、校园活动三个指标，教师素养指标下有 23、24 两道题，师生关系指标下有 25、26、27 三道题，同伴关系指标下有 28、29 两道题，校风指标下有 30 题一题，校园活动有 31 题一题。具体如表 4-2 所示。

表 4-2 小学生厌学问题影响因素测试问卷指标与项目的具体对应

维度	指标	操作性定义
家庭因素	父母的教育理念	父母对学习的重视程度（1、2）
		父母对学习的指导方式（3、4、5、6）
	父母的教养方式	父母的关心和爱（7、8）
		父母管教太严（9、10）
		父母的忽视（11）
	父母的期望	父母对学习的要求（12）
		父母经常唠叨（13）
		拿孩子和他人进行比较（14）
	家庭氛围	家庭成员之间的关系，包括亲子关系、夫妻关系（15、16）
		家庭学习环境（17、18）
教师因素	教学方式	适应教学方式（19）
		作业布置是否合理（20）
		占课情况（21）
	教学内容	教学内容的难易程度（22）
学校因素	同伴关系	与同学的相处（28、29）
	校风	学习氛围（30）
	校园活动	举办的活动（31）
社会因素	社会风气	过分看重分数（32）
	社会环境	沉迷于电子产品（33）

三、问卷设计时应该注意的相关问题①

（1）问题的设计要紧紧围绕调查目的进行。

（2）注意调查样本的构成情况。如被调查者的身份、职业、文化程度、年龄、性别等因素，都是问卷设计时应该考虑的。应针对不同的调查对象设计不同的问卷。

（3）设计问卷时还应考虑到资料处理和分析方法及问卷的使用方法等因素。不同的资料处理和分析方法对问卷的设计有不同的要求，要结合自身方法掌握情况来选择问卷题目的类型。如果忽视这个因素，可能影响调查结果的处理，严重时还会使调查任务无法完成。

① 侯怀银．教育研究方法［M］．2 版．北京：高等教育出版社，2018：131.

案例1

小学生厌学问题影响因素问卷①

亲爱的同学：

你好！下面是一些简单的问题，请你认真阅读每一个句子，根据自己的实际情况，在最合适的答案上打“√”。答案本身没有对错好坏之分，并且你的回答对他人绝对保密。感谢你的参与和配合！

第一部分：基本情况。

班级＿＿＿＿＿＿　　学号＿＿＿＿＿＿

性别：1. 男　2. 女

我在班级的成绩属于：1. 优秀　2. 良好　3. 合格　4. 须努力

我是否为独生子女：1. 是　2. 否

我是否担任班干部：1. 是　2. 否

我父亲的文化程度：1. 小学　2. 初中　3. 高中　4. 专科　5. 大学本科及以上

我母亲的文化程度：1. 小学　2. 初中　3. 高中　4. 专科　5. 大学本科及以上

第二部分：小学生厌学问题影响因素问卷。

下表是对小学生厌学问题影响因素的一些看法或认识，请你根据自己的实际情况，选择与你最相符的选项。1 表示完全不符合，2 表示不太符合，3 表示不确定，4 表示有点符合，5 表示完全符合。

题　目	1	2	3	4	5
1. 父母只关心我的成绩，从不关心我的其他事情					
2. 我的父母不管多忙，都会监督我学习					
3. 我的父母会给我安排我不喜欢的兴趣班					
4. 我的父母会采用物质奖励（比如给我买玩具）来激励我去学习					
5. 在我的学习过程中，遇到不会的题目，我的父母能指导我					
6. 我的父母会带我去图书馆或者给我买课外读物，帮助我扩展知识面					
7. 在学习方面我的父母会给予充分的支持和理解					
8. 我经常感受不到父母对我的关心和爱					

① 本问卷来源于上海师范大学程丽娟 2022 年的硕士学位论文《小学中高年级学生厌学问题的研究》。

续表

题　目	1	2	3	4	5
9. 当我不想学习或者在学习过程中犯错误的时候，我的父母会打骂我					
10. 我觉得父母对我的管教太严格了					
11. 我的父母从来不管也不过问我的学习情况					
12. 父母对我的学习要求太严，这使我讨厌学习					
13. 我的父母会天天唠叨要好好学习，努力考上名牌大学					
14. 我的父母会夸赞别人家的孩子，并且让我向别人家的孩子学习					
15. 我和父母之间的关系十分融洽					
16. 当在学习上遇到困难时，我不会主动和父母沟通					
17. 我目前所处的家庭学习氛围是积极向上的					
18. 我的父母在家几乎不会看书学习，而是经常玩手机、打游戏					
19. 我不能适应老师上课所采用的教学方式，如小组合作、角色扮演等					
20. 老师布置的作业很多，我经常来不及完成					
21. 老师经常会占用美术、音乐、体育课的时间					
22. 我经常听不懂老师上课所讲的内容					
23. 我的老师只喜欢学习成绩好的学生					
24. 我的老师没有体罚学生的行为					
25. 我喜欢学校里的老师					
26. 我的老师很严格，我经常担心他批评我					
27. 我感受不到老师对我的关心和爱护					
28. 我不能与同学们友好相处					
29. 班上的同学经常欺负成绩不好的学生					
30. 我身边的同学上课不认真听讲，经常在课上吵闹					
31. 我所就读的学校经常会开展丰富的校园活动，如绘画比赛、作文比赛等					
32. 我身边的人都说只要成绩好，就算其他方面差一点也没关系					
33. 我一学习就想玩手机或者平板电脑					

第四节 问卷调查的实施及注意事项

一、问卷调查的实施

问卷调查的实施是问卷调查法的重要环节，是用问卷来收集研究所需数据、资料的过程。实施问卷调查的基本步骤包括：

（一）编制问卷

问卷的设计和编制是问卷调查的关键环节。具体内容详见上一节。

（二）发放问卷

发放问卷时要选取好调查对象，如果是全面调查，应向所有对象发放问卷；如果是抽样调查，那么抽取的样本应具有代表性。问卷发放的方式有集中向被调查者现场发放、派人送给被调查者（如学生、教师、家长）、电话逐一询问、邮寄、网络问卷等，回收率最高的是集中向被调查者现场发放。

（三）回收及审查问卷

一般来说，现场发放的问卷可以当场收回，如果是邮寄，那么就要考虑回收率的问题。影响问卷回收率的因素很多，如被调查者的主观倾向，其在当时是否乐于合作；问卷本身的问题，问题过多使人疲乏（答卷时间一般控制在 20~30 分钟）；涉及个人情感、隐私；语言含糊、生硬、有歧义；选项内容表述不清；没有“其他”选项；等等。所有这些都可能影响问卷回收率。教育调查问卷由于对象大多情况下是教师或学生，其回收率要不低于 80%。为保证研究的科学性和精确性，还需对问卷进行审查，审查问卷主要是要辨析问卷的有效性，剔除无效问卷。作答不完整或随意乱答的问卷，都应算作无效问卷。

（四）整理及分析问卷

问卷回收、审查后，接下来要对问卷进行分类整理、编号、登记，统计有效问卷的回收率。在此基础上，对有效问卷进行统计分析，如百分比统计、均值统计、方差统计、t 检验、方差分析等。通常我们使用 SPSS 软件进行统计分析。具体内容见本章第五节。

（五）归纳总结，撰写报告

对整个问卷调查的过程及相关数据、资料进行归纳总结，撰写调查研究报告。

二、问卷调查时应注意的相关问题①

（一）与被调查者的沟通

问卷调查法虽然是通过问卷这一书面形式收集资料的，但如果是面对面地发放问卷，那么有效的沟通更利于提高问卷的有效率，有助于为被调查者营造一个宽松自由的作答环境。

（二）调查者的态度

在实施问卷调查时，应与被调查者建立平等的关系。

（三）问卷发放方式的选择

一般情况下面对面地亲自发放问卷最有效。在不得不采用网络问卷发放的情况下，也要注意应该有针对性地将问卷发给被调查者，而不是直接将问卷发在朋友圈中。

第五节　问卷数据的统计分析

一、问卷数据的类型②

（一）类别数据

类别数据也叫命名数据、分类数据或称名数据，它是数据中测量水平最低的一种。它用数字来对事物归类，没有任何数量的意义。它没有序列性、等距性和可加性。例如，性别分为男和女，可以用“0”表示“男”，“1”表示“女”；也可以用“0”表示“女”，“1”表示“男”。只是用数字编码来表示性别属性，具体如何编码由调查者自行决定。

（二）等级数据

等级数据也叫序列数据、定序数据，其测量水平比类别数据高，用数字表示个体在某个有序状态中所处的位置，如“学历”xl 定义为：xl = 1（专科），xl = 2（本科），xl = 3（硕士研究生），xl = 4（博士研究生）。等级数据不能做四则运算。

（三）定距数据

定距数据的取值间具有“距离”特征。其数值可以进行加减运算，不能做乘除运算，比如温度、百分制成绩、智力等。定距数据在教育研究中应用较多。

---

① 侯怀银. 教育研究方法［M］. 2 版. 北京：高等教育出版社，2018：131.

② 曾晓洁. 小学教育研究方法［M］. 北京：高等教育出版社，2015：100.

(四) 定比数据

定比数据既有测量单位，又有绝对零点，可以做加减乘除运算。它是数据中测量水平最高的一种，如身高、经济收入、学生人数等。

上述四种数据，级别高的可以转换为级别低的，如百分制成绩可以转换为等级制成绩。

二、常用统计分析软件的操作

考虑到现在很多人在开展问卷调查时，会借助一些问卷平台发放网络问卷，如问卷星，通过这些平台发放回收问卷后，可以直接将问卷数据导出为 xls、sav 格式的文件（xls 格式需用 Excel 软件打开，sav 格式需用 SPSS 软件打开）。这样的话就省略了人工录入数据的环节。

(一) 单变量的频率分析和描述统计分析

在问卷星网站发布问卷，待被调查者填写完成问卷后，可以进行简单的人数、百分比、均值的统计，单击“统计 & 分析”，就能呈现结果，如图 4-1 所示。从图中我们可以直接看出该题的平均得分，选择各个选项的人数、比例，默认以“表格”形式呈现，还有“饼状”“圆环”“柱状”“条形”“折线”这几种形式。在写调查报告的时候，我们尽量选择使用“饼状”“圆环”“柱状”“条形”图等统计图的形式来呈现，这样更直观。要输出这些统计图，只需单击对应的图形就能显示结果，然后单击“保存”即可。例如，单击图 4-1 中的“圆环”，就能输出如图 4-2 所示的结果；单击“保存”按钮，就能将此圆环图保存下来，再插入调查报告中。

1.我确信当教师对我而言是正确的选择 [量表题]

本题平均分：3.15

选项	小计	比例
非常不确定	20	1.26%
不确定	263	16.52%
确定	768	48.24%
非常确定	541	33.98%
本题有效填写人次	**1592**	

表格 饼状 圆环 柱状 条形 折线

图 4-1　问卷星平台自动统计分析结果

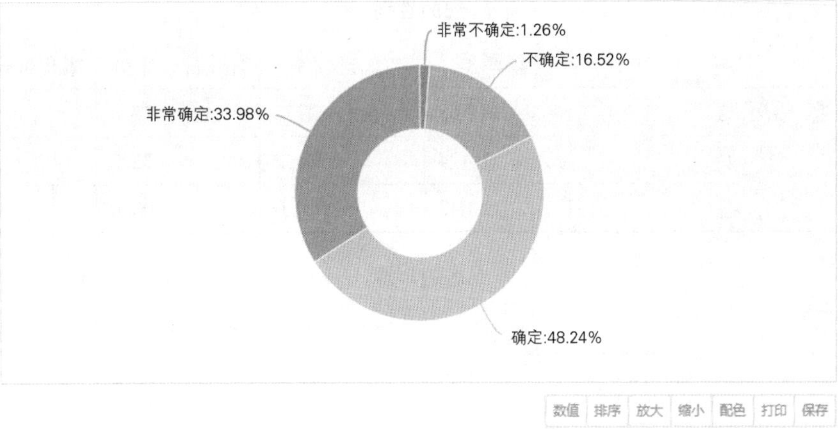

图 4-2　圆环图

SPSS 软件中频率分析的具体操作步骤：在问卷星平台上下载 sav 格式的文件，用 SPSS 软件打开此数据文件，选择“分析”→“描述统计”→“频率”菜单命令，打开“频率”对话框，选中“显示频率表”复选框，选取题项（变量），在右侧变量框中单击“统计”按钮，勾选所需的百分位值、离散、集中趋势等统计量，单击“继续”按钮，单击“确定”按钮，即可得到输出结果，如图 4-3 所示。

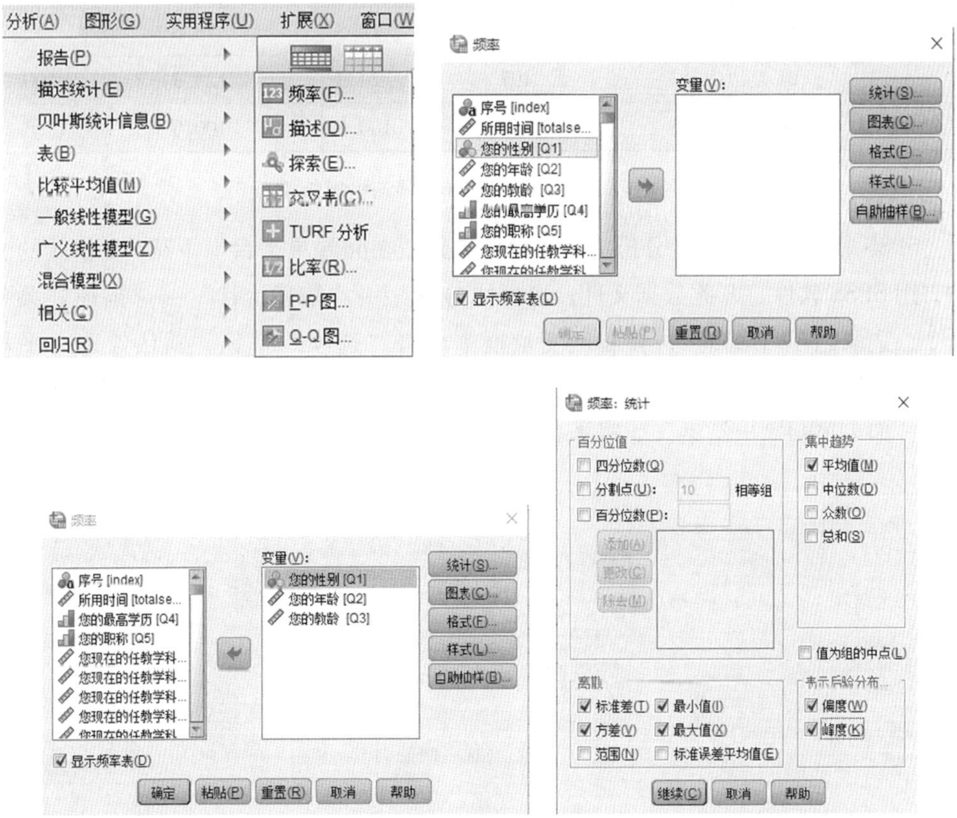

您的性别

		频率	百分比/%	有效百分比/%	累积百分比/%
有效	男	568	27.8	27.8	27.8
	女	1 474	72.2	72.2	72.2
	总计	2 042	100.0	100.0	100.0

您的年龄

		频率	百分比/%	有效百分比/%	累积百分比/%
有效	20~30	948	46.4	46.4	46.4
	31~40	593	29.0	29.0	75.5
	41~50	267	13.1	13.1	88.5
	51 及以上	234	11.5	11.5	100.0
	总计	2 042	100.0	100.0	

您的教龄

		频率	百分比/%	有效百分比/%	累积百分比/%
有效	1~10	1 167	57.1	57.1	57.1
	11~20	378	18.5	18.5	75.7
	21 及以上	497	24.3	24.3	100.0
	总计	2 042	100.0	100.0	

图 4-3　频率分析的操作步骤与输出结果

SPSS 软件中描述统计分析的具体操作步骤：在问卷星平台上下载 sav 格式的文件，用 SPSS 软件打开此数据文件，选择“分析”→“描述统计”→“描述”菜单命令，选取题项（变量），在右侧变量框中单击“选项”按钮，默认勾选“平均值”“标准差”“最小值”“最大值”等统计量，单击“继续”按钮，单击“确定”按钮，即可得到输出结果，如图 4-4 所示。

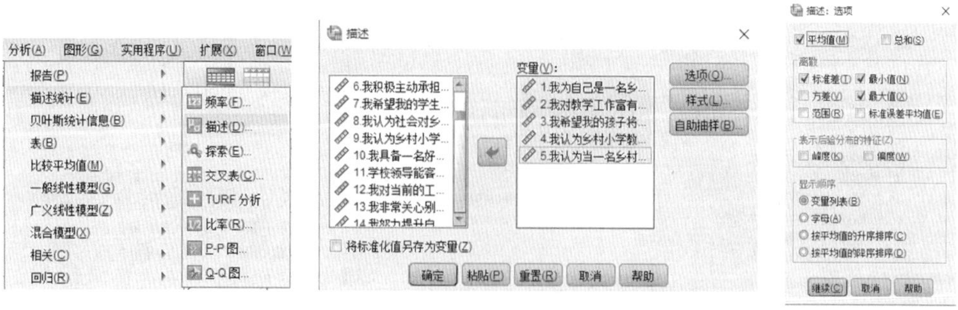

描述统计

	N	最小值	最大值	均值	标准偏差
1. 我为自己是一名乡村小学教师而自豪。	2042	1	5	3.79	1.129
2. 我对教学工作富有热情。	2042	1	5	4.24	0.886
3. 我希望我的孩子将来能回到乡村工作。	2042	1	5	2.86	1.310
4. 我认为乡村小学教师地位高于社会其他行业。	2042	1	5	2.33	1.230
5. 我认为当一名乡村小学教师能实现我的人生价值。	2042	1	5	3.35	1.193
有效个案数（成列）	2042				

图 4-4 描述统计分析的操作步骤与输出结果

SPSS 软件输出的结果表格比较繁多，一般要对其进行处理，制作成三线表，如表 4-3 所示。

表 4-3 样本的基本情况

项目		频率	百分比/%
性别	男	568	27.8
	女	1 474	72.2
年龄/岁	20~30	948	46.4
	31~40	593	29.0
	41~50	267	13.1
	51 及以上	234	11.5
教龄/年	1~10	1 167	57.1
	11~20	378	18.5
	21 及以上	497	24.3

（二）平均数的差异比较

在教育调查中，不同群体的某些状况、水平、程度之间可能会有不同，平均数之间的差异是否显著，需进行假设检验。最常用的自变量是一个二分类别变量，因变量为连续变量，研究问题如“不同性别的乡村小学教师身份认同是否有显著差异?”，这时就要用到独立样本 t 检验。

具体操作步骤如下：

从图 4-5 中经制作修改后的三线表可以看出，男、女乡村小学教师在身份认同上有极其显著的差异（$p<0.01$）。

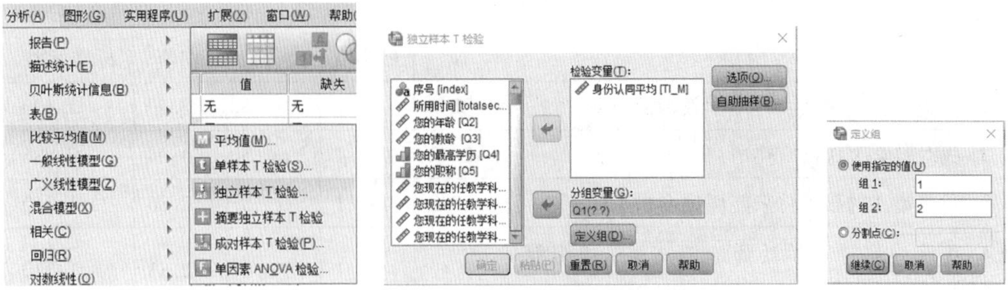

	性别	样本数/人	均值（$M \pm SD$）	t	P
身份认同平均	男	568	3.796±0.75	3.45	0.001
	女	1474	3.673±0.65		

图 4-5　平均数的差异比较的操作步骤与输出结果

第六节　问卷调查法的优缺点

问卷调查法是教育研究中常用的研究方法之一，它有着很多突出的优点，同时也存在着一些局限性和不足。

一、问卷调查法的优点[①]

（1）问卷调查法简便易行，节省时间、经费和人力。这是问卷调查法能成为常用的教育研究方法的主要原因之一。

（2）匿名性强，回答真实。由于问卷不要求署名，有利于调查对象无所顾忌地表达自己的真实情况和想法。

（3）所获得的资料便于进行处理和定量分析。问卷调查所获得的资料很容易转换成数字，易输入计算机进行量化处理。

（4）可以避免主观偏见，减少人为的误差。在问卷调查中，每个被调查者都是以同样的方式在大致相同的时间内拿到问卷，并且这些问卷在问题的表达、问题的先后次序、答案的类型、回答的方式等方面都是完全相同的，这样就能很好地避免人为的原因所造成的各种偏误，减少主观因素的影响，得到较为客观的资料。

（5）调查范围广。特别是网络问卷，可以在较大范围内做调查。

① 侯怀银. 教育研究方法［M］. 2 版. 北京：高等教育出版社，2018：131-132.

二、问卷调查法的局限性

（1）不能深入了解事情的原因，无法追问，不利于对问题进行深层次研究。

（2）回收率有时难以保证。问卷调查法对被调查者的依赖性很大，如果被调查者不配合调查，不认真填写问卷，随便乱作答，那么有效问卷回收率就会受到影响。

（3）要求被调查者具有一定的文化水平。问卷的回答有赖于被调查者的阅读理解水平，因此它只适用于有一定文化水平的对象。

（4）问卷调查资料的质量不易保障。对于有些问题，被调查者可能由于自我保护、对问题理解错误、记忆错误等而做出虚假或错误的回答。

案例 2

新时代劳动教育实施的现状、问题解析及应对策略
——基于吉林省大中小学问卷调查的综合分析①

一、关于国内劳动教育问卷调研情况的综合分析

新时代劳动教育的健康发展，需要地方政府和学校在国家劳动教育方针和方案的指导下加大力度，引领地方劳动教育发展，深化地方劳动教育改革，形成高质量劳动教育体系。这就需要研究者从归纳的视角对全国各个区域劳动教育的发展状况进行全面和客观的把握。

从归纳的视角进行综合分析，目前国内关于劳动教育开展情况的调研呈现出两方面特征。第一，调研的覆盖面逐渐扩大。调研范围从针对一所或几所学校的调研逐步发展为基于县域的调研，2020 年以后，开始出现省域和跨省调研。调研对象从针对学生、教师和家长逐步囊括到教育管理者、教育行政部门和社会支持部门。调研的学段从针对单一学段逐步扩展到全学段调研。第二，调研内容的维度划分各不相同。有研究者按照劳动教育的类型划分调研维度，如调研学校生产劳动、日常生活劳动、服务性劳动的开设情况。有研究者按照劳动教育课程实施状况划分调研维度，如调研劳动教育课程开发、实施和保障状况。有研究者从政策了解度、实施知晓度和内涵认知度划分调研维度。还有研究者针对学校劳动教育实施方案进行了文本分析。综合来看，以省域为单位的综合调研需要继续深入，直至形成完善的全国数据。调研维度的设置需要进一步规范，以便全国数据的分析、比较，从而用于指导实践。基于此，“基于‘形态—模组—价值’的新时代中学劳动教育课程体系研

① 邵志豪，解庆福．新时代劳动教育实施的现状、问题解析及应对策略：基于吉林省大中小学问卷调查的综合分析［J］．东北师大学报（哲学社会科学版），2022，319（5）：165-171．节选部分内容。

究”课题组在吉林省教育厅的支持下组织开展了吉林省大中小学劳动教育实施情况问卷调查，以完善全国调查数据，并为吉林省劳动教育的深入发展提供依据。

二、吉林省大中小学劳动教育实施的现状

问卷的内容以《中共中央 国务院关于全面加强新时代大中小学劳动教育的意见》（以下简称《意见》）要求设置调研维度，涉及劳动教育的方案、课程、活动、师资及资源保障等五个维度。调研对象覆盖全省10个地市，兼顾地域因素，按比例随机选取小学77所、初中95所、高中47所、大学9所。从地域分布及学段占比来看，调研结果能够相对客观地反映吉林省大中小学劳动教育实施的现状。

（一）学校因地制宜地制定劳动教育整体规划与实施方案

劳动教育作为推动立德树人根本任务落地的重要支点，需要教育行政部门和各级各类学校进行规范化、系统化、科学化的设计。因此，在国家劳动教育实施《意见》的引领下，制定学校劳动教育整体规划和实施方案，是当前大中小学推进劳动教育体系建设的首要任务。调查结果显示，吉林省大中小学制定劳动教育规划与实施方案的有119所学校，占比52.2%。其中，大学44.4%，高中40.4%，初中61.0%，小学49.4%。有近50%的学校将劳动教育纳入了学校总体发展规划。劳动教育课程化实施是劳动教育整体规划与实施方案的核心。调研发现，开足开齐开全劳动教育必修课的学校共154所，占比67.5%。其中，大学66.7%，高中44.7%，初中83%，小学62.3%。全省有159所学校积极推进劳动教育与学科教学融合，占比69.7%。其中，大学55.6%，高中36.2%，初中76.0%，小学84.4%。大学生的劳动教育一般与专业探索、就业职业存在较高的相关度，高中生的劳动教育与日常生活、理科实验教学、情感态度价值观教育深度融合，初中生劳动教育主要内容是在劳动知识与技能、劳动态度与精神上提高学生认识，小学生劳动教育的主要内容是在学生动手劳动、劳动体验上积累了典型案例。开设劳动教育校本课程的学校有77所，占比33.8%。其中，大学22.2%，高中29.8%，初中32.0%，小学40.3%。值得关注的是，高中学校在劳动教育课程建设各方面都弱于初中和小学，开发成熟度普遍不高。

（二）以生活劳动为主体的常规劳动教育活动体系基本形成

劳动教育活动包括劳动教育主体活动及融合在各类学生活动中的劳动教育两方面内容。调查结果显示，吉林省大中小学普遍重视在日常活动中落实劳动教育，学校组织开展校园学生劳动活动达100%。校内日常劳动活动主要形式有班级值日、校园公共区域卫生清扫、周末大扫除等。还有部分学校充分利用校园空间组织学生开展植物栽培，有些寄宿制学校还有计划地组织学生开展洗衣服、打扫宿舍卫生、美化宿舍环境等相关生活自理活动。调查中所有的大学和中学还根据学校的实际情况组织学生开展具有地域特色的冬季校园劳动，如积雪、积冰的清理活动。100%的学校都组织学生开展了一些主题劳动教育活动，主要包括学农活动、学工活动、志愿者活动、职业体验活动、公益劳动活动、敬老爱老活动等。活动形式已经开始明显体现出学段的层级设置要求。小学生以参观体验为主，初中生以简单劳动参与为主，高中生以开展生产劳动、志愿者活动为主，大学生以职业体验、公益劳动为主。值得关注的是，吉林省大中小学的劳动教育活动体系已见雏形。但是，劳动教育的活动内容相对单一，主要以简单的生活劳动为主，复杂的科技类劳动、职业体验类和服务性劳动、公益型劳动等劳动活动组织较少，学生参与不多。新时代背景下，工程技术类劳动、公共服务型劳动、科技创造性劳动等活动缺乏。这种趋势在中小学表现得尤为突出。

（三）劳动教育专任教师队伍建设及系统的专业发展开始起步

教师是劳动教育的组织者、实施者和领导者，专业化的教师队伍有利于劳动教育的高质量实现。调研发现，在能够开足开齐开全劳动教育必修课的154所学校中，有78所学校配备了劳动教育课程专任教师，占比34.2%。其中，大学暂时没有专任教师，高中31.9%，初中44.0%，小学29.9%。每所学校的专任教师数量一般是高中2名、初中1名、小学3名。在这些劳动教育课程专任教师中，学历和职称结构比较单一：学历方面，本科学历教师占比最大，硕士和博士几乎没有；职称方面，中级职称和初级职称占比最多，高级职称几乎没有。教师专业差异较大，高中以计算机、物理为主，初中以数学为主，小学以语文为主。大部分中小学和所有的大学，劳动教育教师都由班主任教师或德育教师兼职。调研发现，104所学校开展了劳动教育师资培训工作，占比45.6%。其中，高中31.9%，初中52.0%，小学51.9%。值得注意的是，调查中的大学没有一所开展相关教师培训工作。培训方式主要包括自主培训、教师自学、省市教育行政部门培训等几种形式。个别学校组织网上培训，还有极个别学校邀请知名学者为教师做了劳动教育相关讲座。总体来看，吉林省大中小学劳动教育师资比较薄弱，特别是大学，几乎没有专任教师，专任教师队伍建设及系统培养工作刚刚开始起步。

（四）劳动教育课程资源整合及“家校社”协同育人机制逐步建立

劳动教育体系建设需要校内、校外课程资源的统筹，更需要学校、家庭、社会“三位一体”协同育人机制的保障。调研发现，吉林省大中小学所有的学校都能够有效利用校园空间开发校内劳动教育资源，主要包括教室、校园卫生分担区、实验室、公共教室、走廊等学生公共活动空间。因为校园空间有限，所以校园内劳动教育资源不但数量有限，而且单一，一些学校已经开始尝试整合教育资源，扩展劳动教育空间。调研结果显示，有73所学校建立了校外劳动教育基地，占比32%。其中，大学77.8%，高中29.8%，初中29.0%，小学31.2%。大部分学校都开始联合家庭落实家庭劳动教育，共181所学校，占比79.4%。其中，大学33.3%，高中

63.8%，初中86.0%，小学85.7%。有80所学校建立学校、家庭、社会劳动教育协同育人机制，占比35%。其中，大学33.3%，高中27.7%，初中37.0%，小学37.7%。可以看出，吉林省大中小学劳动教育"家校社"协同育人机制及教育资源整合已经开始逐步建立，但仍处于摸索过程中，还有很长的路要走。

【评析】 本案例只是选取了全文的一部分内容，这篇文章运用了问卷调查法来了解吉林省大中小学劳动教育实施的现状，但是更多的只是使用百分比来进行统计，这算是一种比较简单的统计方法了，并且作者也并未对调查问卷的信效度做说明。但是，方法本身是没有好坏的，关键是看自己的研究适合用什么样的方法去分析。

案例3

乡村振兴战略下乡村小学教师身份认同的现状与对策
——基于江西省赣州市乡村小学教师的调查分析①

一、研究工具

乡村小学教师身份认同指的是乡镇小学的教师对"我是谁""我为何属于教师群体"等问题的认识和诠释，是教师对职业、环境、专业、社会等形成的认同感，是与周边环境互动的动态过程。采用陈迎雪编制的《农村小学教师身份认同的现状调查问卷》，该问卷参考了魏淑华的《我国中小学教师职业认同量表》、寻阳的《我国外语教师身份认同量表》和张丽萍的《农村教师职业认同问卷》。问卷包含两个部分：第一部分为个人基本信息，共8个题目；第二部分为乡村小学教师身份认同的量表题，共24个题目，包含职业认同、专业认同、环境认同和社会认同四个维度，采用李克特5点计分法，从非常不同意、比较不同意、一般、比较同意到非常同意分别计1~5分。2022年8月，我们通过问卷星平台向赣州市乡村小学教师发放及回收问卷2 461份，有效问卷2 243份，有效率为91.1%。利用SPSS 20.0进行信度检验，发现量表题部分的总信度为0.943，职业认同、专业认同、环境认同和社会认同各维度的信度分别为0.831、0.829、0.851、0.825，说明整个量表的信度很高。

二、研究结果

（一）乡村小学教师身份认同的整体水平

借助SPSS 20.0进行统计分析，得出样本在职业认同、专业认同、环境认同、

① 董芸. 乡村振兴战略下乡村小学教师身份认同的现状与对策：基于江西省赣州市乡村小学教师的调查分析［J］. 当代教研论丛，2023（7）：85-89. 因杂志版面的限制，发表的论文与此稍有出入。

社会认同四个层面及总量表的单题平均得分（表 1）分别为 3.81 分、4.37 分、3.46 分、3.34 分和 3.72 分。李克特 5 点计分法一般以 3、3.75、4.25 作为判断被试得分高低的临界值，3 分以下为差，3~3.75 分为一般，3.75~4.25 分为较高，4.25 分以上为非常高。我们可以得出如下结论：本次调查的赣州市乡村小学教师身份认同的整体表现一般，但专业认同非常高，职业认同较高，环境认同和社会认同一般。

表 1　各维度与总量表的单题平均分

维度	样本数/人	均值/M
职业认同平均	2 243	3.81
专业认同平均	2 243	4.37
环境认同平均	2 243	3.46
社会认同平均	2 243	3.34
总量表的单题平均	2 243	3.72

（二）乡村小学教师身份认同的差异比较

采用 Enter 法进行多元线性回归分析，以身份认同为因变量，性别、年龄、教龄、学历、职称、职位 6 个人口学变量作为自变量（考虑到任教学科和任教年级均为复选题，不将其纳入），以便了解各人口学变量对身份认同的影响。结果（表 2）表明，这 6 个人口学变量共能解释“身份认同”变量 6%的变异量。其中，年龄和职称的 β 系数绝对值较大，说明这两个预测变量对身份认同有较高解释力。学历和职称的 β 系数为负数，说明他们对身份认同的影响是负向的。具体地，这 6 个人口学变量对身份认同的影响是怎样的，可以利用独立样本 t 检验和单因素 ANOVA 检验进行具体的分析。

表 2　乡村小学教师身份认同 6 个影响因素的多元线性回归分析结果

预测变量	B	标准误差	β	t	共线性诊断	
					容差	VIF
性别	0.07	0.04	0.04	1.73 n.s.	0.72	1.38
年龄	0.16	0.03	0.23	4.73^{***}	0.18	5.72
教龄	0.03	0.04	0.04	0.76 n.s.	0.17	5.79
学历	−0.10	0.04	−0.07	-2.73^{**}	0.65	1.54
职称	−0.07	0.02	−0.11	-3.63^{***}	0.44	2.30
职位	0.01	0.01	0.02	0.94 n.s.	0.91	1.10
$R=0.24$，$R^2=0.06$，调整后 $R^2=0.06$，$F=23.28^{***}$						

注：$P>0.05$；$^{**}P<0.01$；$^{***}P<0.001$。

1. 性别差异

如表3所示，从性别来看，在乡村小学教师身份认同平均分上，男教师为3.81，女教师为3.69。男女教师在职业认同上的平均得分为3.90和3.77，在专业认同上的平均得分为4.45和4.35，在环境认同上的平均得分为3.60和3.41，在社会认同上的平均得分为3.36和3.33。以性别作为分组变量，以身份认同总分和各层面平均得分作为检验变量，进行独立样本t检验，发现乡村小学教师身份认同在性别上存在极其显著的差异，男教师优于女教师。且职业认同、专业认同、环境认同层面均存在显著的性别差异，男教师在职业认同、专业认同、环境认同方面优于女教师，在社会认同层面不存在显著的性别差异。

表3　不同性别的乡村小学教师在身份认同及各维度上的差异比较

维度	性别	样本数/人	均值（$M \pm SD$）	t
职业认同平均	男	598	3.90±0.84	3.39**
	女	1 645	3.77±0.71	
专业认同平均	男	598	4.45±0.61	3.68***
	女	1 645	4.35±0.60	
环境认同平均	男	598	3.60±0.96	4.33***
	女	1 645	3.41±0.86	
社会认同平均	男	598	3.36±0.89	0.86
	女	1 645	3.33±0.79	
身份认同平均	男	598	3.81±0.76	3.33**
	女	1 645	3.69±0.67	

注：** $P<0.01$；*** $P<0.001$。

2. 年龄差异

在此次调查中，我们将乡村小学教师的年龄分为四个组别，分别是20~30岁、31~40岁、41~50岁、51岁及以上。如表4所示，从乡村小学教师身份认同平均分来看，这四个组别的乡村小学教师得分分别为3.63、3.66、3.93、4.06；从四个层面平均分来看，职业认同分别为3.70、3.76、4.06、4.17，专业认同分别为4.27、4.40、4.55、4.61，环境认同分别为3.36、3.37、3.70、3.90，社会认同分别为3.30、3.23、3.49、3.65。以年龄为自变量，对身份认同总分及各层面进行单因素方差分析，结果表明乡村小学教师在身份认同总分及各层面呈现出明显的年龄差异，通过塔姆黑尼事后检验发现，身份认同、职业认同、专业认同、环境认同、社会认同在20~30岁、31~40岁与41~50岁及51岁及以上有显著差异，其他两两比较无显著差异；环境认同在51岁及以上与41~50岁之间有显著差异，其他两两比较无显著差异。从均值来看，51岁及以上的乡村小学教师在身份认同总分和各层面的平均分均为最高，而20~30岁之间的乡村小学教师的平均分均为最低。可以发现，乡村小学教师身份认同水平随着年龄的增加而提高，且各年龄段之间差异显著。

表4 不同年龄的乡村小学教师在身份认同及各维度上的差异比较

维度	年龄	样本数/人	均值（$M \pm SD$）	F
职业认同平均	20~30岁	1 111	3.70±0.72	40.05***
	31~40岁	627	3.76±0.77	
	41~50岁	271	4.06±0.69	
	51岁及以上	234	4.17±0.72	
专业认同平均	20~30岁	1 111	4.27±0.62	33.78***
	31~40岁	627	4.40±0.60	
	41~50岁	271	4.55±0.52	
	51岁及以上	234	4.61±0.50	
环境认同平均	20~30岁	1 111	3.36±0.88	33.39***
	31~40岁	627	3.37±0.91	
	41~50岁	271	3.70±0.81	
	51岁及以上	234	3.90±0.83	
社会认同平均	20~30岁	1 111	3.30±0.80	20.06***
	31~40岁	627	3.23±0.83	
	41~50岁	271	3.49±0.77	
	51岁及以上	234	3.65±0.81	
身份认同平均	20~30岁	1 111	3.63±0.68	36.66***
	31~40岁	627	3.66±0.71	
	41~50岁	271	3.93±0.63	
	51岁及以上	234	4.06±0.66	

注：*** $P<0.001$。

3. 教龄差异

在此次调查中，我们将乡村小学教师的教龄分为三个组别，分别是1~10年、11~20年、21年及以上。如表5所示，从乡村小学教师身份认同平均分来看，这三个组别的乡村小学教师得分分别为3.64、3.68、3.97；从这三个组别的乡村小学教师四个层面平均分来看，职业认同分别为3.71、3.78、4.09，专业认同分别为4.29、4.42、4.56，环境认同分别为3.36、3.40、3.76，社会认同分别为3.29、3.23、3.55。根据教龄的不同对身份认同总分及各层面进行单因素方差分析，结果表明乡村小学教师在身份认同及各层面呈现出明显的教龄差异，通过塔姆黑尼事后检验发现，21年及以上教龄的与1~10年、11~20年教龄的乡村小学教师在身份认同、职业认同、环境认同、社会认同上有显著差异，专业认同在三个组别的教龄中两两对比均有显著差异。从均值来看，教龄21年及以上的乡村小学教师在身份认同总分和各层面的平均分均为最高，紧接着依次是教龄在11~20年、1~10年的乡村小学教师（社会认同层面除外，社会认同层面教龄为1~10年的乡村小学教师平均得分排在倒数第二）。可以发现，乡村小学教师身份认同水平随着教龄的增加而提高，在教龄20年以后逐渐趋于稳定。

表5　不同教龄的乡村小学教师在身份认同及各维度上的差异比较

维度	教龄	样本数/人	均值（$M\pm SD$）	F
职业认同平均	1~10年	1 341	3. 71±0. 72	49. 42***
	11~20年	399	3. 78±0. 77	
	21年及以上	503	4. 09±0. 72	
专业认同平均	1~10年	1 341	4. 29±0. 62	40. 87***
	11~20年	399	4. 42±0. 59	
	21年及以上	503	4. 56±0. 54	
环境认同平均	1~10年	1 341	3. 36±0. 87	38. 72***
	11~20年	399	3. 40±0. 93	
	21年及以上	503	3. 76±0. 85	
社会认同平均	1~10年	1 341	3. 29±0. 80	24. 46***
	11~20年	399	3. 23±0. 84	
	21年及以上	503	3. 55±0. 81	
身份认同平均	1~10年	1 341	3. 64±0. 68	44. 60***
	11~20年	399	3. 68±0. 71	
	21年及以上	503	3. 97±0. 67	

注：*** $P<0.001$。

【评析】　此案例只选取了论文中的一部分，从案例中可看出，作者先对调查问卷的整体信度和各层面的信度进行了分析，确保此问卷是高质量的，适合用于调查。在此基础上，作者采用独立样本 t 检验和单因素方差分析来检验乡村小学教师身份认同水平在人口学变量上的差异，整个程序还是比较规范的。

【信息窗】

个案研究法

个案研究法是指对某一个体、某一群体或某一组织在较长时间里进行连续调查，从而研究其行为变化发展全过程的研究方法。

1. 个案研究的具体方法

（1）追踪法，是指在一段较长时间内，连续跟踪研究单个的人或事，收集各种资料，揭示其发展变化的情况和趋势的研究方法。

（2）追因法，与实验法在探寻因果关系的实施顺序上正好相反。追因法是先见结果，然后根据发现的结果去追究其发生的原因；实验法是先确立原因，然后根据原因去探究产生的结果。

（3）临床法，又称临床谈话法，是通过观察、面谈、收集资料等方法，分析诊断陷入困境的特殊个体，从而帮助他解决面临的实际问题，使这个个体得到帮助或由特殊个案发现儿童发展的一般规律。

（4）产品分析法，又称作品分析法、活动产品分析法，是通过对研究对象活动的产品进行分析的个案研究方法。产品分析法的研究对象包括反映一个地区或学校教育工作情况的材料，反映教师教育、教学工作情况的材料及反映学生的学习情况、知识水平、思想状况、心理状况等的材料。一般来说，反映学生情况的材料包括日记、作文、书信、绘画、工艺作品、各种作业、实验报告、试题试卷、记分册等。

（5）教育会诊法，是指教师通过集体讨论，就某一学生的行为做出鉴定，并制定出矫正、改进和促进措施的个案研究方法。

2. 个案研究法的基本步骤

（1）形成研究问题，选择研究个案。

（2）搜集个案的资料和数据。

（3）整理与分析个案资料。

（4）撰写个案研究报告。

【实践与体验】

请各小组自拟调查研究课题，采用问卷调查法开展调查，可以借助问卷星平台发放网络问卷，问卷数量 50 份以内即可，将问卷调查结果以 PPT 形式汇报。注意做到内容美和形式美的统一，注意 PPT 制作技术的运用。PPT 包含以下部分：题目（可以“……情况调查报告”来命名）、引言（交代调查的背景、时间、地点、对象、范围、调查的方法）、调查内容（结合图与文字，将调查的内容呈现出来）、总结、附录（将问卷作为附录放在 PPT 的最后）。

第五章

访 谈 法

问题导入

如果我们要了解我校在校生专业认同情况，那么我们应如何去开展访谈呢？访谈前需要做哪些准备工作呢？有哪些需要注意的问题呢？就让我们带着这些疑问一起进入本章的学习。

知识导图

- 第五章 访谈法
  - 第一节 访谈法概述
    - 一、访谈法的概念
    - 二、访谈法的特点
    - 三、访谈法的类型
  - 第二节 访谈法的基本步骤与优缺点
    - 一、访谈法的基本步骤
    - 二、访谈法的优缺点

第一节　访谈法概述

一、访谈法的概念

访谈法就是研究者通过与被调查者面谈来了解情况、收集资料的一种方法。它和日常生活中的“聊天”不同，访谈有明确的目的，有一定的计划。其一般程序是：访谈者访问被访者，向被访者逐一提问，被访者根据实际情况一一作答，同时访谈者把被访者的观点、意见及时记录下来，最后对访谈记录进行整理、分析，从而得出调查结论。

二、访谈法的特点

相较于问卷调查法，访谈法有如下特点：

（1）直接性。访谈一般是面对面的交谈，可以直接察觉到被访者的神态、动作、表情、语气等。

（2）理解性。对于不同的语言和不同的场景，不同的人有不同的理解。

（3）后延性。访谈是针对过去的经历来向被访者提问，需要被访者回忆过往经历。我们在利用访谈法开展教育调查研究时，要掌握它的这些特点，这样才能收集到可靠的、有用的资料。

三、访谈法的类型

根据不同的标准，访谈法可以分为不同的类型。

（一）根据访谈内容的开放程度分类

根据访谈内容的开放程度，可以分为结构式访谈、非结构式访谈和半结构式访谈。

（1）结构式访谈。访谈者根据事先设计好的访谈提纲，逐条询问被访者，并要求被访者按规定标准进行回答。结构式访谈要求实际访谈过程严格按照访谈设计进行，对不同的被访者问相同的问题，谈话的顺序、时间、记录方式都有统一的规定。结构式访谈的结果便于统计分析，但比较死板，难以深入探究问题。

（2）非结构式访谈。事先只给定一个访谈的主题或范围，没有具体的访谈问题或规定的程序，鼓励被访者围绕主题自由地发表见解。这种访谈可能会出现访谈不够聚焦的情况，过程不容易控制，难以记录和定量分析。

（3）半结构式访谈。事先拟定访谈提纲，在访谈过程中主要按照访谈提纲来，但会根据访谈实际做出调整。它介于结构式访谈和非结构式访谈之间，可以弥补前两种访谈各自的不足。在教育研究中，通常使用的是结构式访谈和半结构式访谈。

（二）根据访谈者和被访者接触的方式分类

根据访谈者和被访者接触的方式，可以分为直接访谈和间接访谈。

（1）直接访谈。直接访谈指研究者和被访者面对面地进行访谈。面对面交流可以使研究者观察到被访者的表情和动作等，觉察到非语言表达的内容，从而能更全面和准确地理解被访者及其回答。

（2）间接访谈。间接访谈指研究者和被访者通过一定的媒介如电话、微信、QQ等进行访谈。间接访谈可以方便地消除距离障碍并节省时间，但研究者较难获得非语言表达的内容。

（三）根据参与访谈的人数分类

根据参与访谈的人数，可以分为个体访谈和集体访谈。

（1）个体访谈。个体访谈指只有一个研究者和一个被访者的访谈。在这种访谈方式中，被访者获得研究者全部的关注，且没有在群体面前的压力，有利于研究者深入挖掘被访者内心真实的想法。

（2）集体访谈。集体访谈指多个人同时作为被访者参与访谈。在这种访谈方式中，被访者可以相互交流甚至争论，收集的资料可以相互印证，被访者之间能互相启发，容易获得对某一问题比较全面的看法。但是由于群体压力的存在，被访者可能会产生从众现象。

（四）根据某一问题对同一访谈对象进行访谈的时间或次数分类

根据某一问题对同一访谈对象进行访谈的时间或次数，可分为一次性访谈和重复性访谈。

（1）一次性访谈。一次性访谈又称横向性访谈，是指对人们在某一生活时刻或某段时期内的想法、态度及行为等方面的情况进行的一次性完成的调查方法。

（2）重复性访谈。重复性访谈又称跟踪访谈或纵向访谈，是指要经过多次访谈才能完成的访谈。这种访谈主要用于随着时间的推移和其他环境变化的条件，人们在思想、态度和行为等方面所发生的变化的调查研究。重复性访谈是一种深度访谈调查，得到的结果具有动态性，但费用高，耗时长，对访谈者也有较高的要求，多用于小范围的专题研究。

第二节 访谈法的基本步骤与优缺点

一、访谈法的基本步骤

（一）提出访谈问题，确定访谈对象

在访谈前，先要根据自己的研究课题，提出访谈的问题。根据访谈目的选择访谈对象，一般来说，选择的访谈对象应该是与研究对象相关的人或比较了解研究对象的人，也可以是对研究主题比较有发言权的人。选择访谈对象要尽可能了解被访者的有关情况，如被访者的性别、年龄、职业、文化水平、专长、经历、性格、兴趣、习惯、爱好等。对访谈对象的基本情况了解得越清楚，选择访谈对象也就越有针对性。例如，要研究“乡村小学教师身份认同现状”，那访谈对象主要是乡村小学教师。

（二）制订访谈计划①

访谈通常要有计划，要根据研究目的选择合适的访谈方法，如果研究目的是验证某一假设或要调查多数人的某种反应，可选择结构式访谈，编制好标准的访谈提纲；若是探索性研究，可选择非结构式访谈，编写一份粗线条的访谈提纲。访谈计划主要包括访谈目的、访谈对象、问题设计、访谈时间、访谈地点等。

当然，访谈形式还可根据时间、经费、人力、物力等因素，综合考虑是采用个别访谈还是采用团体访谈，直接访谈还是间接访谈，一次性访谈还是重复性访谈。

为了使访谈顺利进行及提高访谈的质量和效率，还需要考虑访谈的时间、地点、场合等因素。一般地，访谈时间最好是被访者工作、学习不太繁忙，并且心情比较舒畅的时候。访谈地点和场合的选择要从被访者方便的角度考虑，要有利于被访者准确地回答问题，要有利于形成畅所欲言的访谈气氛。

访谈计划通常要有时间进度或工作进度，为了使访谈规范，能获得实效，须事先安排访谈行程，对访谈人员、被访者、访问日期及时间作适当的安排，并准备访谈所需的工具，如访谈记录表、各种证明材料、证件、录音机等。

（三）拟定访谈提纲

在结构式访谈和半结构式访谈中，都需要事先编制好访谈提纲。完整的访谈提纲包括提纲标题、访谈对象的人口学信息、访谈的主要问题。提纲标题，即关于什

---

① 郑金洲，陶保平，孔企平. 学校教育研究方法［M］. 北京：教育科学出版社，2003：175.

么的访谈。访谈对象的人口学信息，即关于访谈对象的基本信息，如性别、年龄、职业、职称、文化程度、工作性质等。访谈的主要问题，这是访谈提纲的主体内容。访谈的主要问题可分为封闭式问题和开放式问题。封闭式问题是口头提供答案的问题，访谈者要把问题和答案读给被访者听，然后由被访者选择作答。开放式问题是只提出问题不提供答案的问题，语言表述、答案设置等方面与问卷中的问题设计大致相同，不同的是访谈问题的设计更注重表述的口语化。

访谈提纲要按研究目的和研究变量来编写，访谈问题的设计和问卷中问题的设计一样，不能诱导被访者作答，要根据被访者的文化程度来设计问题，问题的表述要清楚，尽量不使用专业术语。同时，还要注意问题的编排顺序，保证问题之间具有一定的逻辑性，前后问题的过渡要自然，先易后难。编制完成后，最好请有经验的研究者或同行一起商量，并请他们提出修改意见。在小范围内先进行“试谈”，以发现访谈提纲中存在的问题，提出修改意见，进行再次修改，最后确定访谈提纲，用于正式的访谈。

案例 1

乡村小学教师身份认同访谈提纲

一、基本信息

（1）您的年龄。

（2）工作年限。

（3）当前职称和荣誉。

（4）目前的工作环境、生活环境如何。

（5）当前学校的规模如何。

二、问题

（1）您当初为何会选择成为一名乡村小学教师？

（2）您如何看待乡村小学教师这一职业？与入职前相比，有什么不一样的感觉？

（3）您目前所工作的学校环境怎么样？

（4）您如何看待您现在学校的管理制度和考核机制？

（5）您对乡村小学教师的社会地位、工资待遇和发展前景的看法是什么样的？

（6）您如何看待目前社会中对于教师的评价和要求？

（7）您在工作中遇到的最大的困难是什么？是否产生过离职的想法？

（8）您工作中是否存在职业倦怠？哪些因素会造成职业倦怠？

（四）进行正式访谈

在进行正式访谈时，需要注意以下细节。

1. 访谈时的合作关系

在整个访谈过程中，要表现出对被访者的充分尊重，以建立一种良好的合作关系。

首先，注意个人着装。在教育访谈中，访谈者着装要大方、得体，不宜太过暴露或不整洁，这将影响被访者注意力的集中，影响访谈效果。

其次，做好和被访者的联系。在访谈前，要与被访者取得联系，向被访者简要说明访谈的目的、意义、内容；表明自己的身份、单位；确认好时间、地点，给对方足够的心理准备时间。

最后，见面后进行自我介绍。如果之前和被访者是通过电话或网络联系的，见面的时候，访谈者有必要进行简要的自我介绍，如有必要还需出示相关证件。

2. 访谈时的非言语信息

首先，访谈语气要委婉从容，不要咄咄逼人，追问时要考虑被访者的情感，适当追问。对需要深入了解的问题，要给对方留有思考与回旋的余地。“不好意思，您可以说得更详细一些吗?”“啊！我对此很感兴趣，请继续。”这些都是访谈者为使谈话更深入而常用的话语。

其次，要善于捕捉被访者的肢体动作。被访者不经意间表现出来的肢体动作往往能透露出被访者的真实情况，访谈者要善于察言观色，分析和利用有关的非语言信息。例如，在访谈过程中，被访者频频看钟表，意味着希望尽快结束访谈；被访者东张西望，表示注意力已经转移；等等。

最后，注意控制自己的表情。直接访谈时，访谈者和被访者近距离接触，访谈过程就是双方语言与表情双向互动的过程。在访谈中，访谈者要始终如一地保持礼貌、谦虚、诚恳、耐心、和颜悦色。切忌表情刻板严肃，要能和被访者共情。

3. 提问的方式

第一，先从简单的问题入手。被访者在回答问题时需要有一个心理酝酿过程，为了营造轻松融洽的访谈氛围，在按照访谈提纲访谈之前，可以先聊聊家常。

第二，提问有序，对待特殊问题要特殊处理。如果是结构式访谈，就严格按照访谈提纲进行提问。如果是非结构式访谈，要注意按照问题的内在逻辑进行提问。题目转换时要自然。对于一些敏感的或涉及个人隐私的问题，不要直接提问，可以让被访者站在第三者的角度回答问题，如果被访者实在不愿意回答，也不要勉强。

第三，保持价值中立。访谈中要尽量做到客观公正，提问不能带有明显的倾向性，不能诱导被访者回答。比如：“我认为现在网课效果不好，您是怎么看的呢?”这个问题就有一定的倾向性。

4. 倾听的原则

第一，在访谈中尽量不要轻易打断被访者。有些时候，可能被访者的话“偏离”了访谈主题，但被访者在表达的时候有自己的动机和逻辑，他们有内心需求，我们要尽量满足他们的这种需求。或许他们说的内容与研究问题有关，只是我们还没意识到而已。特别是在访谈开始阶段，一定要耐心倾听，如果打断被访者，会影响访谈氛围，被访者也不愿意认真配合后面的问题。当然，如果我们发现被访者的回答确实偏离主题太远或有时间限制，可以用一个过渡问题，尽量让话题转换得自然、连贯，或者用委婉的方式指出时间问题，不要让被访者感到不被尊重或尴尬。

第二，要能容忍沉默。有时候被访者可能因为无话可说、不知如何回答、在思考问题等而沉默，这时候访谈者应该耐心等待，不要为了打破沉默而立刻发问。

5. 回应的方式

访谈者不仅要能有技巧地提问、耐心地倾听，而且要适当地做出回应，把自己的态度、想法和意向及时传递给被访者，以便访谈能顺利进行下去。常用的回应方式有：认可；重复、重组和总结；自我暴露；鼓励对方。①

认可是指访谈者对被访者所说的话表示已经听见了，希望对方继续说下去。一般可以通过言语行为和非言语行为表示。言语行为，如“对的”“是的”“很好”；非言语行为，如点头、微笑、投以鼓励的目光等。

重复就是访谈者将被访者的回答重复一遍，其目的是引导被访者继续就该问题的具体细节进行陈述。重组就是访谈者换一种表达方式将被访者的回答表述出来，检验自己对对方回答的理解是否有误，邀请对方及时纠正，这样也能和对方高级共情。总结是访谈者用一两句话概括被访者的回答，目的是帮助被访者理清思路，引导被访者继续就这件事的细节进行陈述，对于访谈者来说也可以检验自己的理解是否正确。

自我暴露就是访谈者结合自己的有关经历或经验对被访者的回答做出回应，在适当的时候以适当的方式暴露自己。例如，在访谈一位学生时，访谈者说：“我当年读书的时候，和你现在的想法也差不多呢！”适当的自我暴露可以拉近双方的距离，让访谈变得更轻松、平等。

鼓励对方就是被访者通常有一些顾虑，不知道自己所说的内容是否符合访谈者的要求，这时候访谈者应该给予被访者适当的肯定和鼓励。

6. 访谈的记录

访谈的直接目的是通过收集资料来解释问题，而资料则是访谈人员的现场记录，现场记录的好坏直接影响研究的最终结果，因此，熟练地掌握记录的方法，是访谈人员必备的技能。访谈的记录方法主要有纸笔记录和录音录像辅助两种方法。

---

① 陈向明. 质的研究方法与社会科学研究［M］. 北京：教育科学出版社，2000：203.

（1）纸笔记录。

纸笔记录通常有如下几种类型，如表 5-1 所示。

表 5-1 纸笔记录的不同类型①

类型	概 念	特 点
速记	用缩略语和特定的符号来全面记录被访者的回答	需要掌握速记的技巧，事后还要对速记进行翻译和整理
详记	用文字当场作全面详尽的记录	往往记录不全，因为纸笔记录速度跟不上讲话的速度
简记	只记录那些访谈人员感兴趣的内容和要点	比较常用，为了快速、准确地记录，通常要有访谈记录表，访谈人员只需在事先设计好的记录表上勾勾画画，做上记号
补记	访谈现场不作记录，事后根据回忆记录访谈内容	用于被访者不希望现场记录，或当场记录会使谈话显得过于正式、拘谨，会影响被访者回答的情绪

（2）录音录像辅助。

限于书写的速度，纸笔记录往往难以获得完整的谈话资料。为了获得更完整的访谈资料，可以利用录音录像的方法来辅助访谈。但录音录像必须征得被访者的同意，如果对方不同意，访谈人员不能强求。

访谈记录的内容通常涉及被访者的回答、访谈人员的追问、访谈情境、访谈程序、对被访者行为特征的描述和评注。

在访谈记录过程中，要注意以下要领：

① 要忠实地记录，实事求是，不要用自己的话来转述被访者的回答，要将被访者的原话记录下来，保留被访者的语气。

② 访谈过程中要随问、随听、随记，以免遗忘有关信息。

③ 不做概括性的记录，不对被访者的回答作概括，以免掺入主观成分。

④ 访谈记录中除了被访者的回答外，追问、评注、解释、访谈情境和特殊事件的描述都需要加括号，以示区别。

7. 访谈结束

访谈者要善于察言观色，在适当的时机结束访谈。这里的时机既可以指从被访者的表情、态度看是否面露倦容等，也可以指访谈者感觉这一次搜集的信息已经饱和。尽量避免将访谈时间随意延长，以轻松自然的方式结束。访谈者可以给对方一些语言和行为上的暗示，表示访谈马上要结束了，看对方是不是还有什么特别想说的、重要的话要说。例如："对于我们今天讨论的问题，您还有什么要说的吗？"同时，再次向被访者强调保密原则。如果这次访谈尚未完成任务，需要多次访谈，可

① 郑金洲，陶保平，孔企平. 学校教育研究方法［M］. 北京：教育科学出版社，2003：181.

以和被访者约定下次访谈的时间、地点，最好再简要说明再次访问的主要内容，让被访者有个思想准备。当然，对所有的被访者，在访谈结束时要表示自己真诚的感谢，感谢他们抽出时间、付出精力，感谢他们的信任。

（五）整理访谈资料，分析访谈结果，得出访谈结论①

访谈结束后，需要对访谈资料进行整理，即指对收集的原始资料进行加工，使其逐步趋于系统化和条理化，可以分为整理和分析两个环节。整理是指将资料打散和重组，分析是指寻找不同资料间的联系并以聚焦的方式将其连接在一起。

1. 整理原始资料

整理原始资料时，先注明资料编号、访谈对象、访谈时间、访谈地点、研究者信息（采访者、录音整理者）等，如下所示：

资料编号：001。

访谈对象：2018 级小学教育专业三（7）班 A 同学。

访谈时间：2020 年 11 月 19 日。

访谈方式：微信电话线上访谈。

采访者：某老师。

案例 2

师范生师德教育的学生访谈记录②

针对师范生师德教育情况，我们设计了两个访谈问题，访谈了 4 位 2018 级小学教育专业的同学。

访谈资料初步整理如下。

问题一：你参加过什么形式的师德教育？

同学 A：实习（实习时会以教师职业道德规范来要求自己，比如关爱学生、为人师表、爱岗敬业）、学校上课（“教育学”“现代汉语”“现当代文学”“教育心理学”“普通心理学”等课程）、观看视频。

同学 B：实习学校有师徒结对活动，平时会去听课并互相点评。在校学习期间，同学与老师互动，课后请教老师，老师都会乐意解答。

同学 C：在学校的时候学过，比如在学习“教育法律法规”这门课程时接触过。平时会观看一些电视节目或短视频。

同学 D：在实习的学校有老师跟我讲过，老师平时应注意以身作则、为人师表。

---

① 曾晓洁. 小学教育研究方法［M］. 北京：高等教育出版社，2015：129-135.

② 此案例来源于编者本人 2020 年江西省教育科学规划课题研究成果，选取了部分问题和访谈对象。

问题二：在思想政治课上，老师会讲到师德相关内容吗？如果有，是以何种形式讲的？在一些专业课上，老师会渗透师德教育吗？

同学A：会涉及一些，比如“四有好老师”，是以教师讲授、讨论、练习等形式来讲的。平时生活中很多老师也都会提到“四有好老师”，对同学们进行思想政治教育。

同学B：会有，老师在“思想道德基础与法律修养”课前几分钟让几个同学讲述自己看到的新闻，在“心理学”“教育学”“现代汉语”课程中均涉及师德内容。

同学C：“教育学”“教育法律法规”“小学数学教学法”“教育心理学”等课程中会渗透师德相关内容。

同学D：在“教育学”“小学语文教学法”“教育法律法规”课程中也会涉及师德教育。

2. 反复阅读，对回答进行归纳、分类

仔细、反复阅读访谈资料，把不同的回答进行归纳、分析，列出一个清单，对照清单进行分析，把有些类别合并，得到大类和小类。比如上面案例中的“问题一：你参加过什么形式的师德教育”的回答，其大类是师德教育的形式，对应着下面的小类是课堂教学、实习学校习得、新闻和网络、教师的行为示范。

3. 分析访谈资料，得出访谈结论

研究者要在仔细、反复阅读资料的基础上，抽象概括出概念、原理和规律，根据分类结果对访谈资料进行分析，得出结论。

二、访谈法的优缺点

（一）访谈法的优点

（1）可以更详细、准确、真实地了解有关细节，深入了解情况。

（2）操作简单、方便可行，引导深入交谈，可获得可靠的有效的资料。

（3）与问卷调查法相比，访谈法更加灵活，适用于比较复杂的问题，可以按需要访问不同类型的人，容易获得不同类型的材料。

（4）具有生动性和情感交流的成分。

（5）团体访谈不仅可以节省时间，而且可以放松与会者的心情，使与会者经较周密的思考后回答问题，同时，被访者之间相互启发，有利于促进问题的深入探讨。

（二）访谈法的缺点

（1）样本小，需要更多人力、物力和时间，应用上受到一定限制。

（2）无法控制研究者对研究对象的种种影响。

（3）要求研究者有一定的经验和水平。

（4）一般在研究对象较少的情况下采用，且常与问卷调查法、测验调查法结合使用。

【真题再现】

1.（2018 下 · 单选）在教育研究中，访谈法与问卷调查法相比（　　）。

A. 更具客观性　　B. 更有利于做大样本研究

C. 更易对数据进行编码处理　　D. 更有利于对问题进行深层次研究

2.（2017 下 · 简答）简述访谈法的基本步骤。

答案： 1. D　2. 参见上文

案例 3

大学生宿舍人际关系的影响因素
——扎根理论与问卷调查混合研究探索[①]

资料分析过程主要遵循扎根理论的研究方法，并使用 Nvivo12.0（简称 N12）质性研究软件进行辅助，对转录文字进行逐级编码，具体分三个步骤：开放式编码、聚焦编码和理论编码。

一、一级编码（开放式编码）

一级编码（即开放式编码）需要研究者从收集的资料中寻找有意义的内容，同时将原始资料打散，并赋予概念与意义，最后用新的方式进行重新组合。在一级编码过程中，研究者尽可能对所有可能的、由文献阅读指出的理论方向保持一种开放的态度，并尽量采用参与者本身的语言作为本土概念进行开放式编码，如“先开口意味着我错了”“一起学习”“玩不到一起去”等，最终在一级编码阶段建立了 395 个码号，涉及参考点共 1 173 个。

二、二级编码（聚焦编码）

二级编码为聚焦编码，是对一级编码的再一次审视，并用尽量少的码号来尽量多地反映原始资料的过程。围绕“大学生宿舍人际关系的影响因素”这一主题，研究者对一级编码的 395 个码号按照意义的相似性进行了比较和归类，并提取出 42 个更加精练的码号，构成二级编码。二级编码的结果如表 1 所示。

① 许云. 大学生宿舍人际关系的影响因素：扎根理论与问卷调查混合研究探索［D］. 南京：南京师范大学，2020. 节选部分内容。

表 1　二级编码结果

编号	二级编码（码号）	自由节点数
1	关注他人的感受与需求	18
2	共同体观念	13
3	帮助和支持他人	10
4	与室友同进退	7
5	维护良好形象	8
6	自我中心	16
7	害怕或避免被拒绝	6
8	积极关注	14
9	调整预期或期待	11
10	接受	8
11	责任都在于别人	13
12	灾难化思想	5
13	沉浸在消极事件或情绪中	8
14	责怪自己	10
15	作息问题	13
16	卫生问题	6
17	噪声问题	9
18	共同活动	12
19	言语行为	20
20	非言语行为	18
21	家庭关系	12
22	父母教养方式	8
23	父母对人际交往的态度	9
24	家庭条件	3
25	家庭结构	5
26	积极解读宿舍生活事件	16
27	消极解读宿舍生活事件	18
28	积极情绪	13
29	消极情绪	15
30	过往宿舍人际经验	16
31	过往的同伴关系（非舍友）	5
32	生活习惯	10
33	亲密关系	2
34	同伴关系（非舍友）	6
35	性格特点	8
36	大学前接受的有关人际方面的教育	3
37	大学期间接受的有关人际方面的教育	4
38	固有的宿舍环境	2
39	创造的宿舍环境	4
40	兴趣爱好	6
41	网络媒体上的宿舍相关信息	3
42	网络媒体上的其他人际经验	2
合计		395

三、三级编码（理论编码）

三级编码为理论编码，是指对所有已发现的概念类属经过系统分析后选择一个“核心类属”，将分析集中到那些与该核心类属有关的码号上面的过程。本研究采用类属分析的方法分析资料，而建立树状节点是类属分析的关键，利用 N12 质化分析软件进行分析，对二级编码提取出的 42 个意义单元（码号）做进一步的提炼，最终建立起 15 个树状节点，三级编码的关系模型如图 1 所示。

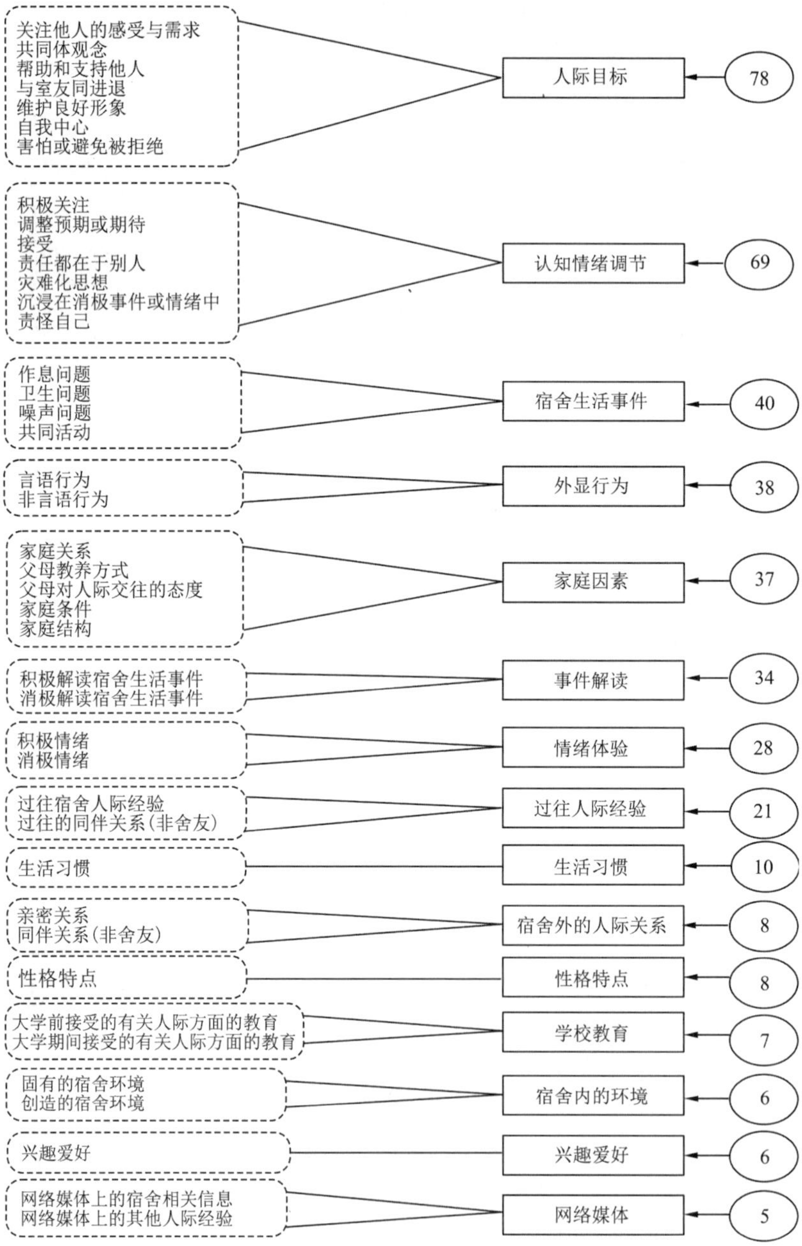

图 1　三级编码关系图

【评析】　访谈法属于质的研究方法，在质的研究中，一个十分著名的建构理论的方法是1967年格拉斯和斯特劳斯提出的“扎根理论”。扎根理论的主要宗旨是在经验资料的基础上建立理论。扎根理论主要操作程序的第一步便是：对资料进行逐级登录，从资料中产生概念。本案例选取了作者学位论文中的关于资料逐级编码的这一小部分，作者按照扎根理论三级编码的程序进行，即一级编码（开放式登录）—二级编码（关联式登录或轴心式登录）—三级编码（核心式登录或选择式登录），让我们对三级编码有了清晰的了解。

【信息窗】

访谈指南①

指南可以帮助你思考如何进行访谈，访谈中自己产生了什么想法，出现了什么问题，在研究项目的进程中你将如何改进自己的访谈技巧。你需要做至少如下几件事情。

（1）拟定一个初步的访谈提纲，将所有你认为可以帮助你回答研究问题的访谈问题列出来。提纲应该简洁，可以在访谈时一眼看到，使用的时候就像是一个舞台提示，比较灵活。如果你对第一个访谈对象进行访谈以后发现这个提纲不符合研究“现实”，应该立刻对其进行修改以符合你认为“真实”的情况。

（2）对你的每一位研究对象进行一次一小时的访谈。选择一个对受访者来说比较合适的时间和地点进行访谈。在访谈开始之前，你需要再次向受访者许诺保密原则。如果受访者不反对的话，对访谈进行录音。否则，在访谈中和访谈后对访谈内容进行细致的笔录。注意记下受访者的非言语行为、访谈的具体情境及你对自己使用的访谈方法的反思。

（3）就这个访谈写一个大约3 000~4 000字的备忘录。

备忘录应该包括两个部分：第一，你从受访者那里了解了哪些与你的研究问题有关的信息？第二，你是如何找到这些内容的？这个部分应该回答如下10个问题。

① 你是在什么时间和什么地点进行访谈的？你是否对访谈进行了现场录音？你与受访者是如何就这些事情进行协商的？

② 你是如何开始和结束访谈的？你是如何向受访者介绍自己的研究的？他们有什么反应？这一次你想他们是如何看你的？这次他们对你的看法与以前是否有什么不同（比如，在你进入现场时）？

---

① 陈向明，林小英. 如何成为质的研究者：质的研究方法的教与学［M］. 北京：教育科学出版社，2004：80-82.

③ 你使用了什么类型的访谈问题？这些问题是如何帮助你获得对研究问题的答案的？访谈提纲是如何帮助（或没有帮助）你获得你所需要的信息的？你是如何使自己的访谈问题保持开放、具有多重解释，而不是指向某一个你所希望得到的回答的？你是如何使用受访者的“文化主位”的概念来形成你的访谈问题的？你是如何改善你的访谈问题的前后顺序、提问的节奏及问题之间的过渡的？

④ 你是如何与受访者互动的？在何种程度上你允许对方建构访谈的结构，而不是将你自己的结构强加给对方？你是如何避免不必要地打断受访者的谈话的？在何种程度上你与对方一起共同建构了访谈的情境和话语？你的研究意图与对方参加访谈的意图是否一致？你与对方就如何合适地进行交流是否存在不一致的意见？你是如何处理这种不一致的？

⑤ 你采取了什么行动以注意倾听受访者话语中的意义？对你不清楚的地方，你是如何进行追问的？对受访者的有关观点，你是如何获得具体的细节和例子的？

⑥ 你观察到了受访者的哪些非言语行为？你认为这些非言语行为与他们的言语行为之间是什么关系？你还注意到了什么对你解释自己的资料比较重要的情境信息？

⑦ 你从受访者那里获得的资料准确性如何？你怎么知道这些资料是否准确？你做了什么事情来保证这些资料的准确性？

⑧ 对于你的研究问题和研究关系，你有哪些前设、信念、知识和个人经历？这些因素如何影响到你的研究方式？这种影响是如何发生的？你的访谈方式对你获得的研究结果是否有影响？有什么影响？

⑨ 总的来说，你在访谈中什么地方做得比较好，什么地方做得不够好？你是否遇到了令你吃惊的事情？是否有令你失望的时候？如果继续就这个研究问题进行访谈，你打算如何改进自己的访谈技巧？

⑩ 如果你采取不同的方式进行这些访谈，你将采取哪些方式？后果与现在将有什么不一样？

【实践与体验】

请以“在校生专业认同情况”为研究问题，设计一份针对在校生的访谈提纲并模拟访谈，将模拟访谈的过程以视频的形式记录下来。

第六章

观 察 法

问题导入

作为一名新手，在实习时，进入课堂进行教育教学观察，可能会出现只记下教师的上课流程而不知观察什么的困惑。如何观察并进行记录？如何整理收集的资料呢？……让我们带着这些问题进入本章的学习。

知识导图

- 第六章 观察法
  - 第一节 观察法概述
    - 一、观察法的类型
    - 二、观察法的特点和局限性
  - 第二节 观察法的实施步骤
    - 一、观察前的准备工作
    - 二、实施现场观察
    - 三、整理和分析观察资料
    - 四、撰写观察研究报告
  - 第三节 观察记录方法
    - 一、描述记录法
    - 二、取样记录法
    - 三、核对清单法

第一节 观察法概述

观察是人类认识周围世界的一个最基本的方法，也是从事科学研究的一个重要的手段。观察可以分为两大类型：一种是日常生活中的观察，这是人的一种最基本的生存方式，没有明确的目的性和计划性，如“察言观色”“明察暗访”；另一种是作为科学研究手段的观察，具有目的性和计划性，指的是观察者运用自己的感觉器官或借助科学仪器能动地对自然或社会现象进行感知和描述，从而获得有关的事实材料。①

在教育教学活动中，观察法有着重要作用。例如，教师在课堂上要对学生听讲、自学、回答问题、讨论、练习等活动进行观察，以便准确掌握情况并及时进行调控；教改实验需要对实验过程中所发生的现象和情况进行观察，以便判断实验的成效；班主任平时要观察全班学生在各项活动中的行为表现，了解和掌握学生的学习、思想状况，以便更好地开展班级工作。可以说，观察活动伴随着教育教学工作的全过程。

一、观察法的类型

根据不同的分类标准，观察法可以分为以下几种类型。

（一）直接观察法和间接观察法

根据观察者是否使用科学仪器，可以分为直接观察法和间接观察法。

直接观察法就是观察者直接通过感官进行观察的方法。这种观察法的优点是观察者和观察对象之间不存在中介物，所以观察比较直观、生动、自然，观察对象的表现也不会受到中介物的干扰，可以获得直接、具体而真实的第一手资料，而且观察者的主动性强，能根据观察目的及时调整观察内容。② 缺点是观察者感官接受信息和记忆处理信息的能力毕竟有限，难免会发生错觉和信息遗漏，从而对观察资料的准确性、完整性造成无法弥补的损失。比如，人的感官的灵敏度有限，对于过快或过慢的运动变化、较细小的图像、微弱的声音等不容易分辨。人的注意与短时记忆的广度（即范围）有限：一方面，在某一段时间内，观察者难于把注意分配到同时出现的多个事物及其变化上；另一方面，在某一瞬间可能注意到不少重要的细节，但时间一长就难以观察到事物出现和变化的全程，也难以把观察结果及时地记录下

① 水延凯. 社会调查教程［M］. 北京：中国人民大学出版社，1996：172.

② 侯怀银. 教育研究方法［M］. 2 版. 北京：高等教育出版社，2018：102.

来，等等。在不干扰观察对象正常表现的前提下，很多研究者会选择借助仪器完成观察过程。

间接观察法是指研究者借助观察仪器设备或装置进行观察记录的方法。如照相机、录音机、单向玻璃、显微镜、望远镜、摄像机、录音笔、手机、摄像头等都可以用于观察。这种观察的效率、深度、广度更高，但缺点是费用较高，要求观察者能够恰当并熟练地使用仪器，以不对被观察者的正常表现造成干扰。如果观察者不在现场，观察活动的主动性、灵活性亦受到制约。

（二）参与观察法和非参与观察法

根据观察者是否直接参与观察对象的活动，可将观察法分为参与观察法和非参与观察法。

参与观察法是指观察者置身于被观察的群体中，作为其中的一员参加活动，进行观察的方法。这种观察法在社会学、人类学的调查研究中应用最多，最早的范例当推马林诺夫斯基对澳大利亚特罗布里恩德群岛土著居民的研究。美国社会学家威廉·怀特则将这一方法成功地运用于城市社区和组织文化的研究。他于1936—1940年对波士顿市的一个意大利人贫民区进行实地研究。他以被研究群体——“街角帮”一员的身份，置身于观察对象的环境和活动中；对闲荡于街头巷尾的意裔青年的生活状况、非正式组织的内部结构和活动方式，以及他们与周围社会（主要是非法团伙和政治组织）的关系加以观察，并及时作出记录和分析。1943年出版的《街角社会——一个意大利人贫民区的社会结构》就是对这一观察过程、所获资料及结论的翔实生动的记录。参与观察的优点是可以观察到事物的深层结构和全过程，但观察结论易带感情色彩。

非参与观察法是指观察者不加入被观察的群体，不参与他们的任何活动，纯粹作为局外人进行观察的方法。例如，学校领导通过随堂听课的方式，了解教师执行教学大纲和教学计划的情况。非参与观察的优点是，由于观察者未参与和观察对象的互动，观察相对客观、中立，但往往看到的可能只是一些表面的或者偶然的现象。

（三）结构式观察法和非结构式观察法

根据观察内容是否有系统的设计或一定的结构要求，可将观察法分为结构式观察法和非结构式观察法。

结构式观察法是指事先设计好观察内容和项目，印制好观察表格或卡片，在观察过程中严格按设计要求进行观察和记录的方法。用这种观察法能获取大量的、翔实的材料，便于定量分析和比较研究，但缺乏灵活性，不适合对偶发事件的观察。非结构式观察法是指只有总的观察目的和大致内容，没有周密的观察计划和提纲，要在现场根据具体情况灵活地进行观察的方法。这种方法适用性强，简便易行，但观察材料比较零乱，不便进行定量分析和对比研究。

例如，要观察导致学生成绩差的因素，可以把各因素分为学习动机、学习态度、学习能力、学习方法等方面，如果只大概地列出这些观察项目，根据这四个方面进行观察，就属于非结构式观察。如果在这四个方面再细化出其他项目，如学习态度可以细化为学生对预习的态度、听课的态度、作业的态度、复习的态度、考试的态度等，根据这些进行观察，就属于结构式观察。

（四）自然观察法和实验室观察法

根据观察资料是在自然条件下取得的还是在人为控制条件下取得的，可将观察法分为自然观察法和实验室观察法。

自然观察法是指在完全自然的条件下，即研究者在观察环境、条件不加改变和控制的状态下进行观察的方法。

实验室观察法是指研究者在对观察环境、条件加以改变和控制的状态下进行观察的方法。它要求对被观察者的行为表现的一个或一个以上的影响因素（自变量）进行控制，并观察这种控制对被观察者的行为表现（因变量）的影响，从而发现这些影响因素与被观察者的行为表现之间的关系。

（五）时间取样观察法和事件取样观察法

根据对观察对象及其行为表现的取样方式，可将观察法分为时间取样观察法和事件取样观察法。

时间取样观察法是指在选定的时间内对观察对象的各种行为表现和现象做观察和记录的方法。例如，课堂观察，观察者可以观察并记录一节课内师生课堂互动的情况。

事件取样观察法是指对预先确定了的行为或事件进行观察和记录的方法，包括记录其起因、经过、结果和持续时间等。例如，达维对学前儿童 200 例争执事件的研究，观察者对 25 个月至 60 个月的 40 名观察对象（女 19 人，男 21 人）进行了 58 小时的观察，记录争执事件 200 例，平均每小时 3～4 次，就争执者的姓名、年龄、性别，争执持续的时间，争执发生的背景、起因，争执什么（玩具、领导权等），争执者扮演的角色（侵犯者、报复者、反抗者、被动接受者等），争执时的特殊言语或动作，结局如何（被迫让步、自愿让步、和解、由其他儿童干预解决、由教师干预解决等），后果与影响（高兴、愤恨、不满等）等进行了观察。

二、观察法的特点和局限性

与问卷调查法、访谈法、文献法等研究方法相比，观察法有着许多优点，这些优点可以看作是观察法“得天独厚”的特点。[①]

① 侯怀银. 教育研究方法［M］，2 版. 北京：高等教育出版社，2018：107.

（一）观察法的特点

1. 收集资料的即时性

观察法要求观察人员在现场与被研究对象直接接触，保证了收集到的资料直观、生动、及时，它是第一手资料。

2. 收集资料的功能强大

观察研究既能收集到对象的言语资料，也能收集到非言语资料，还能收集到相关的环境信息。既能用于定性资料的收集，也能用于定量资料的收集。由于行为具有外显、即时、实地（情境性）的特征，观察法对行为信息的收集更直接、更完整、更客观，能收集对象不能直接报告和不肯报告的情况、未能清楚意识到行为和与社会规范不符合的行为。

3. 应用范围广泛

观察法既能单独使用，也能与其他研究方法配合使用，而且几乎所有的其他研究方法在运用过程中都不同程度地使用观察法做基础。观察法既能用于发现问题，又能用于提供证据、验证假设。观察法是最基础、最普遍的研究方法。

（二）观察法的局限性

观察是在自然条件下进行的，必然会受到错综复杂的各种各样偶发因素的干扰。由于研究者在观察时原则上一般不能支配和控制研究对象及其发展过程，从而带来了如下几方面的局限：

（1）由于缺乏严格的变量控制，不能直接判断“为什么”这一类因果关系的问题，只能说明“有什么”和“是什么”的问题。

（2）由于受观察时间和观察情境的限制，在研究对象人数多且分散的情况下应用较困难。另外，如果观察人员进入现场不受欢迎或有其他关系障碍，也无法使用。

（3）由于教育现象的复杂且处于不断变化之中，观察项目归类推论性太多，会影响研究的信度。

（4）观察结果的代表性不高。观察研究往往取样少，观察的资料琐碎，不易系统化，普遍性程度不高。

（5）观察法易受观察者主观因素的影响。由于每个人的知识经验和成长背景不同，不同的观察者对待观察的对象、行为和事件会有一定的主观态度或看法。

第二节 观察法的实施步骤

在第一节中我们介绍了几类常用的观察法，无论采用何种观察法，当具体应用时，都需经历一个复杂的操作过程。这个过程一般包括观察前的准备工作、实施现场观察、整理和分析观察资料、撰写观察研究报告四个阶段。

一、观察前的准备工作

在观察开始之前，研究者需要先做一些必要的准备工作，如确定观察的问题、制订观察计划、设计观察提纲等。

（一）确定观察的问题

在实施观察之前，研究者首先应该确定观察的问题。与访谈的问题一样，观察的问题是一个次级问题，与研究的问题是不一样的。“研究的问题”是研究者在所要探究的研究现象中提炼出来的、学术界或实践界尚有疑问的、研究者个人认为有必要回答的问题，而“观察的问题”是研究者在确定了“研究的问题”之后决定使用观察的方法，根据观察的需要而设计的、需要通过观察活动来回答的问题。提出“观察的问题”的目的是回答“研究的问题”，前者是完成后者之使命的一个工具。例如，要研究“学生成绩差的影响因素”，可以从学习动机、学习态度、学习能力、学习方法等方面，采用观察法开展研究。观察学生的学习态度，可以提出这些观察问题，如：学生对预习的态度是什么样的？学生对听课的态度是什么样的？学生对作业的态度是什么样的？学生对复习的态度是什么样的？学生对考试的态度是什么样的？等等。从这个例子我们可以看出，研究的问题是一个比较抽象的问题，而观察的问题则比较具体。只有根据这些具体可操作的问题，研究者才可能设计自己的观察计划和观察提纲。

（二）制订观察计划

观察的问题确定以后，我们可以着手制订一个初步的观察计划。一般来说，观察计划应该包括如下几个方面。

1. 观察的内容、对象、范围

我计划观察什么？我想对什么人进行观察？我打算对什么现象进行观察？观察的具体内容是什么？内容的范围有多大？为什么这些人、现象、内容值得观察？通过观察这些事情我可以回答什么问题？

2. 观察的地点

我打算在什么地方进行观察？观察的地理范围有多大？这些地方有什么特点？为什么这些地方对我的研究很重要？我自己将在什么地方进行观察？我与被观察的对象之间是否有（或有多远的）距离？这个距离对观察的结果有什么影响？

3. 观察的时刻、时间长度、次数

我打算在什么时间进行观察？一次观察多长时间？我准备对每一个人（群）或地点进行多少次观察？我为什么选择这个时间、长度和次数？

4. 观察的方式、手段

我打算用什么方式进行观察？是隐蔽式还是公开式？是参与式还是非参与式？观察时是否打算使用录像机、录音机等设备？使用（或不使用）这些设备有何利弊？是否准备现场进行笔录？如果不能现场进行笔录，怎么办？

5. 观察的效度

观察中可能出现哪些影响效度的问题？我打算如何处理这些问题？我计划采取什么措施获得比较准确的观察资料？

6. 伦理道德问题

观察中可能出现什么伦理道德问题？我打算如何处理这些伦理道德问题？我如何使自己的研究尽量不影响被观察者的生活？如果需要的话，我如何帮助他们解决生活中的困难？这么做对我的研究会有什么影响？

（三）设计观察提纲

初步计划拟定以后，我们可以开始编制具体的观察提纲，以便将观察的内容进一步具体化。观察提纲应该遵循可观察原则和相关性原则，针对那些可以观察得到的、对回答观察问题具有实质意义的事情进行观察。我们可以先确定自己希望观察的具体内容，然后将这些内容进行分类，分别列入观察提纲。通常，观察提纲至少应该回答如下六个方面的问题。

1. 谁

有谁在场？他们是什么人？他们的角色、地位和身份是什么？有多少人在场？这是一个什么样的群体？在场的这些人在群体中各自扮演的是什么角色？谁是群体的负责人？谁是追随者？

2. 什么

发生了什么事情？在场的人有什么行为表现？他们说/做了什么？他们说话/做事时使用了什么样的语调和形体动作？他们相互之间的互动是怎么开始的？哪些行为是日常生活中的常规？哪些是特殊表现？不同参与者在行为上有什么差异？他们行动的类型、性质、细节、产生与发展的过程是什么？在观察期间他们的行为是否有所变化？

3. 何时

有关的行为或事件是什么时候发生的？这些行为或事件持续了多久？事件或行为出现的频率是多少？

4. 何地

这个行为或事件是在哪里发生的？这个地点有什么特色？其他地方是否也发生过类似的行为或事件？这个行为或事件与其他地方发生的行为或事件有什么不同？

5. 如何

这件事是如何发生的？事情的各个方面相互之间存在什么样的关系？有什么明显的规范或规则？这个事件是否与其他事件有所不同？

6. 为什么

为什么这些事情会发生？促使这些事情发生的原因是什么？对于发生的事情，人们有什么不同的看法？人们行为的目的、动机和态度是什么？①

观察提纲提供的只是一个大致的框架，为观察活动提供一个方向。研究者来到研究实地进行观察时，应该根据当时当地的具体情况对提纲进行修改。

二、实施现场观察②

观察者通过适当的观察渠道进入观察现场时，要选好观察位置，有较好的角度和光线，以保证观察有效、全面、准确。如果是非参与观察，就不要惊扰观察对象。如果是参与观察，就要与观察对象建立和谐良好的关系，以尽可能减少观察对象因意识到自己被观察而发生态度和行为上的改变。

为使观察顺利、高效地进行，要注意以下几点要求：

第一，灵活地执行观察方案。根据观察现场的实际情况对观察提纲进行修改、调整。

第二，抓住观察的重点，但对周围事物也要保持敏锐。

第三，注意做到观看、倾听、询问、思考等方面相互配合。

第四，防止观察误差。为做好这一点，观察者要熟悉观察方法、观察使用的技术，保持立场和态度中立；选择在观察对象身心状况正常的情况下开展观察，尽可能减少因观察者介入对观察对象造成的影响；合理设计观察项目的数量，编码不宜太繁杂，合理设计记录表格。

第五，做好观察记录。基本要求如下：一要客观、准确，即如实描述、如实记录，不要使用抽象的、概括性的或总结性的词语。比如两位同学观察某节课上某位小学生的课堂行为，A 同学做的记录是“这节课上，这位小学生能比较认真地听

① 陈向明. 质的研究方法与社会科学研究［M］. 北京：教育科学出版社，2000：236-238.

② 侯怀银. 教育研究方法［M］. 2 版. 北京：高等教育出版社，2018：107.

讲，但偶尔会走神”。B同学做的记录是“这节课上，这位小学生举手发言2次，和小组同学一起讨论问题1次，打瞌睡2次”。显然，B同学的记录就更客观、准确。二要尽量使用各方歧义最小的名词、术语、概念描述事实。三要对当事人使用的方言、习惯用语、特定词汇给予符合原意的解释。四要全面、系统，按照观察提纲中的who、what、when、where、how、why展开。

叙兹曼和斯特劳斯于1973年提出了一个精致的现场记录格式。他们将观察记录分成四个部分：一是“实地笔记”，专门用来记录观察者看到和听到的事实性内容；二是“个人笔记”，用来记录观察者个人在实地观察时的感受和想法；三是“方法笔记”，用于记录观察者所使用的具体方法及其作用；四是“理论笔记”，用于记录观察者对观察资料进行的初步理论分析。

表6-1是叙兹曼和斯特劳斯的记录格式使用的例子。[①]

表6-1　实地观察记录表

实地笔记	个人笔记	方法笔记	理论笔记
12:00——食堂里大约有300人，10个窗口前所排队伍平均有4米长	我感觉很拥挤	这个数字是我的估计，不一定准确	中午12点似乎是学生就餐的高峰期
12:05——在卖馅饼的窗口前排了一个足有两米长的队，而且排队的大部分（大约四分之三）是男生	我想是不是今天的馅饼特别好吃？是不是男生特别喜欢吃馅饼	我站在离卖馅饼的窗口有5米远的地方，看不清楚馅饼的质量，不知道这些人买馅饼是否因为馅饼好吃	也许买某一样食物的人数与该食物的质量之间有正相关关系
12:10——食堂里有5对成双的男女坐在一起吃饭，两个人坐得很靠近，都是男的坐在女的左边	也许他们是恋人	我只是根据他们坐在一起的亲密样子判断他们是恋人，这个猜想需要进一步检验	也许在食堂里就餐时，男生习惯于坐在女生的左边
12:20——一位女生将一勺菜送到旁边男生的嘴边，望着对方的眼睛说：“想不想吃这个菜？”	为什么这些“恋人们”在公共食堂里如此“放肆”！我对此很反感	我现在与他们坐在同一张桌子上，可以听到他们的对话	似乎女生喜欢主动向男生“献殷勤”，这一点与我平时的印象不一样，需要进一步观察和检验

但是，要在现场做到这一点不容易，多数观察者采取的策略是，事先学习必要的速记技能，熟记编码符号，使用录音、照相、摄像设备辅助，纸笔记录只记关键的字、短语、提示语和可供回忆的线索，事后再尽可能地将笔记补充、整理、完善。

第六，多人同时观察，减少观察误差。

① 陈向明．质的研究方法与社会科学研究［M］．北京：教育科学出版社，2000：248.

三、整理和分析观察资料①

在结束观察后，要对观察资料进行初步整理，如对笔录资料分门别类地存放，对录音带、录像带和照片逐个登记，根据录像带、照片的镜头做出用于观察记录的卡片，及时记录一些关键信息，以免事后因记忆模糊而造成资料混乱。

研究者亲自观察得来的资料一般比较真实可靠，但有时也有人为的虚假成分。如由于某种原因，被观察的学校或个人会做出种种假象来掩饰事实的本来面目。同时，对教育现象的感知和解释也往往受观察者的价值标准和以往经验的影响，这也可能成为观察资料不准确的原因。因此，在整理与分析这方面的资料时，要注意几个问题：第一，要检查观察资料是不是严格遵循科学的程序而获得的。第二，如果资料是用多种方法收集的，则应把通过观察获得的资料和通过其他方法获得的资料进行比较，发现问题可再去核实。第三，当观察以小组进行时，可将观察者之间所获得的资料进行比较。若有差异，小组要进行讨论和验证。第四，对于较重要的问题应注意观察时间的长短。一般说来，长时间的观察总比短时间的观察真实可靠。分析观察资料可采取定性分析和定量分析两种方法。定性分析涉及对资料的登录、编码、归类等。定量分析可借助描述统计、推断统计方法对资料进行处理。

四、撰写观察研究报告

观察研究报告一般包括标题、引言、正文、结语、附录五个部分。标题可写成“关于……的观察”。引言主要介绍观察的背景及观察所要达到的目标。正文包括观察的内容、观察的步骤、如何观察、观察的结果、经验体会、理性思考、问题和建议，重点写自己的认识，特别要写出自己的体会和思考后的理性认识，注意层次清楚。结语写出观察者对此次观察的意见或建议。观察提纲、观察记录表等材料可以作为附录放在研究报告的后面。

第三节 观察记录方法

在教育观察研究中，对观察的记录是非常重要且必不可少的步骤。观察记录方法的选择是其中重要的一环，掌握观察记录方法对观察者而言尤为重要。具体而言，观察记录方法可分为描述记录法、取样记录法和核对清单法。

---

① 侯怀银. 教育研究方法［M］. 2版. 北京：高等教育出版社，2018：109.

一、描述记录法

描述记录法是指通过详细记载被观察对象的行为或事件发生、发展的过程以便获得研究资料的方法。具体包括日记描述法、轶事记录法和实况详录法。

（一）日记描述法

日记描述法也称日记记录法或儿童传记法，是指在较长的时间内对同一观察对象或同一组观察对象进行重复观察，以日记的形式纵向记录其连续变化、行为表现的方法。① 瑞士教育家裴斯泰洛齐在 1771—1773 年就用日记描述法对其子进行为期 3 年的跟踪观察，在 1774 年将此次观察记录写成《一个父亲的日记》一书，他被看作是最早使用此方法的教育家。我国最早采用日记描述法进行观察研究的是著名儿童教育家陈鹤琴先生，他对其子从出生到第 808 天的身心发展变化和行为反应进行了连续的跟踪观察，写了详细的观察日记，在这些原始资料的基础上，于 1925 年写成了《儿童心理发展之研究》② 一书。日记描述法的记录形式如下：

第一月

第一星期

第一天……

第二星期

第八天　晚上吸乳后，用指碰他的上下唇，他眼睛闭着微笑了几次。

第九天　脐带脱了……

第十三天　用胶皮粘在他的耳垂上，后来揭开的时候，他感觉痛了，哭得很厉害。

第十四天　睡着的时候，他脸上出现了笑、哭、皱眉、皱唇种种的样子。用指碰他的上唇，他的鼻眼都向下皱；用指触他的下唇，他的鼻眼向上皱。他的眼睛能随意转动。

大便为绿色，呈颗粒状，较从前干燥一些，不像从前的稀薄。

第三星期

…… ……

从以上记录可以看出，日记描述法记录简便、详细、具体，在真实的生活情境中对儿童的行为进行记录，能了解到儿童发展的完整次序及行为的连续性，操作起

① 杨晓萍. 教育科学研究方法［M］. 重庆：西南师范大学出版社，2006：45.

② 陈鹤琴. 大学丛书：儿童心理之研究（上卷）［M］. 上海：上海商务印书馆，1925：55-56.

来简便易行。但其不足之处在于需要对观察对象进行长期的跟踪观察，费时费力；观察对象一般囿于个别儿童，容易带有个人情感，导致观察结果具有主观倾向性，且以个别儿童为观察对象，这样的观察结果也不具有代表性。

（二）轶事记录法

轶事记录法也叫记事法，是指观察者在实施观察的过程中，以记事为主，对观察对象在自然状态下发生的一些典型行为或事件进行客观记录的一种方法。[①] 运用轶事记录法进行观察记录时，要尽量客观、真实地记录，记录好行为或事件发生的时间、地点、起因、经过、结果及观察对象的反应、行为、情绪等，记录时做到只记录客观事实，不对事实或行为作出主观评价，以保证研究的客观性。轶事记录法的步骤和要求不是那么严格，操作起来更简单。但我们也应看到，“轶事”（典型行为或事件）的选择本身就包含了观察者自身的主观价值判断，因而这种观察记录资料不可避免地会有一定的主观性。下面是 20 世纪 40 年代巴克尔的一段轶事记录。[②]

人物：玛格丽特（中西部人，女，年龄 4 岁）。

事件：玛格丽特打布莱德雷。

有关的人物：布莱德雷（玛格丽特的弟弟，1 岁半）。

时间：1946 年 6 月 2 日下午 1:03。

玛格丽特一直缠着她妈妈带她到邻居那儿去玩，但雷特夫人坚决地拒绝了她的请求，进屋去了。这时布莱德雷正在院子里玩。

布莱德雷拣起了一只罐头洋铁桶，摇晃着，桶里有块石头哐啷哐啷地响起来。

玛格丽特转过身，走上前打布莱德雷的腿，打他的背，又打他的后脑勺。布莱德雷似乎知道她会这样做，当她向他走过来时，他好像知道会发生什么，畏缩起来，好像在准备挨打。

玛格丽特没完没了地打布莱德雷。

开始时，她每打他一下，他都要哭一下，但不太大声，但最后终于放声大哭。当看到布莱德雷真的大哭起来，玛格丽特就丢下他不管了。不过她还是念叨着：“我能打你，我能把你给扔了。”

（三）实况详录法

实况详录法也称连续记录法，是指在一段时间内或在某种场景下持续的、尽可能详尽地记录被观察对象所有的行为表现，包括其与环境及他人的互动等情况的方法。采用实况详录法，在记录的过程中，记录者要尽可能对观察对象的所有情况进

---

① 孟宪乐，徐艳伟. 小学教育研究方法［M］. 南京：南京大学出版社，2020：62.

② 张燕，邢利娅. 学前教育科学研究方法［M］. 2 版. 北京：北京师范大学出版社，2014：79-80.

行客观、详细的记录，包括观察对象所处的环境、条件和观察对象的动作、状态、情绪等，不需要做出主观评价。其优点在于能为研究者提供翔实的关于观察对象的各种资料，有利于日后开展多角度的分析。但是在记录手段上需要考虑，如果采用传统的纸笔记录，由于观察者自身精力有限，难以记录到所有细节；如果采用仪器进行记录，就需要结合成本、技术要求、客观条件等综合考虑能否实现。以下是一段教学实录片段的记录。①

《狐狸分奶酪》教学实录片段

郝玉梅　滕衍平

◇ 扣题引入，初读课文

师：今天我们要来学习一篇课文（板书：《狐狸分奶酪》）。请同学们伸出小手跟老师一起写课文题目。“奶”是一个生字，我们把它送到田字格家中，女字旁瘦一点，短横不出头，右边先写什么呢？

生：横折折折钩。

师：对，先写横折折折钩，右边一横起笔高于左边一横，最后一撇与钩对齐，不过横中线。（师手执字卡“奶酪”，指导读准这个词）

师：（出示图片）谁吃过奶酪啊？

生：我吃过，甜甜的。

生：我吃过，腻腻的。

师：奶酪确实很好吃！故事里的小动物们也个个都想吃哦！小朋友们已经读过课文了，故事里的主人公都有谁呢？

生：狐狸和熊哥哥、熊弟弟。

师：狐狸是如何给这兄弟俩分奶酪的呢？请同学们放声朗读课文，注意读准字音，读通句子。

◇ 检查读文，随文识字

（指名读课文第一自然段）

师：这一段中有两个生字。（出示：捡、拌）

师：看一看这两个字有什么共同的特点？

生：都是提手旁。

师：这块奶酪是哪里来的？

生：捡来的。

师：把“捡”字送到句子里，谁能读好这个长句子？

生：熊哥哥和熊弟弟在路上捡到了一块奶酪，高兴极了。

---

① 郝玉梅，滕衍平．读，依然是课文学习的主线：《狐狸分奶酪》（第一课时）教学录评［J］．语文教学通讯，2019，1073（36）：39-41.

师：（贴小熊图片）小朋友读得非常好。看，熊哥哥和熊弟弟也来夸你们了！一起叫叫他们的名字！

生齐声：熊哥哥和熊弟弟。

师：熊哥哥和熊弟弟天天在一起，形影不离，人们称呼他们为——

生：（读词语）哥儿俩。

师：指导读准“哥儿俩”。

……

二、取样记录法

取样记录法是指通过以某种标准对拟观察对象的行为或活动进行取样，仅对被抽取出来的样本的行为或活动进行观察记录的一种方法。取样记录法既省时又省力。最常使用的有时间取样法、事件取样法等。

（一）时间取样法

时间取样法是指观察者事先确定好观察时段（时间样本），并在确定的观察时段记录观察目标是否出现的方法。经典例子是帕顿于 20 世纪 20 年代中期进行的一项有关幼儿在游戏中的社会参与程度的研究。她根据幼儿在游戏中的社会参与程度，将游戏分成 6 种活动类型：无所事事、旁观、单独游戏、平行游戏、联合游戏、合作游戏，对每一类型赋予操作定义，并设计了观察记录表，具体如表 6-2、表 6-3 所示。

表 6-2　6 种游戏类型操作定义

游戏类型	操作定义
无所事事	幼儿没有做游戏，只是碰巧观望暂时引起他们兴趣的事情，如没有可注视的就玩弄自己的身体，或走来走去，爬上爬下，东张西望
旁观	幼儿基本上观看其他幼儿的游戏，有时凑上来与正在做游戏的幼儿说话，提问题，出主意，但自己并没有直接参加游戏
单独游戏	幼儿独自一人游戏，只专注于自己的活动，根本不注意别人在干什么
平行游戏	幼儿能在同一处玩，但各自玩各自的游戏，既不影响他人，也不受他人影响，互不干涉
联合游戏	幼儿在一起玩同样的或类似的游戏，相互追随，但没有组织与分工，每人做自己想做的事情
合作游戏	幼儿为某种目的组织在一起进行游戏，有领导、有组织、有分工，每个幼儿承担一定的角色和任务，并且相互帮助

表 6-3　时间取样法观察记录表

时间	被试代号	游戏类型					
		无所事事	旁观	单独游戏	平行游戏	联合游戏	合作游戏
	1						
	2						
	3						
	4						
	5						

从以上案例可以看出，时间取样法侧重记录的是行为是否出现、出现的次数、频率、持续时间等，因而在采用此法记录前必须明确被观察者的行为，在观察记录表中通过打钩或记数字等方式来记录相关数据，记录起来相对简单，可做量化分析。但这种观察只能观察到一些外显行为，对于被观察者的内隐的心理活动则无法观测到。

（二）事件取样法

事件取样法是指以特定的行为或事件的发生作为观察样本，记录某些预先确定的行为表现或事件的完整过程的观察记录方法。

事件取样法侧重于记录事件的性质、起因、过程、结果及其影响。经典案例是达维的幼儿争执事件研究：对幼儿园儿童在自由活动时间内发生的争执事件进行观察记录，观察对象为 40 名 2~5 岁的儿童，其中男孩 19 人，女孩 21 人。观察过程是等待争执事件的发生，直至行为停止，全程记录。具体包括：争执者的姓名、年龄、性别；争执持续的时间；争执发生的背景、起因；争执什么（玩具、领导权）；争执时的特殊言语或动作；结果；影响。可按表 6-4 的格式进行观察记录。

表 6-4　幼儿争执事件观察记录表

儿童	年龄	性别	持续时间	发生背景	行为性质	做了什么、说了什么	结果	影响
1								
2								
3								
……								

事件取样法的优点在于可以在有准备的情况下获得预先确定的、有代表性的可

行性研究样本，又可以保留行为的连续性和完整性，得到关于事件的环境与背景资料。[①] 但是使用此法需被动等待特定事件的发生，且集中观察特定事件本身，致使对事件发生的条件和环境等信息不能充分了解。[②]

三、核对清单法

核对清单法是指在观察前将要观察的行为表现列成一个清单表格，观察者在表中相应位置进行标注记号的一种记录方法。具体分为行为核验法和等级量表评定法。[③]

（一）行为核验法

行为核验法是指观察者将要观察的行为排列成一个清单或表格，在现场观察时根据这些行为是否出现，做出相应的标注，从而进行记录的一种方法。要采用此法，清单的设计是关键，在设计清单时，先要明确所要研究的问题包括哪些内容，每项内容有哪些表现，再将这些内容、表现具体化，最后按一定逻辑顺序排列项目，编制出行为核检表。比如，要观察幼儿数学技能，可以使用如下清单进行观察记录（表 6-5）。[④]

表 6-5　幼儿数学技能观察核对表

儿童姓名：________　　　　观察日期：________

任务		能	否	第一次出现时间
能否根据名称指出相应的图形	圆			
	正方形			
	三角形			
	长方形			
能否从 1 数到 10				
能否给下列的图形命名	圆			
	正方形			
	三角形			
	长方形			

① 孟宪乐，徐艳伟. 小学教育研究方法［M］. 南京：南京大学出版社，2020：66.
② 郝艳海，孟宪乐，赵平. 教育科学研究方法［M］. 郑州：郑州大学出版社，2018：63.
③ 徐红. 教育科学研究方法［M］. 武汉：华中科技大学出版社，2013：76.
④ 张燕，邢利娅. 学前教育科学研究方法［M］. 2 版. 北京：北京师范大学出版社，2014：97-98.

续表

任务		能	否	第一次出现时间
能否举例说明关系概念	大于			
	小于			
	长于			
	短于			
能否一一对应地计数	两个物体			
	三个物体			
	五个物体			
	十个物体			
	十个以上物体			
能否在大人指导下理解有关概念	最先			
	中间			
	最后			
能否举例说明	多于			
	少于			

（二）等级量表评定法

等级量表评定法是指观察者对所要观察的行为划分为若干项目，每个项目根据相应标准划分为若干等级，按照一定的逻辑顺序设计成一个清单，观察者根据对观察对象行为的观察，判定其等级并做记录的方法。其与行为核验法的区别在于要评定等级，判断程度，而行为核验法只需判断行为出现与否。例如，对儿童之间社会交往情况的观察可以使用表 6-6 来记录。①

表 6-6　儿童社会性交往活动观察表

序号	行为	等级				
		总是	经常	一般	较少	从不
1	发起活动					
2	与别人一起玩					
3	分享物品					
……						

① 张燕，邢利娅．学前教育科学研究方法［M］．2 版．北京：北京师范大学出版社，2014：102.

案例1

教师课堂角色类型研究①

一、研究方法

（一）观察框架

本研究采用定量分析方法所必备的一个技术前提，是在课堂观察中将教师的所有言语行为逐一予以分门别类地量化“登记”。

我们认为，教师的言语行为可按其所涉“工作领域”分为五大类，即“提问”“要求”“评价”“答复”“其他”，这当中，除了“其他”外，前四大类可按“性质”或“目的”而各自逻辑地分为三小类。据此，我们预先设计了教师课堂言语行为登记表（表1）。

表1　教师课堂言语行为（指向学生个体）登记表

序号	类别												
	提问/次数			要求/次数			评价/次数			答复/次数			其他/次数
	方法	结论	事实	建议	模糊	指令	肯定	两可	否定	开放	中间	封闭	
1													
2													
……													

容易看出，这个登记表实际上亦即教师言语行为的结构化观察框架。这一观察框架表面上看起来易于操作，比较简便，即观察者无须详细记录教师对学生的每句谈话，而只需将其言语行为逐一对号入座地登记入表中即可，但实际上却有一定难度，因为观察者必须参照表中所示类别对教师的每一言语行为都作出迅速、准确的归类判断，并立即在表中相应类别的空间里用符号登记下来，以示教师出现一次此类言语行为。这在师生个体对话节奏较快或教师的一段连续话语中同时含有两种以上不同类别言语行为时难度更大。为此，我们在本研究的课堂观察正式开始之前，对所有观察人员进行了培训，对表1所示各大小类别的含义加以统一界定，并进行了预备性的观察与登记。

（二）观察对象

以小学五年级教师为对象。我们之所以选择小学教师，是因为相对于其他教育

① 吴康宁，程晓樵，吴永军，等．教师课堂角色类型研究［J］．教育研究与实验，1994（4）：1-8．内容有删减。

阶段的教师来说，小学教师的课堂言语行为往往比较丰富多彩，涉及更多的教育范畴，从而有可能呈现出更多的课堂角色类型；选择五年级教师，则意在尽量减少无关因素对课堂观察的干扰，诸如低年级学生的课堂注意力易因观察者的存在而分散，六年级的课堂教学易因毕业任务的压力而变形，等等。

由于本研究的主要目的并非在于对教师课堂角色的各种类型作出数量上的比较与推断，而是对类型本身作出区分，并借此展示一种研究方法，故对样本的数量规模并无太高要求。为此，我们选取了8所小学的32名教师作为课堂观察对象，每所小学各4名。观察对象的选取只依据三条原则：一是语文与数学教师比例各半；二是尽量避免同一学校的4名教师均为相同性别；三是尽量避免同一学校的4名教师均为该校同年级中素质好的，尽可能兼选所谓的“好”“中”“差”三种教师。

限于研究人手，我们对每位教师只观察其1节课。为使被观察的每位教师的课堂言语行为达到一定数量，以便能据此对其所扮演的课堂角色作出界定，本研究将被观察课型一律限定为新授课。共观察了32节新授课。

（三）观察时间

1993年11月至1994年1月。

二、结果及其分析

（一）大类言语行为与课堂角色总体类型

因观察人员的技术失误，导致对1所小学4名教师的观察过程不符合要求，故可作为此处统计与分析之依据的是对7所小学28名教师的观察结果。

将28份结构化观察登记表汇总后，我们发现，在“提问”“要求”“评价”“答复”“其他”这5大类言语行为中，“答复”与“其他”这两大类别近乎名存实亡。原因在于：28名教师只有1名出现“其他”类言语行为，且仅为1次①，而出现“答复”类言语行为的教师虽有10名，但出现3次以上者（包括3次者）② 总共也只有3名，且“答复”类言语行为在全部言语行为中所占比例最高者也只有11.3%③。故此两类别可忽略。这一现象实际上表明，教师的言语行为总的来说主要包括“提问”“要求”“评价”这三大类，教师课堂角色在总体上乃是由这三大类言语行为体现出来的。表2即为对28名教师三大类言语行为的统计结果。

---

① 在本研究的结构化观察框架上放入“其他”类，意在预防万一。结果，在28名教师的全部言语行（共1 971次）中，“其他”类只发现1次。这似乎可说明该框架所设提问、评价及答复这四大类别具有足够的包容度。

② “3次”乃是本研究对人类言语行为进行分析所需的最少数量，因为每一大类之类尚有三小类。

③ 这一现象实际表明，在我国小学课堂中，师生交往的“启动者”基本都是教师，而学生极少成为“启动者”。

表 2　教师大类言语行为统计结果

教师	合计	类别					
		提问		要求		评价	
		次数	百分比/%	次数	百分比/%	次数	百分比/%
1	89	43	48.3	3	3.4	43	48.3
2	101	34	33.7	31	30.7	36	35.6
3	114	38	33.3	38	33.3	38	33.3
4	99	33	33.3	33	33.3	33	33.3
5	74	45	60.8	17	23.0	11	14.9
6	62	55	88.7	0	0	0	0
7	49	30	61.2	10	20.4	9	18.4
8	33	26	78.8	0	0	4	12.1
9	69	35	50.7	0	0	34	49.3
10	97	48	49.5	3	3.1	45	46.4
11	46	32	69.6	11	23.9	3	6.5
12	62	44	71.0	7	11.3	9	14.5
13	56	53	94.6	2	3.6	0	0
14	70	33	47.1	24	34.3	11	15.7
15	115	44	38.3	33	28.7	38	33.0
16	86	54	62.8	1	1.2	31	36.0
17	84	28	33.3	28	33.3	28	33.3
18	110	36	32.7	37	33.6	36	32.7
19	38	23	60.5	9	23.7	3	7.9
20	17	16	94.1	1	5.9	0	0
21	42	33	78.6	7	16.7	2	4.8
22	25	18	72.0	5	20.0	2	8.0
23	95	48	50.5	1	1.1	46	48.4
24	81	41	50.6	4	4.9	35	43.2
25	66	63	95.5	3	4.5	0	0
26	62	54	87.1	2	3.2	5	8.1
27	68	63	92.6	5	7.4	0	0
28	61	59	96.7	1	1.6	1	1.6

由表 2 可看出，“提问”“要求”“评价”这三大类言语行为之间存在着多种不同方式的组合，由这些组合可相应导出教师课堂角色的总体类型。为方便起见，此处用 A、B、C 分别表示“提问”“要求”“评价”这三大类别；同时，将某一类别

在全部言语行为中占75%以上，且其余两类各自所占比例均小于20%的言语行为总体类型视为主导型（即A型、B型、C型），将任一类别所占比例均小于75%，但其中两类所占比例之和大于80%的言语行为总体类型视为结合型（即AB型、AC型、BC型），而将三个类别各自所占比例大致相近，或虽然其中两类所占比例之和大于80%，但比例较低的一类的比例与第三类的比例相差不大的言语行为总体类型视为复合型（即ABC型）。

如此，我们便可以从表2中发现存在着四种言语行为总体类型，并由此相应导出教师课堂角色的四种总体类型。

1. A型→定向者

这种类型的教师（表2中序号为6、8、13、20、21、25、26、27、28）的言语行为基本上以“提问”为主，提问乃是这类教师控制课堂、展开教学过程的最重要的手段。由于在我国小学课堂中，教师的提问对学生思考与回答问题往往带有潜在的强制性，且所提问题本身也基本上规定了学生思维的内容与性质，故提问实际上对学生的课堂参与起着一种定向作用。因此，我们说这类教师在课堂中主要扮演着“定向者”的角色。

2. AB型→定向・定规者

在这类教师（表2中序号为5、11、14、19、22）的言语行为中，“提问”虽然仍占较大比重，但已不如在A型中那样一枝独秀，取而代之的是“要求”占有相当比重。由于任何要求（包括“模糊性要求”）的功能都在于确立某种规范（规则、规矩、规定、规章等），故这类教师就不是在“集中性”地扮演“定向者”的角色，而是在相当程度上同时扮演着“定规者”的角色。据此，我们可将这类教师简称为“定向・定规者”。

3. AC型→定向・定论者

这类教师（表2中序号为1、9、10、16、23、24）在课堂中经常对学生进行“评价”，力图通过加强评价来调整学生的课堂行为，致使“评价”在其言语行为中的比重急剧上升，几乎与“提问”平分秋色。由于教师的评价不同于其他评价，它不仅表明教师的一种判断，而且对于学生来说，常常是一种“给定的结论”。换言之，在我国小学课堂中，教师的评价实际上常常被学生甚至也被许多教师自身视为“法官的裁定”。因此，我们把这类教师称为“定向・定论者”。

4. ABC型→定向・定规・定论者

表2中序号为2、3、4、7、12、15、17、18的教师即属此类。这类教师的“提问”“要求”“评价”这3大类言语行为或者并驾齐驱，或者从比重上看无法“忽略”其中任何1类。沿用上面的解释，这类教师可谓为“定向・定规・定论者”。

从理论上来说，按照前述比例标准，A（提问）、B（要求）及C（评价）这三大成分可组成七种言语行为总体类型，即三种主导型（A 型、B 型、C 型）、三种结合型（AB 型、AC 型、BC 型）及一种复合型（ABC 型），但由于在我国小学课堂（新授课）中，教师的“提问”乃是必不会少且比重较大的一种言语行为，故不可能出现 B 型、C 型、BC 型这三种缺少 A（提问）成分的言语行为总体类型及与之相应的课堂角色总体类型。因此，本研究的课堂观察对象虽然不是太多，但也呈现出了我国课堂实践逻辑中可能存在的教师言语行为及其课堂角色的全部四大总体类型。

（二）小类言语行为与课堂角色分项类型

课堂角色分项类型与总体类型是既有联系又有区别的两个概念。总体类型因三大类言语行为的结合方式而异，分项类型则分别由各大类言语行为所属三小类别的组合方式而定。课堂角色总体类型相同的两个教师，其分项类型未必完全一致；而课堂角色总体类型不同的两个教师，其分项类型也未必完全相异。在前面界定课堂角色总体类型时，我们鉴于某大类言语行为比重较少的情况而将该类别略去不考虑，比如，若某教师的“要求”（B）比重太小，则将其言语行为总体类型称为 AC 型（略去 B），并由此称其课堂角色总体类型为“定向 · 定论者”。而在这里，只要“要求”的次数达到一定数量，则仍可从其小类言语行为的组合方式上，来判明该教师在“要求”这一分项上所扮演的角色类型。

表 3 即为教师小类言语行为统计结果[①]。按照前面分析大类言语行为的同样思路，这里用 A_1、A_2、A_3分别表示“提问”中的“方法”“结论”“事实”这三小类别，用 B_1、B_2、B_3分别表示“要求”中的“建议”“模糊”“指令”，而用 C_1、C_2、C_3分别表示“评价”中的“肯定”“两可”“否定”，并按前述类型界定比例标准。在“提问”“要求”“评价”这三大分项内部，分别明确主导型（如 A_1 型、A_2 型、A_3 型）、结合型（如 B_1B_2 型、B_1B_3 型、B_2B_3 型）与复合型（如 $C_1C_2C_3$ 型）。

于是，从表 3 中我们便可找出教师在课堂中呈现出的以下 18 种言语行为分项类型，并相应导出其课堂角色分项类型。

1. 由“提问”所呈现的分项类型

（1）A_1 型→启创者

这类教师（表 3 中序号为 4、17、22）的提问重在启迪学生探寻解决问题的方法，强调创造性。故其扮演的主要是“启创者”的角色。

（2）A_2 型→导引者

这类教师（表 3 中序号为 13、18、24）的提问以诱导学生循着教师的思路理解问题、得出结论（尤其是统一的结论）为主，故其角色基本上是“导引者”。

① 为简洁起见，凡低于 3 次的合计次数及其相关的小类次数与百分比均未列入表中。

（3）A_3 型→搀扶者

这类教师（表 3 中序号为 5、6、14、19、20）所提问题大多为既存事实或已学知识，学生回答提问时无须多少思考，主要借助于再认或再现。因此，就“提问”这一分项来说，这类教师实际上主要是“搀扶者”。

根据对上面三种主导型分项角色类型的解释，下面四种结合型与复合型分项角色类型的含义也就不言自明了。

（4）A_1A_2 型→启创·导引者

在表 3 中，这类教师的序号为 8、12、21、23、25、26、28。

（5）A_1A_3 型→启创·搀扶者

即表 3 中序号为 2、16 的教师。

（6）A_2A_3 型→导引·搀扶者

即表 3 中序号为 1、3、9、10、11、27 的教师。

（7）$A_1A_2A_3$ 型→启创·导引·搀扶者

即表 3 中序号为 7、15 的教师。

2. 由“要求”所呈现的分项类型

（1）B_1 型→建议者

这类教师（表 3 中序号为 1、11）对学生的“要求”基本上不带强制色彩，而是以“希望”“劝告”“建议”等形式提出来的。因此，就“要求”这一分项来说，其主要扮演着“建议者”的角色。

（2）B_2 型→放任者

这类教师（表 3 中序号为 17、18）对学生的“要求”大多比较模糊，或者带有较浓的“随意性”色彩，无论这些模糊性要求产生的原因是教师自己对问题把握不准，还是对要求本身表述不清，抑或其他什么原因，其结果都导致学生无所适从或不予重视。因此，这类教师尽管也对学生提“要求”，但其实际所呈现的角色面目却是“放任者”。

（3）B_3 型→强制者

这类教师（表 3 中序号为 12、14、15、19、21、22、24、27）的“要求”以“必须”“应当”“不准”“不得”之类的指令为主，重在规限学生按教师的意愿与标准行事。因此，他们的角色主要是“强制者”。

据此，下面三种结合型分项角色类型的含义自然也就无须专门加以解释了。

（4）B_1B_2 型→建议·放任者

即表 3 中序号为 4 的教师。

（5）B_1B_3 型→建议·强制者

即表 3 中序号为 5、7、10、25 的教师。

（6）B_2B_3 型→放任·强制者

表 3 中序号为 2、3 的教师即属此类。

3. 由“评价”所呈现的分项类型

（1）C_1 型→鼓励者

这类教师（表 3 中序号为 1、2、8、14、15、16、17、18、19）对学生的“评价”以肯定为主，主要有赞许、表扬、认可等方式。显然，在“评价”这一分项上，他们主要是“鼓励者”。

（2）C_3 型→矫正者

这类教师（表 3 中序号为 26）给予学生的否定性评价远多于肯定性评价。从方式上看，主要表现为训斥、质问、批评、反对等。其本意主要在于矫正学生在知识、态度或行为等方面的错误（按教师所认定的标准），从这一意义来说，我们将其称为“矫正者”。

（3）C_1C_2 型→鼓励·观望者

这类教师（表 3 中序号为 5、7、9、10、12、23、24）对学生的“评价”主要由肯定性评价与两可性评价组成。其中，两可性评价占有相当比重，有的甚至高于肯定性评价。两可性评价是一种特殊的评价，它肯否欠明、含糊其词。因此，它虽然被称为“评价”，但就小学课堂实际而言，无论是从教师的行为倾向来看，还是从学生的眼光来看，与其说是一种“评价”，不如说是一种“观望”。这样，在“评价”这一分项上，我们说这类教师既充当着鼓励者的角色，又扮演着观望者的角色，简称为“鼓励·观望者”。

由此，下面两种结合型与复合型分项角色类型的含义也就毋庸赘言了。

（4）C_1C_3 型→鼓励·矫正者

即表 3 中序号为 3、11 的教师。

（5）$C_1C_2C_3$ 型→鼓励·观望·矫正者

即表 3 中序号为 4 的教师。

从理论上来说，由于“提问”“要求”“评价”这三大类言语行为各自均包括三小类别的成分，因而各自均可组成如表 4 所示的七种言语行为分项类型。但在本研究的观察结果中，只有“提问”类中呈现出表 4 所列全部七种分项类型，而在“要求”类中缺少 $B_1B_2B_3$ 型，在“评价”类型中则缺少 C_2 型与 C_2C_3 型。读者或许会认为这与本研究的观察对象数量较少有关。但即便增加观察对象，是否就能保证一定会出现这三种分项类型亦难预料。就我们几人在本研究之外进行过的大量课堂观察实验来看，确未见过这三种类型的教师。当然，若欲确证，则须以大规模课堂观察的结果为依据。

表 3 教师小类言语行为统计结果

教师	类别																				
	提问							要求							评价						
	合计	方法		结论		事实		合计	建议		模糊		指令		合计	肯定		两可		否定	
		次数	百分比/%	次数	百分比/%	次数	百分比/%		次数	百分比/%	次数	百分比/%	次数	百分比/%		次数	百分比/%	次数	百分比/%	次数	百分比/%
1	43	7	16.3	20	46.5	16	37.2	3	3	100	0	0	0	0	43	42	97.7	0	0	1	2.3
2	34	12	35.3	6	17.6	16	47.1	31	4	12.9	16	51.6	11	35.5	36	29	80.6	6	16.7	1	2.8
3	38	0	0	22	57.9	16	42.1	38	2	5.3	14	36.8	22	57.9	38	26	68.4	3	7.9	9	23.7
4	33	28	84.8	1	3.0	4	12.1	33	8	24.2	24	72.7	1	3.0	33	16	48.5	9	27.3	8	24.2
5	45	0	0	0	0	45	100	17	5	29.4	0	0	12	70.6	11	8	72.7	3	27.3	0	0
6	55	0	0	8	14.5	47	85.5	0	0	0	0	0	0	0	0	0	0	0	0	0	0
7	30	6	20.0	7	23.3	17	56.7	10	3	30.0	0	0	7	70.0	9	6	66.7	3	33.3	0	0
8	26	11	42.3	11	42.3	4	15.4	0	0	0	0	0	0	0	4	4	100	0	0	0	0
9	35	0	0	22	62.9	13	37.1	0	0	0	0	0	0	0	34	16	47.1	15	44.1	3	8.8
10	48	0	0	24	50.0	24	50.0	3	1	33.3	0	0	2	66.7	45	25	55.6	19	42.2	1	2.2
11	32	4	12.5	17	53.1	11	34.4	11	11	100	0	0	0	0	3	2	66.7	0	0	1	33.3
12	44	11	25.0	30	68.2	3	6.8	7	1	14.3	0	0	6	85.7	9	4	44.4	5	55.6	0	0
13	53	1	1.9	46	86.8	6	11.3								0	0	0	0	0	0	0
14	33	4	12.1	3	9.1	26	78.8	24	6	25.0	0	0	18	75.0	11	10	90.9	0	0	1	9.1

续表

教师	类别																				
	提问							要求							评价						
	合计	方法		结论		事实		合计	建议		模糊		指令		合计	肯定		两可		否定	
		次数	百分比/%	次数	百分比/%	次数	百分比/%		次数	百分比/%	次数	百分比/%	次数	百分比/%		次数	百分比/%	次数	百分比/%	次数	百分比/%
15	44	18	40.9	9	20.5	17	38.6	33	1	3.0	0	0	32	97.0	38	34	89.5	1	2.6	3	7.9
16	54	23	42.6	5	9.3	26	48.1								31	29	93.5	1	3.2	1	3.2
17	28	21	75.0	5	17.9	2	7.1	28	2	7.1	24	85.7	2	7.1	28	21	75.0	2	7.1	5	17.9
18	36	3	8.3	27	75.0	6	16.7	37	1	2.7	29	78.4	7	18.9	36	27	75.0	5	13.9	4	11.1
19	23	2	8.7	0	0	21	91.3	9	0	0	0	0	9	100	3	3	100	0	0	0	0
20	16	1	6.3	3	18.8	12	75.0								0	0	0	0	0	0	
21	33	15	45.5	13	39.4	5	15.2	7	1	14.3	0	0	6	85.7							
22	18	14	77.8	2	11.1	2	11.1	5	0	0	0	0	5	100							
23	48	16	33.3	30	62.5	2	4.2								46	25	54.3	21	45.7	0	0
24	41	3	7.3	36	87.8	2	4.9	4	0	0	0	0	4	100	35	12	34.3	23	65.7	0	0
25	63	25	39.7	31	49.2	7	11.1	3	1	33.3	0	0	2	66.7	0	0	0	0	0	0	
26	54	16	29.6	31	57.4	7	13.0								5	1	20.0	0	0	4	80.0
27	63	5	7.9	46	73.0	12	19.0	5	0	0	0	0	5	100	0	0	0	0	0	0	0
28	59	22	37.3	28	47.5	9	15.3							1							

表 4 教师言语行为分项类型构成表

	主导型	结合型	复合型
提问（A）	A_1、A_2、A_3	A_1A_2、A_1A_3、A_2A_3	$A_1A_2A_3$
要求（B）	B_1、B_2、B_3	B_1B_2、B_1B_3、B_2B_3	$B_1B_2B_3$
评价（C）	C_1、C_2、C_3	C_1C_2、C_1C_3、C_2C_3	$C_1C_2C_3$

【评析】 本案例从原文中选取了一部分，该部分呈现了观察的设计与实施，详细地说明了观察的框架和观察对象的选取，并对所观察到的教师的言语行为进行了细致的分类，据此划分了教师课堂角色类型。案例中观察记录表、作者的观察设计的思路值得我们学习，对教师课堂角色类型的划分值得我们去反思。

【信息窗】

行动研究法

行动研究法是指教师在现实教育教学情境中自主进行反思性探索，并以解决工作情境中特定的实际问题为主要目的的研究方法。行动研究强调研究与活动的一体化，使教师从工作过程中学习、思考、尝试和解决问题。

1. 行动研究法的特点

（1）研究的目的主要是提高行动质量，改进实际工作，解决实际问题，即“为行动而研究”。

（2）研究的主体是实际工作者（教师），即“由行动者研究”。同时，研究的群体提倡实际工作者与专家相互协作、共同研究。

（3）研究的环境是自然的、真实的、动态的工作情境，即“在行动中研究”。

（4）研究的程序是一个自我反思的、不断螺旋上升的循环发展过程。

（5）行动研究的方法是综合运用各种有利于问题解决的定性和定量的方法。

（6）行动研究的价值评估重在结果的实效。

2. 行动研究法的基本步骤

（1）确定研究课题。发现教育工作中亟待解决的实际问题，选定研究主题，并对研究问题的成因进行分析诊断与判定。

（2）拟订研究计划。明确课题研究的总目标，并围绕总目标设计研究的方法、程序、监控手段等。

（3）实施行动研究。收集资料、拟定并实施有效的教育措施。

（4）进行总结评价。汇集资料，做好观察记录，根据各种反馈信息认真修正行动计划，再实施新一轮行动研究，直至实现研究总目标。

【实践与体验】

如果请你观察小学生的课堂行为，请你写出具体的实施步骤并将观察记录表制作出来。

第七章

教育研究论文与报告的撰写

问题导入

当我们完成了一项课题研究后，中请课题结题，需要有相关的成果。这个成果可以是教案、讲义、课件、研究报告、论文等。这些成果的结构是什么样的？这些成果的基本步骤和基本要求又分别是什么？成果表述的通行的规范是什么样的呢？就让我们带着这些问题一起进入本章的学习。

知识导图

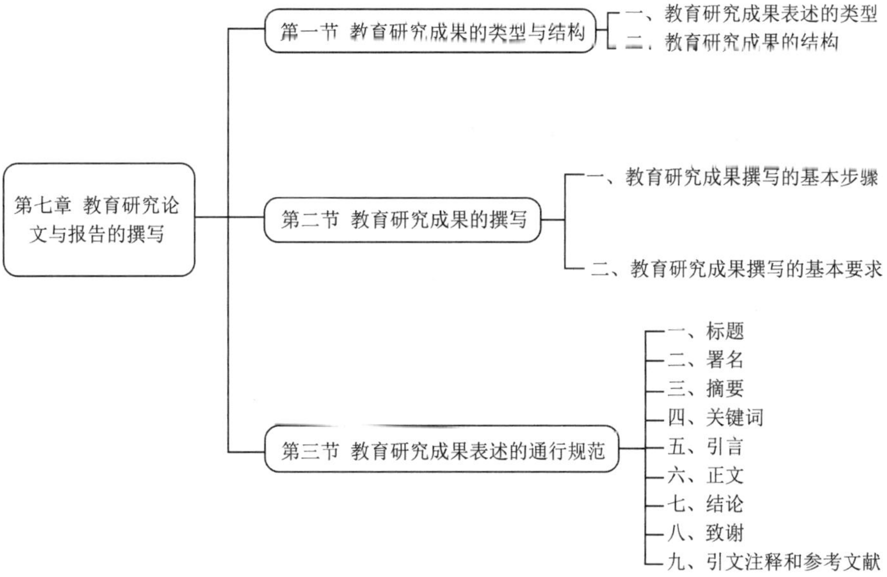

第一节 教育研究成果的类型与结构

教育研究成果是在对教育现象进行研究的基础上，采用科学的方法，经过智力加工而产生的具有一定学术价值、社会价值，并被同行专家认可的知识体系、方案或产品。教育研究成果表述是教育研究中的一个重要环节。其意义表现为：对研究者来说，有利于提高研究者的思维能力和文字表达能力；对学术共同体来说，有利于学术交流和合作；对教育实践来说，有利于推动教育改革，改进教育教学，提高教育教学质量；对社会来说，可以得到社会的鉴定、评价和承认，以取得社会效益。由于研究目的、任务、方法、手段等的差异，研究成果的具体表现形式和结构也有所不同。

一、教育研究成果表述的类型

教育研究成果表述可粗略分为三种类型。第一类，用事实来说明问题。这种类型包括教育观察报告、教育调查研究报告、教育测量报告、教育经验总结报告、教育实验研究报告。要求材料具体、典型，格式合乎规范，科学客观地呈现研究过程和方法，并合理解释结果。第二类，用深刻的哲理和严密的逻辑论证来说明问题，这是理论性研究成果。这种类型包括学术论文、学术专著和高校的学位论文。要求论点明确，论据确凿，论述严密，清楚展示理论观点和体系的形成过程。第三类，前两类的综合，但综合中又有所侧重。总的来说，教育研究成果的主要表述形式是教育研究报告和学术论文。下面就这两种主要表述形式的类型和结构做一详细介绍。

（一）教育研究报告

教育研究报告，是研究者在教育研究活动中为了检验某个理论或假设，进行相关的实践探索，通过观察、分析、综合和判断推理，如实地描述和记录研究成果所形成的书面报告。它是教育工作者广泛使用的一种文体。由于研究的内容与方法的不同，研究报告也有不同的种类。

1. 实证性研究报告

实证性研究报告即用实证性方法进行研究、描述研究结果或进展的报告。这类报告一般以直接研究所得到的材料为基础，对研究的方法和过程加以分析，找出规律性的东西，提出经验、办法、建议及存在问题，得出应有的结论。例如，对某一教育现象或教育案例进行观察研究后撰写的观察报告；对某一教育现象或某一教育问题开展调查研究，经过整理分析后形成的调查研究报告；对某个具有特殊或典型意义的教育个案进行跟踪研究后撰写的个案研究报告；对某一教育现象进行教育实验后，对教育实验全过程及其结果进行客观、概括反映的实验报告；对在教育教学实践中积累的经验进行去粗取精、去伪存真的探索加工后将其系统化、理论化而形成的经验总结报告；等等。

2. 理论性研究报告

理论性研究报告即研究者基于已有的客观现实材料及思想理论材料，凭借自身的直觉和逻辑思维能力，借助于概念、判断、推理等逻辑方法，在概念与概念之间寻觅意义，发展和完善教育理论而形成的报告。

3. 文献性研究报告

文献性研究报告即用文献法进行研究的报告。这类研究报告以对文献的分析、比较、综合为主要内容，并展示文献的考证过程，说明文献的来源、可靠程度和学术价值等，如文献综述、读书报告等。

（二）学术论文

学术论文，是教育研究工作者对某些教育现象、教育问题进行比较系统、专门的理论研究和探讨，提出新观点、得出新结论，或站在新的角度做出新的解释和论证的一种文章。它既是探讨问题、进行教育研究的一种手段，同时也是描述研究成果、进行学术交流的一种工具。根据不同的分类方法，学术论文有不同的种类。

1. 从文章的内容形式上分

（1）观点独创型论文。它是作者从自己的教育实践出发，结合自身的理论积累，针对具体的教育理论或实践问题，通过分析丰富的教育事实，包括调查、座谈、观察及教学实验等众多的数据与材料，发前人所未发，提出新颖独特的真知灼见，表达自己的新观点、新看法的论文。这种论文创新性较高，阐述问题透彻、深刻。

（2）学术争鸣型论文。它是作者针对其他作者的相关文章或著作，展开问题商榷，进行智力碰撞、观点争鸣和学术交锋，表达不同的见解，提出相异或相反的看法的论文。这种论文一般具有较高的理论高度或具有较强的现实意义。例如，湖南师范大学叶波老师发表于《全球教育展望》2020 年第 8 期的文章《为语文的教育还是为教育的语文——与温儒敏教授商榷》。

（3）理论阐释型论文。它是在充分肯定其他作者论文观点的基础上，一方面，紧扣原作者的观点进行认真的剖析、深入的阐述；另一方面，又在原作者的研究基础上深化拓展，提出一些新的见解，通过周密的推理，论证自己的结论和观点的正确性和实际价值的论文。

2. 从教育研究的特点和层次分

（1）经验梳理型论文。它是教育、教学工作者在教育、教学实践中直接获得的丰富的感性材料基础上总结、升华而来的理性认识，是教育教学工作经验的理性升华和优化组合后的理论总结。

（2）问题研讨型论文。它是专门研究教育、教学中的矛盾及其解决办法的文章。它针对当前教育教学工作中存在的主要问题、亟待解决的问题或现实中出现的新情况和突出的问题，进行专题总结、分析、研究，从理论和实际相结合的角度提出解决存在问题的意见和办法、方案和措施。

（3）现象评述型论文。它是针对教育、教学领域内在一定时限里的活动、情况、现象、论争、做法、特点、教派、问题等进行专项综述和评析的论文。

（4）学术探究型论文。它是对教育问题进行专门、系统的研究，总结规律，揭示本质，进行论证和证明的论文，它是专门、系统地研究教育、教学领域的理论问题和科研成果，阐述学术观点的高层次论文（这并不意味着前三种类型的论文不具备学术性）。

二、教育研究成果的结构

在教育研究活动中，研究成果的表现形式是多种多样的。不同形式的教育研究成果，其结构也有所不同。下面分别就其中主要表现形式进行简要讨论。

（一）教育研究报告

根据研究中所采用的方法不同，教育研究报告有不同的形式。这里重点介绍采用调查研究法开展研究后形成的教育调查报告。

教育调查报告是对某种教育现象调查后，经过整理分析写成的文字材料。一般来说，调查报告从提出问题、分析问题到解决问题，主要由题目、前言、正文、结论和建议、附录五部分组成。

1. 题目

一般通过简练、确切、鲜明的文字概括全篇内容，用一句话点明主题。必要时可加副标题，以便补充主标题，用来说明在什么范围内基于什么问题的调查。

2. 前言

调查报告前言必须简明扼要地说明调查的目的、意义、任务和方法。首先，简要说明调查的问题是什么，调查此问题的缘由和背景，调查的筹备过程，主要调查的内容，国内外对同一课题的研究概况，以及此次调查的意义和价值。其次，要说明调查的基本情况，概述调查的时间、地点、对象、范围、取样及调查的方式方法。最后，简单分析此次调查的有利因素和不利因素。

3. 正文

正文部分即调查内容。通过叙述、图表、统计数字及有关文献资料，用纲目、项或篇、章、节的形式把主体内容有条理地、准确地揭示出来。在观点和材料处理上，可以先列出材料，然后进行分析和推论；也可以先摆明观点，然后用调查得来的事实材料分析说明。

4. 结论和建议

在对整个调查内容进行总体的定性、定量分析的基础上，概括出事物的内在联系和规律，并提出新的见解、新的理论和参考意见。无论是验证已有的理论，还是寻求新理论，还是为实用目的而寻找解决问题的办法，向实际工作部门提供的参考意见、改革方案都必须客观、真实，提出的观点、建议要谨慎、严肃，观点要从事实中引出，同时要考虑其他社会因素的影响，要全面衡量理论或建议的合理性和可行性，不要轻率地下结论和提建议。

5. 附录

必要时要把调查工具或部分原始材料附在报告后面。这不仅能使正文内容集中，更主要的是为读者提供可供分析的原始资料，以便让人分析、鉴定、搜集调查材料的方法是否科学，材料是否可靠，并供其他的研究人员参考。附录包括各种调查表格、原始数据、研究记录等。附录的编制要防止杂乱和过于简单。

（二）学术论文

1. 期刊论文

期刊上发表的学术论文的结构一般如下：

（1）标题

标题是论文内容的高度概括。好的论文题目应能准确概括论文内容，反映研究方向、范围、意义、成果，文字简洁、精炼，有新意，便于分类，要让人能从题目上判断得出研究属于什么学科范畴，而且能抓住该研究课题在这一领域有关问题研究发展过程中的位置及特点。

（2）作者署名

文章署名是作者文责自负和拥有版权的标志。一篇文章可以有多个作者，若要署名除本人之外的其他作者，一定要征得他人的同意。

（3）摘要

摘要是研究的主要内容与结构的简介，并略加评论。它不是整个论文的段落大意。其作用在于使读者通过这段概括简洁的文字，了解全文主题及主要内容，从而决定是否值得阅读全文。期刊论文摘要的字数一般以二三百字为宜。

（4）关键词

关键词是反映论文主要内容的名词性术语。关键词一般 3~5 个为宜，可在标题中选择，也可以在论文中选择具有代表性的词，但要用规范词或术语。

（5）引言

引言写在正文之前，用于说明写作目的、意图及研究方法。一般要包括三个方面：第一，阐明研究的背景和动机，提出研究问题；第二，概述研究成果的理论意义和现实意义；第三，简要介绍研究方法和研究手段。

（6）正文

正文是学术论文的主体部分，包括论点、论据、论证，是作者研究成果的表现，这部分占论文的绝大部分篇幅，处于极其重要的地位。论点是需要加以证明的问题，论据是用来证明论点的一些判断，而论证是论点和论据之间的逻辑关系和证明方式。正文的写作关键在于论证，即证明自己提出的论题。在撰写正文时，论点要明确具体，论据要丰富充足，论证要符合逻辑，有理有据。论述方法要多样，运用各种逻辑方法，多维度、多方向、多层次地论述问题。注意分清主次，抓住本质，条理清楚。

（7）结论与讨论

结论与讨论是学术论文的结尾部分，是研究者在对全部研究内容进行分析、综合、抽象概括之后的全面总结。这部分内容主要包括对研究总体性的判断、见解；提出的切实可行的解决问题的策略和措施；指出尚未解决的问题及研究的局限性；今后进一步解决的问题和方向。一般要求内容简洁，措辞严谨，逻辑严密。

（8）引文注释与参考文献

任何一项教育研究都是在前人或他人已有研究成果的基础上前进和发展的。论文中应列出直接提到的或利用资料的来源，以帮助读者了解有关本课题的研究历史和已有成就，为进一步研究提供一定的参考与借鉴，同时也方便别人查证。再者，这也体现作者严谨求实的科学态度，是对他人研究成果尊重的体现。

引文注释分为页末注（脚注）、文末注（段落或篇后注）、文内注（行内夹注）及书后注。无论采用哪种类型注释，引用文字一定要注明出处，包括作者姓名、书刊名称、文献篇名、卷数、期数、页码、出版单位和时间等。如果是转引，一定要说明是“转引自”或“参见”，说明采用了别人的某理论观点或事实材料。具体有关引文注释和参考文献的著录格式第三章已有介绍，在此不再赘述。

2. 学位论文

学位论文是规范性的学术论文，体制规格上要求严格，符合学术论文的基本要求，但论文内容上主要反映高校本科生、硕士生、博士生经过几年的系统的专业学习，进行某方面研究的结果。学位论文包括学士学位论文、硕士学位论文、博士学位论文，这三种类型的学位论文在篇幅、内容、水平上的要求不同，但形式结构基本一致，包括：封面、题名页、摘要页、目录、论文主体部分（引言、正文、结论）、参考文献、附录（可根据需要）、索引（可根据需要）、后记（致谢）、作者简历（可根据需要）、其他、封底。论文封面、题名页、致谢、其他、封底不编页码，论文摘要、目录采用罗马数字编排页码，论文主体部分由第一页开始必须用阿拉伯数字连续编排页码。页码要置于页脚并居中。

（1）封面

应包括题名页的主要信息，如论文题目、作者信息等，其他信息可由学位授予单位自定。

（2）题名页

内容一般包括：① 学校代码；② 学号；③ 中图分类号（一般采用《中国图书馆分类法》第 5 版或《中国图书资料分类法》第 4 版）；④ 密级（密级划分为公开、内部、秘密、机密、绝密共五级，涉密论文需注明论文密级和保密年限）；⑤ 学校徽标；⑥ 学校名称；⑦ 论文题目；⑧ 院系（学校规范的）名称；⑨ 专业学位类别；⑩ 研究方向；⑪ 年级；⑫ 学生姓名；⑬ 指导教师姓名；⑭ 完成日期。

同等学力人员，必须在论文封面右上角注明“同等学力申请××学位”字样。论文书脊上印以下内容：××大学硕（学）士学位论文、论文题目、作者姓名。

（3）摘要页

包括中文摘要和英文摘要两部分。摘要是论文内容的总结概括，主要说明论文的研究目的、基本研究内容、研究方法、创新性成果及其理论与实际意义，要突出说明论文的创造性成果及新见解。摘要不宜使用公式、图表，不标注引用文献。在摘要的最下方另起一行，注明本文的关键词（3~5 个），关键词之间用分号隔开。关键词可从论文标题中提取，也可从全文中选取。

论文摘要及关键词要有中英文对照。英文摘要要另起一页，内容应与中文摘要对应（含关键词）。

（4）目录

目录是论文中主要内容的简表。

（5）论文主体部分

① 引言（前言、绪论）。学位论文的引言部分相对来说有着较为固定的内容与格式。这一部分主要包括以下内容：问题的提出；研究的目的与意义；相关领域的国内外研究动态；研究的内容；研究的思路与方法。

② 正文。正文部分是学位论文的核心部分，包括学习、研究和调查过程中所获得的材料，以及经过加工整理、分析研究而成的论点。论点、论据应力求准确、完备、清晰、通顺，做到实事求是、简短精练、合乎逻辑。

③ 结论。论文结论力求明确、精炼、完整、准确，主要阐述自己的研究成果在本领域的意义，要严格区分本人与前人、导师或其他人的研究成果，要十分慎重地使用“首次”“填补空白”等词语表述自己的研究成果。

（6）参考文献

须按文献引用出现的顺序列全，编排于文末或各章末。各类参考文献编排格式须符合国家标准《信息与文献　参考文献著录规则》（GB/T 7714—2015）。

（7）附录

附录部分是对正文主体必要的补充项目，但不是论文的必备部分。下列内容可以作为附录：① 正文内过于冗长的公式推导；② 方便他人阅读所需的辅助性数学工具或表格；③ 重复性数据和图表、论文使用的主要符号的意义和单位编写；④ 调查研究的研究工具，包括调查问卷、访谈提纲、观察表格等。

（8）索引

根据需要可以编排分类索引、关键词索引等。

（9）致谢

对提供帮助、指导或提供科研条件协助完成研究工作的单位或个人表示感谢。

（10）作者简历

包括教育经历、工作经历、攻读学位期间发表的论文和完成的工作等。

（11）其他

包括学位论文原创性声明等。

第二节 教育研究成果的撰写

教育研究报告和学术论文都属于教育研究成果的表述形式。一般来说，一个高质量的教育研究成果要求具有完备的理论构建，能够指导实践，具有创新性，切合实际、针对性强，研究方法科学规范，能合理解释研究结果，结构完整严谨，论证深刻有力，文字精练，简洁流畅，具有可读性。为了保证教育研究成果的质量，研究者要掌握教育研究成果撰写的基本步骤和基本要求。

一、教育研究成果撰写的基本步骤

一般来说，教育研究成果撰写的基本步骤如下：确定题目、收集资料、拟定提纲、撰写初稿、修改定稿。

（一）确定题目

题目是研究成果的表达方式，是集中体现研究成果创新性的标志。题目的范围不宜过于宽泛，题目往往需要突出一个主导价值、核心观点或关键措施。题目的用词要新颖，让该研究成果看起来具有创新性，以便引起研究者、读者或刊物编辑的兴趣和注意。题目要简短，准确，使人看了一目了然，马上就能明白该科研成果研究的内容。

（二）收集资料

题目确定之后，接下来就要围绕主题收集和选择相关材料。研究要用充分的事实材料说明问题，因而材料的选择要“严”。收集和选择材料的总原则是：去伪存真，去粗取精，由此及彼，由表及里，用最有说服力的材料来论证主题和表现主题。首先，收集的材料要具有典型性、代表性，能揭示事物本质，代表事物特征。其次，收集的材料要真实、准确、可靠无误，能如实反映事物的客观实际。最后，收集的材料要与研究的主题相称，做到材料、观点、主题的有机统一。此外，收集的材料还要注意详略得当，主次分明。

（三）拟定提纲

在正式写作前，一定要有明确的思路和写作提纲，急于动笔，常常会走弯路，并可能全部返工。在正式动笔前，研究者必须对通篇内容作一番精心设计。篇章结构，中心思想，内容表达层次，每一章节叙述什么内容，穿插哪些图、表、照片，都需做缜密考虑，并列出粗纲，然后修改补充为详细提纲。在草拟提纲的过程中，必须注意中心思想要明确，思路要清晰，观点与材料要做到有机统一，结构形式安排合理。材料要为主题服务。另外，还要考虑文章整体结构上的美。

（四）撰写初稿

提纲拟好之后，就可以着手撰写初稿了。在撰写初稿的时候尽可能地给自己创造一个安静的适合写作的环境，给自己设定好完成任务的时间期限，按照事先拟定的提纲，规划好完成每一部分任务所需时间，制订好每日写作计划。在写作的时候，最好在一个连续的时期内将初稿写完。比如写作一篇期刊论文，给自己半个月或一个月的时间，规定自己每天写作的字数或需要完成的部分。因为集中写作有利于及时捕捉内心闪现的灵感，将自己的想法及时记录表达出来。在撰写初稿的时候，不要拘泥细节，追求完美，这一阶段的主要目的就是将自己的想法完整地表达出来，但是在写作的时候一定要注意各部分内容之间的逻辑联系。

（五）修改定稿

初稿写完之后，我们已经花费了大量的时间和精力，整个大脑已经处于非常疲劳的状态，我们的思想可能也已经僵化了，思维囿于原构思的“圈子”。此时急着去修改初稿的话，可能有些错误我们不容易发现。我们可以将初稿搁置几天，再对其进行修改。

在修改定稿的时候，主要围绕以下方面进行。第一，控制篇幅，即控制研究成果的字数。篇幅与研究成果的形式有关，如果是研究报告（这一般是课题研究的成果形式之一），那么应参考该类课题的结题要求来修改其篇幅；如果是用于发表的期刊论文，那么应根据不同期刊对论文字数的要求来修改。第二，修正论点。要使自己的论点表述清晰准确。第三，调整结构。注意各部分之间的内在逻辑联系，从整体上来调整结构。第四，增删材料。将文章中冗长烦琐的材料删除，主要根据文章的逻辑关系来增删材料，能用一个字说清楚的绝不用两个字，能用一句话表述清楚的决不用两句话。第五，推敲语言。在撰写教育研究成果时，语言、文字是非常重要的基本功。在平常的学习中，要多积累一些专业概念和术语。第六，核对注释。核对引文注释是否完整、是否合乎规范。

二、教育研究成果撰写的基本要求

（一）论述过程及结论符合科学性

科学性是教育研究成果的生命所在。教育研究成果的撰写要以事实为依据，观点正确、材料可靠，在论述过程中，要求概念准确，数据处理方法与结果恰当、正确，推理合乎逻辑，不可无根据地臆断。论述逻辑严密，层次结构完整，结论的利弊和价值、实用性和可行性，都必须从事实出发。结论是科研的最终成果，也是论文和报告所必须阐明的内容。结论必须是科学、正确的，并经得起实践的检验。

（二）内容部分及结论具有创造性

创造性是衡量教育科研成果质量、水平高低的重要依据。前人没有提出过的理论、概念，教育教学新方案，新的实验方法，以及在实验和调查中第一次获得的新的数据等，都是创造性的研究成果。

（三）写作结构要遵循规范性

教育研究成果的表述虽无定法，但有常规可循。在撰写教育研究成果的时候，要按照一定的格式，不能忽视最基本的规范要求，结构应严谨规范，思路清晰，框架合理。写作之前要有明确的计划和提纲，要根据研究的结构特点和逻辑顺序、研究课题的任务和内容来考虑表达的形式和表述的方式。

（四）观点和材料要保持一致性

在教育研究成果的表述中怎样使自己的论点清晰有力地得到论证，这是应关注的核心问题。论点的证实除了必须依靠逻辑论证外，还要有具体材料的佐证，尊重事实，从事实中得出观点。在论述过程中，要保证观点和材料的一致性。这就要求研究者在选材时，要符合以下要求：第一，要紧紧围绕研究的主要问题选材，分清主次；第二，要选取典型的、具有广泛代表性和说服力的材料；第三，要选取真实准确、符合客观实际的材料；第四，要尽可能选取新颖生动、反映时代感的材料。

（五）要在独立思考的基础上借鉴吸收

任何一项教育研究都是在前人或他人研究基础上往前推进的。因此，在教育研究成果的撰写中，必须正确处理好借鉴、吸收他人研究成果与自己独立思考的关系。一方面，不能自恃高傲，故步自封，无视前人与他人的研究成果；另一方面，那种为介绍而介绍，对所引用的观点及文献只述不评或者任意发挥的做法是欠妥的。

（六）语言文字简练，表达要准确完整

教育研究成果的语言文字要准确、鲜明、生动。所谓准确，是指忠实客观地反映现实，切忌浮华夸张。既不可用日常生活用语代替科学术语，也不可生造词语以免造成理解上的歧义。所谓鲜明，是指无论是要点、要义还是要据，都要清楚明白。所谓生动，则要求语言要讲求文采，不要生硬地宣布真理。我们要在忠实准确的基础上讲文采，以最少的文字表述更多的内容。这些需要靠平时的写作训练来积累，在不断的写作中逐渐形成自己的写作风格。

第三节　教育研究成果表述的通行规范

对于各种研究报告或论文来说，既有相对独立的表述格式，又有相对统一的规范要求。理解与掌握通行规范，对于宏观把握教育研究成果的表述大有裨益。

一、标题

研究报告的题目应尽量做到确切、简练、醒目。一般来说，学术性强、理论价值较大的，准备发表于专业研究杂志或学报上的研究报告或论文，更强调标题要精确、严谨、逻辑性强。实践性较强的、准备发表于普及性报刊上的研究报告，则强调标题具体、明确、引人注目，能引起读者对报告的兴趣和注意。

二、署名

如果是个人的研究，署名就极为简单；如果是多个人的共同研究，就牵涉到署名的先后问题。一般而言，排名第一的作者拥有的权利较大，负有较大的责任和义务。为了减少纠纷，明确责任，需由研究所涉及的人员协商署名问题，通常我们会按照贡献大小来排名次。对研究负有主要责任的就是第一作者，主要责任的界定标准包括谁提出了研究设想、谁承担了主要工作、谁解决了关键问题。

三、摘要

摘要放在一篇文章的前面，主要用来说明文章的主要内容，如研究目的、方法、结果等。在实际写作过程中，一般是在全文写完之后再写摘要，字数一般在 200 字左右。摘要很重要，在阅读文献时，很多时候我们都是先看摘要再决定该文是否值得阅读。用心写好摘要，有助于提高文章的阅读率和引用率，而引用率是衡量一篇文章价值的重要指标。

四、关键词

关键词是表达文章主题概念的自然语言词汇，是对整篇文章内容提炼的结果，也是文章重要的检索标识。关键词一般选取标题或正文中能够反映文章主题内容的词、词组或专业术语，通常每篇文章选取 3~5 个关键词。

五、引言

引言的别称比较多，主要有前言、序言、导语、绪论等。不同类型的研究报告或论文的引言略有不同，但一般围绕以下问题展开：一是研究的问题；二是研究的目的与意义；三是研究的方法；四是研究的历史、现状及发展趋势。

引言的写法主要有交代式、提问式、出示观点式、阐述概念式四种。交代式是开头交代写作背景、缘由、目的、意义。提问式是开头提出问题，或在简要交代写作背景之后随即提出本文所要解决的问题。出示观点式即开宗明义，将本文的基本观点或主要内容揭示出来。阐述概念式即先阐释题目和文中出现的基本概念。

六、正文

正文，又称本论，是文章的主体。调查研究报告的正文部分着重叙述所调查问题的现状和实质，产生问题的原因及其发展规律；经验总结报告主要指出所总结的具体经验是什么，并对经验进行分析、归纳、提升，指出经验的意义。正文部分需要阐述、论证自己的观点。可以通过议论与推理、证明与反驳的方式来论证。另外，行文中要注意过渡与照应。

七、结论

结论是对全文的概括与总结，是对研究结果做出的推论。结论应尽可能不要简单重复文中的观点，应有新意，是对全文精髓的升华；有的时候可以做适当的推演，以“结论与随想”总结。在结论中，可以对课题进行展望，提出本课题研究工作中的遗留问题，或者是还需要进一步探讨的问题及可能的解决途径，等等。无论何种研究成果，下结论都要谨慎，注意研究成果的可靠性和使用范围，不可任意拔高或无限推广。

八、致谢

对指导、参与、帮助了研究工作的人员，对那些为研究工作提过有益建议或提供了便利条件的人员或机构，可以在文章的后面或前面用简短的文字表示感谢。

九、引文注释和参考文献

在引用他人的研究成果时，应在文中适当的地方注明出处，包括作者、篇名、书刊名、日期、卷（期）号、页数等，以方便读者查找相应的文献。至于具体的注释规范，第三章已介绍，在此不再赘述。

案例 1

江西省教育科学规划课题研究报告[①]

课题编号	20YB285
课题类别	一般课题
学科分类	教育学
课题名称	“课程思政”视角下师范生师德教育的现实样态与实践路径——以 Y 校初等教育学院为例
课题负责人	董芸
所在单位	宜春幼儿师范高等专科学校

内容提要

教师教育是教育事业的工作母机，是提升教育质量的动力源泉。国家重视教师教育的发展，2018 年先后颁布了《教师教育振兴行动计划（2018—2022 年）》（教师〔2018〕2 号）和《关于实施卓越教师培养计划 2.0 的意见》（教师〔2018〕13 号），都将“师德教育显著加强”作为其目标任务之一，并将“全面开展师德养成教育”作为重要举措。在此背景下，加强师范生师德教育就显得尤为迫切和重要，它既适应了国家教育事业发展的需要，又是提高师范生培养质量的必要之举。党的十八大以来，在习近平总书记关于高等教育重要指示精神和党中央、国务院相关文件推动下，课程思政成为学界的热点，相关的研究成果较为丰富。而基于课程思政视角研究师范生师德教育问题的成果较少。从理论上来看，课程思政和师范生师德教育有内在的逻辑关系，具体表现为：核心内涵一致；育人为本，价值追求相契合；以德为先，载体耦合；课程思政可为师范生师德教育提供理论支撑和实践指引。在此背景下，基于课程思政理念探讨师范生师德教育的现实样态和实践路径，有其内

① 本研究报告系编者主持的江西省教育科学“十三五”规划 2020 年度一般课题《“课程思政”视角下师范生师德教育的现实样态与实践路径——以 Y 校初等教育学院为例》，该课题已经结题。

在的必然性和现实的必要性。有鉴于此，本研究旨在通过调查研究，着重回答以下三个方面的问题：

（1）师范生师德教育的现状是什么样的，可以从哪些维度展开研究？

（2）师范生师德教育存在哪些问题？导致这些问题出现的原因是什么？

（3）针对师范生师德教育中存在的问题，其实践路径如何建构？

针对上述研究目的，本研究首先对师范生师德教育进行概念与结构界定。师范生师德教育可以从师德教育内容、师德教育途径、师德教育效果和师德教育评价四个维度进行界定。本研究采用定性和定量相结合的研究方法，以Y校初等教育学院小学教育、数学教育、语文教育专业2018级三年制的545名学生作为量化研究对象，针对不同性别、是否独生子女、专业、生源地、是否自愿报考所学专业想成为教师、是否对未来从事教师职业感到自豪的师范生，利用SPSS 20.0软件分析在师德教育现状间的差异；进而通过相关分析、回归分析等统计方法对师德教育效果、师德教育内容、师德教育途径、师德教育评价之间的关系进行分析。我们秉持质化研究的取向，遵循方便抽样原则，选择20位Y校初等教育学院小学教育、数学教育、语文教育专业2018级三年制的学生作为研究对象，通过结构式访谈收集数据，鉴于当时学生在外实习，采用的是线上访谈的方式，调查师范生师德教育中存在的问题和相关对策。

首先，本研究报告介绍选题背景与意义，对核心概念进行了界定；其次，对国内外有关课程思政和师范生师德教育的研究现状进行了梳理，以明确现有研究的贡献与不足，确定本研究的理论视角；再次，提出了研究问题及假设、研究的理论基础及研究框架、所采用的研究方法；最后，采用量化和质性相结合的方式分析师范生师德教育的现状、存在的问题及原因、实践路径，从而得出以下三方面的研究结论：

（1）Y校初等教育学院师范生师德教育总体状况良好，取得了一定成效。性别和是否独生子女这两个因素在师德教育现状上无显著差异。不同专业、生源地、是否自愿报考所学专业想成为教师、是否对未来从事教师职业感到自豪的师范生在师德教育现状上有显著差异。师德教育内容、师德教育途径、师德教育评价对师德教育效果具有显著影响，按其影响从大到小排序，为师德教育评价、师德教育内容和师德教育途径。

（2）基于“课程思政”视角，当前Y校初等教育学院师范生师德教育存在的问题主要表现为师德教育课程体系设置不完善、师德教育途径单一、师德教育效果不佳、师德教育评价不足。当前该院师范生师德教育存在上述问题的原因主要在于以下四方面：市场经济的负面影响、教师教育理念的落后、学生整体素质还有待提高和学校重视程度不够。

（3）基于“课程思政”视角，师范生师德教育的实践路径表现为六大方面：前提——更新教育理念；基础——重塑培养目标，“五育并举”；根本要求——完善师德教育课程，理论与实践并行；重要手段——改革教学方法，促成学生参与；关键——提高教师素养，发挥榜样示范引领作用；保障——完善师德教育评价机制。

本研究基于“课程思政”视角对师范生师德教育的现实样态与实践路径进行了初步探索，对该领域的研究有一定的启示意义和参考价值。研究中提出了一些可供教师参考借鉴的具有操作性的建议，可以为教师的教法改革提供一定的思维启发。但是本研究并未系统地去探讨如何在教师教育类课程中融入课程思政，这方面尚未形成具体的可供借鉴的完整的案例成果，这是今后研究中需要进一步加强的。

目　录

正　文

一、问题的提出

（一）选题背景与意义

教师教育是教育事业的工作母机，是提升教育质量的动力源泉。国家重视教师教育的发展，2018 年先后颁布了《教师教育振兴行动计划（2018—2022 年）》和

《关于实施卓越教师培养计划 2.0 的意见》，都将“师德教育显著加强”作为其目标任务之一，并将“全面开展师德养成教育”作为重要举措。在此背景下，加强师范生师德教育就显得尤为迫切和重要，它既适应了国家教育事业发展的需要，又是提高师范生培养质量的必要之举。

本课题研究的问题是 Y 校初等教育学院师范生师德教育的现状及存在的问题，研究以习近平教育思想、马克思主义关于人的全面发展学说、关怀理论等为理论基础，通过问卷调查法和访谈法来了解 Y 校初等教育学院师范生师德教育的现状及存在的问题，并提出具体的实践路径，以期改善该院师德教育现状，提高师范生师德教育的实效性，提高师范生培养质量，为基础教育输送一批合格的高素质教师队伍，也为教师教育领域中关于师德教育的研究提供一定的借鉴与参考，丰富相关的研究成果。

（二）核心概念的界定

1. 师范生

在本研究中，师范生指的是 Y 校初等教育学院注册在籍的师范专业的学生。

2. 师德教育

本研究中师德教育指的是师范生在接受师范教育的阶段，将教师职业道德的基本内容内化于心并外化为教师师德行为践行的过程，将社会的道德准则、教师职业道德范畴等内化为个体道德品质的社会实践活动。

二、文献综述

本课题主要涉及“课程思政”与师范生师德教育两个研究领域。“课程思政”是 2014 年上海市政府推进德育综合改革进程中提出来的一种工作理念，近年来一直都是高等教育中关注的热点问题。师德教育则始终是国内外学界关注的焦点问题，从已有研究成果来看，学者们似乎更关注教师的师德建设问题，对于师范生的师德教育问题的研究相对较少。而基于“课程思政”视角研究师范生师德教育问题的成果更是鲜有。因此，本课题首先对这两个领域的研究进展进行扼要的梳理和评估，在此基础上，提出本课题对已有研究的进一步深化和拓展之处。

（一）国内外“课程思政”研究综述

国内当前关于“课程思政”的研究主要集中在对其内涵、价值、与“思政课程”的关系、“课程思政”建设存在的问题、“课程思政”的建设路径这五方面，具体来说：

1. 关于“课程思政”内涵的研究

从已有的研究成果来看，学者们的观点基本达成一致，认为高校所有课程都要发挥思想政治教育作用，要求把思政元素融入每一门课程体系之中，所有课程的教

学应做到知识传授与价值引领的统一。[1-3]

2. 关于“课程思政”价值的研究

从目前的研究来看，对其价值的研究主要集中在高校思想政治教育和育人两方面。一方面，实施课程思政的重要价值在于坚持社会主义办学方向、体现立德树人的根本要求和确保育人工作贯穿教育教学全过程。[1]另一方面，高校实施“课程思政”建设的重要意义在于落实全国高校思想政治工作会议精神和落实全国教育大会精神。[4]

3. 关于“课程思政”与“思政课程”之间关系的研究

学者们普遍认为，当前实现“思政课程”向“课程思政”的转化是必然的，二者有着密切的联系，应协同共进，发挥育人合力。首先，实施“课程思政”，从传统的“思政课程”转向“课程思政”是必然的，是对传统思想政治教育在观念上的突破及方法上的创新等。[5]其次，“课程思政”与“思政课程”要同向同行，实现协同育人，构建“大思政”育人体系。[6]

4. 关于“课程思政”建设存在的问题的研究

已有的研究成果多是从教育理念、课程建设和课堂教学、师资队伍、体制机制这些方面展开论述的。其一，围绕着管理理念、改革措施、教学方法和体制机制四个方面指出“课程思政”面临的关键问题。[2]其二，分别从观念、体制和效果三个层面提出“课程思政”建设面临的困境。[7]其三，从教育理念和顶层设计、课程建设和课堂教学、思政教育主体建设及体制机制四个方面提出“课程思政”的现实困境。[8]其四，从教育理念、队伍建设、人才培养和管理体制四方面指出“课程思政”建设的关键问题。[4]

5. 关于“课程思政”的建设路径的研究

纵观已有研究成果，学者们大多从教师、教材、制度、课程等方面来探索“课程思政”的建设路径。其一，提出要坚持马克思主义理论的价值引领，要构建新的育人机制体制，要完善哲学社会科学的评价体系与评价标准，要处理好“课程思政”与“思政课程”的关系。[2]其二，从思政教育理念转换、大思政课程建设、教育共同体和课程开发四方面提出“课程思政”构建的策略。[5]其三，“课程思政”的生成路径：教师是关键，教材是重要依托，挖掘课程的思想政治教育资源是先决条件，制度是保障。[1]

（二）国内外师范生师德教育研究综述

国内当前关于师范生师德教育的研究主要集中在概念、重要性、存在问题与原因、对策研究方面，具体来说：

1. 关于师范生师德教育的概念的研究

多采用理论分析法，基于对教师职业道德概念的理解，进一步去剖析师范生师德教育的概念。在这一点上，学者们基本达成共识，一致认为师范生师德教育就是对师范生进行职前教师职业道德的培养和教育，师德教育是师范生师德内化的过程，就是把社会对教师的道德要求转化为师范生自身的道德品质的教育实践活动。[9,10]

2. 关于师范生师德教育的重要性的研究

这方面的研究多是围绕着对基础教育改革的作用、对学生人格的发展、对教师素质提高的作用等方面展开的。[11]

3. 关于师范生师德教育存在的问题及原因的研究

其一，存在的问题主要表现在师德教育的内容、途径、效果、评价方面的问题，原因主要有市场经济的负面影响、缺乏社会的关注、高校大规模扩招、缺乏监督和管理、师范生师德素养缺乏。[10]其二，问题主要表现在师范生教师职业情感教育内容缺乏、职业道德教育课程设置不完善、师资队伍建设不完善，原因主要有师德教育重视不够、教育体系不完善、社会环境消极因素及师范生自身因素。其三，问题主要有教育形式较为单一、部分高校教师职业失范、师范生师德践履能力不高，其原因主要是外界影响、师德培育理念缺失、高校教师师德失范的负面影响、部分师范生道德素质不高。[9]总之，师范生师德教育存在的问题多围绕着教育内容、形式、教师等方面展开，而其原因多涉及社会环境、学生自身因素、教师素质、教育本身等方面。

4. 关于师范生师德教育的对策的研究

其一，从社会、高校教育和师范生自身三个层面提出对策。[9]其二，提出要完善师德教育体系、加强校园文化建设、对师范生实习期间开展师德模拟考核。[11]其三，提出要整合高校师德培养环境、完善高校师德教育体系、促进师范生道德自律。[12]其四，提出要创新师德教育内容、开拓师德教育途径、注重师德教育实效、完善师德教育评价。[10]质言之，关于其对策研究，多是从师德培养环境、师德教育体系、师范生自身等方面展开的。

国外有代表性的国家都十分重视师范生师德修养水平，重视教师职业道德规范建设，特别是职前的师德培养。注意在各科教学中渗透、重视各种校内外实践活动，注重对教师的道德品质的考核。这些都是值得我们学习、借鉴的。

（三）本研究拟突破的主要方面

纵观已有研究成果，可以发现，对师德教育的研究基本上集中在师德教育的问题、内容、原因、对策、重要性和必要性的研究上，且对象多以教师为主，而对高校师范生的师德教育研究相对偏少。已有的关于师范生师德教育的研究多是理论与实证相结合，研究的结论上没有太大的新颖性，比较陈旧。从“课程思政”视角出发来研究师范生师德教育的成果非常少。

因而，本研究基于“课程思政”这一视角出发，运用问卷调查法、访谈法等来审视高校师德教育的现实样态，并构建其实践路径，以此实现研究视角和研究结果的创新。

三、研究问题及假设

（一）研究问题

本研究要探讨的问题如下：

（1）师范生师德教育的现状是什么样的，可以从哪些维度展开研究？

（2）师范生师德教育存在哪些问题？导致这些问题出现的原因是什么？

（3）针对师范生师德教育中存在的问题，其实践路径如何建构？

（二）研究假设

为解答上述问题，提出如下假设：

（1）对师范生师德教育现状的调查，可以从师范生师德教育认知、师德教育途径、师德教育效果、师德教育评价四个维度入手。

（2）师范生师德教育存在的问题主要表现在师德教育课程体系设置不完善、师德教育途径单一、师德教育效果不佳（师范生师德意识薄弱、职业情感淡薄）、师德教育评价不足。存在问题的原因有市场经济的负责影响、教师教育理念的落后、学生整体素质还有待提高和学校重视程度不够。

（3）针对师范生师德教育中存在的问题，可以建构以下六大路径，具体表现为前提——更新教育理念；基础——重塑培养目标，“五育并举”；根本要求——完善师德教育课程，理论与实践并行；重要手段——改革教学方法，促成学生参与；关键——提高教师素养，发挥榜样示范引领作用；保障——完善师德教育评价机制。

四、理论基础及研究框架

（一）理论基础

1. 习近平教育思想

习近平总书记在全国高校思想政治工作会议中强调要将思政工作贯穿教育教学全过程。习近平总书记在与北师大师生代表座谈时提到好老师的标准，将理想信念和道德情操摆在前面。习近平总书记在全国教育大会上指出，要努力构建德智体美劳全面培养的教育体系，全面建成社会主义现代化强国，对教师队伍建设提出新的更高要求。而这些最终都着眼于育人目标的实现，因而习近平教育思想是本研究的理论基础之一。

2. 马克思主义关于人的全面发展学说

马克思主义关于人的全面发展学说致力于实现人的自由、全面发展。“课程思政”在目标上突出育人价值，主张立德与求知相统一，二者在目标上是契合的，都致力于全面发展的人的培养。因而，马克思主义关于人的全面发展学说为本研究提供了理论基础。

3. 关怀教育理论

关怀教育理论主张教育的主要目的是培养有能力、关心人、爱人并且可爱的人。注重学生道德的培养，与“课程思政”视角下的师范生师德教育的理念相耦合。同时也体现了教师在教学过程中要为人师表，做好学生的榜样。所以，关怀教育理论为“课程思政”视角下师范生师德教育的实践路径提供了一定的对策和建议。

4. 价值澄清理论

所谓价值澄清模式，“是指使受教育者通过价值评价和选择的学习，获得最合适和清晰的个人价值观的一种道德教育模式”。它分为选择、珍视、行动三个阶段。该理论为本文提出的师德教育要理论与实践并行提供了理论支撑。

5. 体谅模式

体谅模式强调道德情感的培养。这为本文提出的师德教育要改革教学方法提供了理论基础。运用合作学习、案例教学、情境教学、角色扮演等方法来开展，以调动学生的主动性，促成学生参与，提升师范生的师德情感。

（二）研究框架

1　“课程思政”的理论概述

　1.1　“课程思政”的内涵及特征

　1.2　“课程思政”的本质

　1.3　“课程思政”的理论基础

2　师范生师德教育的内涵及理论基础

　2.1　师范生师德教育的内涵

　2.2　师范生师德教育的理论基础

3　“课程思政”与师范生师德教育的内在逻辑关系

　3.1　核心内涵一致：育人为本

　3.2　价值追求相契合：以德为先

　3.3　载体的耦合：课程

　3.4　“课程思政”可为师范生师德教育提供理论支撑和实践指引

4　“课程思政”视角下师范生师德教育的现实样态——以 Y 校初等教育学院为例

　4.1　“课程思政”视角下师范生师德教育的现状调查

　4.2　“课程思政”视角下师范生师德教育存在的问题

　4.3　“课程思政”视角下师范生师德教育存在问题的原因分析

5　“课程思政”视角下师范生师德教育的实践路径

　5.1　前提——更新教育理念

　5.2　基础——重塑培养目标，“五育并举”

5.3 根本要求——完善师德教育课程，理论与实践并行

5.4 重要手段——改革教学方法，促成学生参与

5.5 关键——提高教师素养，发挥榜样示范引领作用

5.6 保障——完善师德教育评价机制

五、研究方法

（一）文献研究法

本研究对于文献研究法的运用主要体现在两个方面：一是在已有研究成果的基础上，探寻将研究进一步深化和拓展的空间，避免重复研究；二是通过系统梳理学界关于“课程思政”和师范生师德教育的相关研究，对“课程思政”与师范生师德教育之间的内在逻辑关系做出理论凝练。据此，指出“课程思政”视角下师范生师德教育的必要性。

（二）问卷调查法

本研究运用了问卷调查法，主要目的是了解Y校初等教育学院师范生师德教育的现状及存在的问题，分析其问题存在的原因。本研究向Y校初等教育学院545名同学发放了调查问卷。

（三）访谈法

本研究将对Y校初等教育学院20名同学进行结构式访谈，深入了解当前Y校初等教育学院师范生师德教育的基本情况并获取他们关于师范生师德教育的一些想法或建议。

（四）逻辑分析法

运用逻辑思维分析相关概念、“课程思政”和师范生师德教育的内在逻辑关系、师范生师德教育存在问题的原因等。可以说，逻辑分析法贯穿本研究的始终。

（五）跨学科研究法

“课程思政”本就是思想政治教育专业的用语，以它作为研究视角来探讨教育学中的“师范生师德教育”问题，将两个不同学科的理论综合运用，这是一种跨学科研究。

六、研究内容

（一）“课程思政”视角下师范生师德教育现状调查及存在问题

1. 问卷设计

为了解师范生师德教育现状，运用《师范生师德教育现状调查问卷》进行调查，本问卷设计的理论依据为：参照傅维利老师主编的《教师职业道德教育指南》[13]一书，分析师德教育的构成要素，参考《师范生师德教育调查问卷》《师范

生师德教育问卷》[10]，将本问卷确定为师德教育内容、师德教育途径、师德教育效果和师德教育评价四个维度。参考已有的问卷中的相关项目，结合自己收集到的资料，将问卷确定为30个项目，获得由30个项目构成的5点量表（从“1. 非常不同意”到“5. 非常同意”）的预试问卷，其中反向题2个，师德教育内容维度11个，师德教育途径维度6个，师德教育效果维度8个，师德教育评价维度5个。针对Y校初等教育学院150名学生发放网络问卷，剔除无效问卷37份，有效问卷回收率为75.3%。运用SPSS 20.0软件对预试问卷进行项目分析，并运用主成分分析法进行探索性因素分析，结果发现：整个项目的克隆巴赫a系数为0.961，信度很高，但归属于师德教育评价维度的两个反向题校正的项总计相关性均为负值，故而需删除这两个题目。第11题在萃取共同因素的因素负荷量为0.458，小于0.500，考虑将其删除。Bartlett球形检验均达显著性检验水平（$p<0.001$），KMO（Kaiser-Meyer-Olkin）值为0.920，固定抽取因子个数为4个，发现有些题项所归属的维度与预先构想的有偏差。因而，将反向题29、30和11题这3题删除后，再次进行项目分析，整个项目的a系数为0.979，Bartlett球形检验均达显著性检验水平（$p<0.001$），KMO值为0.925。第13题归属于共同因素三（师德教育途径），与该题项所要测的东西不一致，因而将此题删除。最终得到包含26个项目的正式问卷。

首先，运用独立样本t检验求该量表极端值的临界比值，发现各题的决断值均达到了0.05显著水平，且t值均大于3.000，说明各个题目的鉴别度好。其次，分析各题项与总分的相关，各题目与总分的相关均在0.672~0.899之间，均达到了0.01水平上的显著相关，符合项目分析的标准。再次，对该量表进行信度检验，采用克隆巴赫a系数进行，得到a系数为0.980，说明该量表信度很高，可靠性很强，整体数据内部一致性很好，适合做进一步的探索性因素分析。最后，先利用KMO统计量对原有变量进行因素分析的适当性考察，得到Bartlett球形检验均达显著性检验水平（$p<0.001$），KMO值为0.923，极适合做因子分析。接下来进行因子分析，描述统计中相关矩阵勾选“再生”“行列式”“反映象”（所有题项的反映象相关值都大于0.5，适合做因素分析）、“KMO和Bartlett的球形度检验（K）”，采用主成分分析法，将抽取因子数量固定为4个，选择“最大方差法”进行旋转，抽取的4个因素能解释总变异的84.320%，说明保留的这四个因素是适切的，问卷的结构效度好。表1是成分矩阵，表中的数值表示的是各题项在共同公因子上的因素负荷量，体现了各题项的关联程度。据此，分析各因素所含题项的内容：第一因素涉及师范生师德教育内容，包含10个题项，其信度为0.972；第二因素涉及师范生师德教育效果，包含8个题项，其信度为0.975；第三因素涉及师范生师德教育的评价，包含3个题项，其信度为0.942；第四因素涉及师范生师德教育途径，包含5个题项，其信度为0.907。

表 1 成分矩阵

题项	成分			
	1	2	3	4
1. 您非常了解教师职业道德规范的内容	0.547	0.345	0.097	0.360
2. 您通过师德教育学习到教师要终身学习	0.816	0.297	0.167	0.168
3. 您通过师德教育学习到教师要关爱学生	0.901	0.245	0.175	0.138
4. 您通过师德教育学习到教师要为人师表	0.890	0.251	0.240	0.177
5. 您通过师德教育学习到教师要爱岗敬业	0.876	0.281	0.227	0.192
6. 您通过师德教育学习到教师要教书育人	0.877	0.270	0.244	0.181
7. 您认为未来教师应具有远大的职业理想和抱负	0.539	0.245	0.578	0.202
8. 您通过师德教育学习到教师也要自觉进行道德反思	0.774	0.389	0.276	0.213
9. 您认为学校有必要对师范生进行教师职业道德素养培养	0.804	0.319	0.285	0.230
10. 您认为学校应加强师范生职业道德素质教育	0.795	0.276	0.250	0.171
11. 您通过《教育学》《教育政策与法律法规》等教育理论类课程学习到相关师德内容	0.536	0.432	0.254	0.438
12. 您通过思政类课程学习到相关师德内容	0.261	0.395	0.363	0.582
13. 您通过师德专业课程学习到相关师德内容	0.383	0.587	0.157	0.509
14. 您通过相关讲座、教学视频、报告、会议、演讲等方式学习师德内容	0.210	0.280	0.137	0.851
15. 您喜欢通过相关讲座、教学视频、报告、会议、演讲等方式学习师德内容	0.166	0.271	0.235	0.811
16. 您通过师德教育提高了对师德的认知	0.424	0.548	0.256	0.440
17. 您通过师德教育提高了对教育事业的认知	0.475	0.602	0.363	0.331
18. 您通过师德教育更加热爱学生	0.414	0.741	0.271	0.326
19. 您通过师德教育更加热爱教育事业	0.353	0.788	0.264	0.264
20. 通过师德教育，您在教育压力日益剧增下还能够坚定践行师德行为的信心	0.337	0.766	0.253	0.319
21. 通过师德教育，您在功利主义、个人主义等诱惑面前仍坚守师德规范	0.357	0.768	0.335	0.266
22. 您在教育实习中能把师德教育的理论付诸实践	0.328	0.689	0.554	0.203
23. 在教育类课程实践的过程中，您能根据师德教育的理论践行师德行为	0.390	0.736	0.362	0.282
24. 学校教师的职业道德状况评价很好	0.271	0.417	0.800	0.144
25. 学校教师能够在课堂教学活动中表现良好的教师职业道德	0.312	0.393	0.810	0.165
26. 您认为学校教师在课堂教学中能够渗透思想品德教育，体现课程思政理念	0.270	0.198	0.776	0.386

提取方法：主成分。旋转法：具有 Kaiser 标准化的正交旋转法。旋转在 6 次迭代后收敛。

通过探索性因素分析（EFA），我们已经得知该问卷所包含的四个因素，为了探究问卷的因素结构模型是否与实际搜集的数据契合，指标变量是否可以有效作为因素构念的测量变量，我们需进行验证性因素分析（CFA）。运用 AMOS 24 采用 GLS 法（一般化最小平方法）对预试收回的 113 份数据进行一阶验证性因素分析。首先，利用 AMOS 软件左侧的绘图工具建构模型框架图；其次，采用 GLS 法对模型参数进行估计；再次，进行模型适配度检验；最后，根据 AMOS 提供的修正指标（MI）对模型进行修正，得到最终模型，根据整体模型适配度统计量对模型检验进行诠释。最终的模型适配指标如表 2 所示。从表 2 可以看出，该理论模型是可以接受的。因此，该问卷适合用于正式问卷的发放。

表 2　SEM 适配指标摘要表

适配度指标	参考标准	本模型指标值	模型适配判断
χ^2/df	<2	1.404	较佳
RMSEA	<0.08	0.06	合理
PGFI	>0.5	0.559	可接受
AIC	理论模型值小于独立模型与饱和模型值	545.13<711.193* 545.13<702.000	可接受
ECVI	理论模型值小于独立模型与饱和模型值	4.867<6.350 4.867<6.268	可接受

*为统计软件中输出结果，“<”前面的数字代表根据理论模型得到的数值，“<”后面的数字代表独立模型和饱和模型值。

2. 正式问卷数据的资料分析与统计

以最终形成的包括 26 个题项李克特五点量表进行发放，量表中题项选择项分别是“非常不同意”“不同意”“不确定”“同意”“非常同意”，从左到右分别记为 1 分、2 分、3 分、4 分、5 分，分值越高，代表此项得分越高。本研究以 Y 校初等教育学院小学教育、数学教育、语文教育专业 2018 级三年制的学生为调查对象，采用随机抽样法，通过问卷星向这些专业班级的同学发放问卷，最终收回问卷 555 份，综合考虑答题时间和总得分，剔除 10 份无效问卷，最终确定有效问卷为 545 份，有效问卷回收率约为 98.2%。将问卷数据直接通过问卷星下载 sav 格式的文件，运用 SPSS 20.0 软件进行统计分析。

（1）对正式问卷的信效度进行检验。

采用克隆巴赫 a 系数对问卷信度进行分析，结果显示：问卷总体信度为 0.979，师德教育内容维度信度为 0.956，师德教育效果维度信度为 0.972，师德教育评价维度信度为 0.928，师德教育途径维度信度为 0.914。由此可见，总量表和各分量表

（层面）的信度均在0.9以上，说明整个量表和各个层面非常理想。Bartlett球形检验均达显著性检验水平（$p<0.001$），总量表的KMO值为0.967，师德教育内容维度的KMO值为0.940，师德教育效果维度的KMO值为0.927，师德教育评价维度的KMO值为0.749，师德教育途径维度的KMO值为0.843，说明整个量表和各层面的结构效度都较良好。

（2）样本基本特征分析。

对样本的一些基本情况做简单的了解。样本的基本情况如表3所示。

表3　样本的基本情况

项目		频率	百分比/%
性别	男	61	11.2
	女	484	88.8
专业	小学教育	303	55.6
	语文教育	196	36
	数学教育	46	8.4
生源地	城市	113	20.7
	农村	432	79.3
是否独生子女	是	58	10.6
	否	487	89.4
是否自愿报考所学专业	是	515	94.5
	否	30	5.5
对未来从事教师职业感到自豪	是	516	94.7
	否	29	5.3

由表3中数据可以发现，本次调查主要以女生为主，这与该校作为师范学校的特点有关。从专业来看，小学教育专业占了一半，这与该学院2018级各专业班级有关，小学教育专业有10个班，语文教育专业有6个班，数学教育专业只有2个班。从生源地来看，79.3%的样本来自农村，89.4%的样本不是独生子女，94.5%的同学是自愿报考所学专业，94.7%的同学对未来从事教师职业感到自豪。

（3）师范生师德教育现状的描述统计分析。

对师范生师德教育现状进行统计，结果如表4所示。

表 4　师范生师德教育现状统计结果

	均值 M	标准差 SD
总分	118.92	13.073
师德教育内容	46.52	4.865
师德教育途径	22.44	3.060
师德教育效果	36.44	4.449
师德教育评价	13.51	1.807
您非常了解教师职业道德规范的内容	4.26	0.730
您通过师德教育学习到教师要终身学习	4.68	0.566
您通过师德教育学习到教师要关爱学生	4.72	0.546
您通过师德教育学习到教师要为人师表	4.74	0.520
您通过师德教育学习到教师要爱岗敬业	4.74	0.535
您通过师德教育学习到教师要教书育人	4.74	0.525
您认为未来教师应具有远大的职业理想和抱负	4.55	0.679
您通过师德教育学习到教师也要自觉进行道德反思	4.69	0.544
您认为学校有必要对师范生进行教师职业道德素养培养	4.70	0.534
您认为学校应加强师范生职业道德素质教育	4.70	0.538
您通过《教育学》《教育政策与法律法规》等教育理论类课程学习到相关师德内容	4.64	0.568
您通过思政类课程学习到相关师德内容	4.52	0.667
您通过师德专业课程学习到相关师德内容	4.57	0.660
您通过相关讲座、教学视频、报告、会议、演讲等方式学习师德内容	4.39	0.794
您喜欢通过相关讲座、教学视频、报告、会议、演讲等方式学习师德内容	4.32	0.828
您通过师德教育提高了对师德的认知	4.57	0.591
您通过师德教育提高了对教育事业的认知	4.57	0.596
您通过师德教育更加热爱学生	4.59	0.594
您通过师德教育更加热爱教育事业	4.58	0.631
通过师德教育，您在教育压力日益剧增下还能够坚定践行师德行为的信心	4.50	0.645
通过师德教育，您在功利主义、个人主义等诱惑面前仍坚守师德规范	4.56	0.601
您在教育实习中能把师德教育的理论付诸实践	4.53	0.606
在教育类课程实践的过程中，您能根据师德教育的理论践行师德行为	4.55	0.605
学校教师的职业道德状况评价很好	4.43	0.675
学校教师能够在课堂教学活动中表现良好的教师职业道德	4.52	0.636
您认为学校教师在课堂教学中能够渗透思想品德教育，体现课程思政理念	4.55	0.620

注：表中数据为统计软件输出结果，因小数点四舍五入，其数值和前面表中数据有细微出入。

师德教育现状量表问卷共26个题项，满分130分。其中，师德教育内容，包含10个题项，满分为50分；师德教育效果，包含8个题项，满分为40分；师德教育评价，包含3个题项，满分为15分；师德教育途径，包含5个题项，满分为25分。如表4所示，师德教育现状总分均值为118.92，标准差为13.073，说明Y校初等教育学院师范生师德教育总体状况良好，取得了一定成效，但学生之间师德教育成效差距较大。进一步分析四个维度的均值和标准差可以发现，在师德教育内容、师德教育效果、师德教育途径三个维度上不同学生间差距较大，说明Y校初等教育学院开展的师范生师德教育在这些方面存在一定的问题。深入分析各题项可以发现，题项“您非常了解教师职业道德规范的内容”的均值最低，说明师范生对教师职业道德规范的内容知晓情况并不乐观，有些学生不是非常了解其内容。在师德教育途径中，题项“您通过《教育学》《教育政策与法律法规》等教育理论类课程学习到相关师德内容”均值在该维度中最高，而题项“您通过相关讲座、教学视频、报告、会议、演讲等方式学习师德内容”和“您喜欢通过相关讲座、教学视频、报告、会议、演讲等方式学习师德内容”均值在此维度中相对较低，且标准差较大，说明Y校初等教育学院师德教育途径相对较为单一。在师德评价中，3个题项的标准差均在0.62以上，在此量表中处于偏高的水平，说明学生对Y校初等教育学院师德评价差距较大，该院系师德评价存在一定的问题。

（4）平均数差异检验。

为检验人口学变量对师范生师德教育现状的影响，运用 t 检验和单因素方差分析进行平均数差异检验。限于篇幅，仅展示有显著差异的检验输出结果。

① 不同性别学生师德教育现状的差异分析。

根据后台结果，F 检验中 F 统计量为20.854，$p=0.000<0.05$，说明达到了0.05水平上的显著水平，男女两组的方差不相等。此时，t 检验看“假设方差不相等”中的数值，其中 t 值为 -1.148，$p=0.255>0.05$，未达到0.05水平上的显著，说明男女在师范生师德教育现状上无显著差异，即性别对师范生师德教育现状无影响。

② 不同专业学生师德教育现状的差异分析。

考虑到“专业”分组变量的水平数值有三个，分别是小学教育、语文教育、数学教育，需对其进行单因素方差分析。Levene统计量的 F 值等于8.430，p 值为0.000，小于0.05，在0.05水平上有显著差异，方差不同质。单因素方差分析结果显示“师德教育总分”的 F 值为5.217，$p=0.006<0.05$，说明不同专业师范生师德教育现状具有显著差异。为具体探明哪些专业之间有差异，采用Tamhane' T2检验法进行事后多重比较，结果如表5所示。可以看出，小学教育专业和语文教育专业学生在师德教育效果上有显著差异，语文教育专业学

生师德教育效果显著高于小学教育专业学生，这也直接导致了师德教育现状的差异。主要是因为该校语文教育专业学生平时学习态度更认真，学习投入也更多，取得的成绩也更好。

表 5　基于专业差异的师德教育现状的单因素方差分析

变量	专业	*M*	*SD*	*F*	*Sig*	Tamhane' T2 检验法
师德教育总分	小学教育	118.23	12.84	5.217	0.006	①>②*（$p<0.05$）
	语文教育	120.96	11.094			
	数学教育	114.76	19.679			
师德教育内容	小学教育	46.35	4.757	5.035	0.007	—
	语文教育	47.2	4.016			
	数学教育	44.8	7.693			
师德教育途径	小学教育	22.31	3.002	4.826	0.008	—
	语文教育	22.89	2.713			
	数学教育	21.46	4.34			
师德教育效果	小学教育	36.17	4.388	4.395	0.013	①>②*（$p<0.05$）
	语文教育	37.13	3.955			
	数学教育	35.35	6.198			
师德教育评价	小学教育	13.41	4.388	2.978	0.052	—
	语文教育	13.74	3.955			
	数学教育	13.15	6.198			

表中，*Sig* 表示显著性，即 *p* 值。

③ 不同生源地学生师德教育现状的差异分析。

由表 6 可以发现，城市和农村学生在师范生师德教育现状上有显著差异。进一步比较可以发现，城市学生在师德教育总分、内容、途径、效果和评价各维度的均值均大于农村学生，说明城市学生师德教育现状总体上要好于农村学生。从家庭经济条件来看，城市学生经济条件优于农村学生，而对于高职院校学生来讲，农村学生毕业后多半是去农村小学，待遇、条件等方面相对较差，在现实面前农村学生可能不容易对教师职业产生认同，这便会影响他们的学习投入，最终导致师德教育现状劣于城市学生。调研发现，小学教师的待遇会影响师范生的教师职业认同，最终影响师德教育效果。

表6 不同生源地师范生师德教育现状及各维度差异

	生源地	M	SD	显著性	
				t 值	p 值
师德教育总分	城市	121.86	9.915	3.250	0.001
	农村	118.15	13.686		
师德教育内容	城市	47.45	3.598	2.798	0.006
	农村	46.28	5.121		
师德教育途径	城市	23.12	2.488	3.029	0.003
	农村	22.27	3.172		
师德教育效果	城市	37.44	3.513	3.161	0.002
	农村	36.18	4.631		
师德教育评价	城市	13.85	1.416	2.686	0.008
	农村	13.42	1.887		

④ 是否独生子女学生师德教育现状的差异分析。

根据后台结果，F 检验中 F 统计量为 0.283，$p=0.595>0.05$，说明未达到 0.05 水平上的显著水平，两组的方差相等。此时，t 检验看“假设方差相等”中的数值，其中 t 值为 -0.353，$p=0.725>0.05$，未达到 0.05 水平上的显著，说明是否独生子女学生在师范生师德教育现状上无显著差异。

⑤ 是否自愿报考所学专业学生师德教育现状的差异分析。

由表 7 可以发现，是否自愿报考所学专业学生师德教育总分及各维度上有显著差异，自愿报考所学专业的学生在师德教育总分、内容、途径、效果和评价各维度的均值均大于非自愿报考的学生，说明自愿报考所学专业的学生师德教育现状优于非自愿报考的学生。自愿报考所学专业意味着学生对该专业认同及教师职业认同更高，有着内在的学习动机，在学习上投入会更多，会花费更多的时间去学习、领悟师德理论知识，师德教育现状便会更好。已有研究也表明教师职业认同与师范生的学习投入呈显著正相关。

表7 是否自愿报考所学专业师范生师德教育现状及各维度差异

	是否自愿报考	M	SD	显著性	
				t 值	p 值
师德教育总分	是	119.62	12.129	3.325	0.002
	否	106.8	20.919		
师德教育内容	是	46.77	4.485	2.914	0.007
	否	42.33	8.264		
师德教育途径	是	22.6	2.902	4.908	0.000
	否	19.83	4.348		

续表

	是否自愿报考	M	SD	显著性	
				t 值	p 值
师德教育效果	是	36.67	4.177	5.109	0.000
	否	32.5	6.709		
师德教育评价	是	13.59	1.716	2.969	0.006
	否	12.13	2.649		

⑥ 对未来从事教师职业感到自豪学生师德教育现状的差异分析。

由表 8 可以发现，对未来从事教师职业感到自豪的学生在师德教育总分、内容、途径、效果和评价各维度的均值均大于无自豪感的学生，说明对未来从事教师职业感到自豪的学生师德教育现状优于无自豪感的学生。对未来从事教师职业感到自豪表明学生对教师职业认同度高，越认同这个职业，学习兴趣、学习积极性会越高，学习投入便会越多，越能取得好的教育效果。

表 8 对未来从事教师职业感到自豪学生师德教育现状及各维度差异

	对教师职业的自豪感	M	SD	显著性	
				t 值	p 值
师德教育总分	是	119.68	12.016	3.529	0.001
	否	105.41	21.575		
师德教育内容	是	46.77	4.497	2.963	0.006
	否	42.21	8.217		
师德教育途径	是	22.61	2.871	3.536	0.001
	否	19.55	4.603		
师德教育效果	是	36.69	4.105	3.441	0.002
	否	32	7.28		
师德教育评价	是	13.61	1.676	3.682	0.001
	否	11.66	2.832		

（5）相关分析。

为了后面回归分析的开展，我们需先进行相关分析。因此，先将各人口学变量依次与师德教育现状总分进行相关分析。分析后台数据发现，六个人口学变量与师德教育现状总分均不存在显著正相关，限于篇幅，在此不具体展示它们的相关性分析输出结果。为了进一步探究师德教育效果与师德教育内容、师德教育途径、师德教育评价是否存在相关，将它们进行相关分析，结果如表 9 所示。由表中数据可以发现，师德教育效果与师德教育内容、师德教育途径、师德教育评价均在 0.01 水平上呈显著正相关，相关系数分别为 0.810、0.829、0.863，均呈现较高度的相关。

而师德教育内容与师德教育途径、师德教育评价均在0.01水平上呈显著正相关，相关系数分别为0.722、0.741，呈现中度相关。师德教育途径和师德教育评价在0.01水平上呈显著正相关，相关系数为0.794，呈现中度相关。

表9 相关性

		师德教育效果	师德教育内容	师德教育途径	师德教育评价
师德教育效果	Pearson 相关性	1	0.810**	0.829**	0.863**
	显著性（双侧）		0.000	0.000	0.000
	N	545	545	545	545
师德教育内容	Pearson 相关性	0.810**	1	0.722**	0.741**
	显著性（双侧）	0.000		0.000	0.000
	N	545	545	545	545
师德教育途径	Pearson 相关性	0.829**	0.722**	1	0.794**
	显著性（双侧）	0.000	0.000		0.000
	N	545	545	545	545
师德教育评价	Pearson 相关性	0.863**	0.741**	0.794**	1
	显著性（双侧）	0.000	0.000	0.000	
	N	545	545	545	545

**. 在0.01水平（双侧）上显著相关。

（6）回归分析。

回归分析是统计学中常用的一种数据统计分析方法，它指的是确定两种或两种以上变量间相互依赖的定量关系的一种统计分析方法。回归分析时，变量间最佳的关系是预测变量（自变量）间的相关呈现中低度相关，而各预测变量与效标变量（因变量）间的相关呈现高度相关。根据前面相关分析的结果，师德教育效果与师德教育内容、师德教育途径和师德教育评价适合做回归分析，此处涉及三个自变量，所以我们做的是多元线性回归分析（复回归分析），选取变量的方法则采用强迫进入变量法（enter），将所有变量有顺序地进入回归方程式，以解释所有自变量对因变量的整体预测力。具体结果如表10所示。根据表10可以发现，师德教育内容、师德教育途径、师德教育评价三个自变量与师德教育效果效标变量的多元相关系数为0.914，多元相关系数的平方为0.836，表示三个自变量共可解释师德教育效果变量83.6%的变异量。方差分析中变量显著性检验的$F=917.734$，达到显著水平，表示至少有一个预测变量会达到显著水平。具体地，三个自变量的标准化回归系数分别为0.294、0.284、0.420，均为正数，表示三个自变量对师德教育效果效标变量的影响均为正向的。且t值分别为10.704、9.353、13.429，说明三个自变量均对师德教育效果效标变量有显著影响。从标准化回归系数来看，三个显著回归系数的自变量中，师德教育评价的 β 系数绝对值最大，表明其对师德教育效果的解释力最高，其对师德教育效果影响最大。其次是师德教育内容，说明其对师德教育效果的影响较大。对师德教育效果影响最小的是师德教育途径。三个自变量的容忍度值均不接近0，*VIF* 值均未大于10，说明进入回归方程式的自变量间的多元共线性问题不明显。

表10　师德教育内容、师德教育途径、师德教育评价对师德教育效果的复回归分析摘要表

预测变量	*B*	标准误差	标准系数（β）	*t* 值	容差	*VIF*
截距	0.721	0.747		0.964		
师德教育内容	0.269	0.025	0.294	10.704*	0.403	2.481
师德教育途径	0.413	0.044	0.284	9.353*	0.330	3.032
师德教育评价	1.034	0.077	0.420	13.429*	0.310	3.223
$R=0.914$，$R^2=0.836$，调整 $R^2=0.835$，$F=917.734^{***}$						

$^{*}p<0.001$。

3. 访谈资料的收集、整理与分析

在研究过程中采用结构式访谈，事先准备好访谈提纲，选取2018级小学教育、数学教育、语文教育专业共20名学生作为访谈对象，因被访者均在外实习，故采用语音通话的方式进行访谈，访谈的过程中边访谈边用电脑记录，得到1.4万字左右的访谈资料。将访谈资料整理好后，借助Nvivo 12 plus软件进行编码和分析。首先，将20个被访者的访谈资料分别导入软件中，形成材料集，再对其进行编码。通过整理节点，构建出6个树状节点和15个子节点（具体节点层次及材料信息见表11）。

表11　节点层次及材料信息

树状节点	子节点	材料来源	参考点数	参考点举例
对有偿家教的看法	不赞同，违背师德	3	3	抵制有偿家教
	赞同	8	8	如果只是在乡村当老师，老师的待遇比较低，空余时间非常多，在把自己本该做的事情做好之后，可以利用空余时间去做家教
	中立	1	1	老师的工资不够养家糊口，社会风气会让老师有这种想法，因别人都在做。有偿家教是违反教师职业道德规范、法律的，但是现实中当地教育局并没有监管到位，有偿家教还是存在。我持中立态度，既不赞成也不反对

续表

树状节点	子节点	材料来源	参考点数	参考点举例
对教师收礼的看法	不赞同，教师要廉洁从教，否则违背师德	7	7	不可以收礼，教师要廉洁从教，爱岗敬业
	赞同	1	1	老师可以收礼，但不能当着学生的面收
师德教育形式	课堂教学	20	20	在“教育学”“小学语文教学法”“教育法律法规”课程中会涉及师德的内容
	实习学校习得	9	9	实习的时候校长经常给我们开会，教导我们不能体罚、虐待学生，要尽最大可能去教导学生，提高学生的成绩。而且还会让我们去学习关于师德教育方面的一些信息、上级的指示和教育要求，以及如何做一名合格的教师
	新闻、网络	5	5	自己看一些节目，比如有时候了解到大学生到边远不发达地区支教
	教师的行为示范	3	3	在校学习期间，大学老师都乐意解答我们提出的问题。老师的这些行为会感染我
课程思政	思政课上师德教育	18	18	思政课会涉及一些，比如“四有好老师”。这些内容是以教师讲授、讨论、练习法来讲的
	专业课上渗透师德教育	20	20	专业课会渗透师德教育，比如，在“教育学”“教育法律法规”“小学生心理健康教育”课程中会涉及
师德教育评价	无	12	12	在学校接受师德教育后，没有受到这方面的评价
	有，实习学校评价	8	8	实习期间有来自家长的评价，也有来自指导教师、听课老师的评价
教育实习增进对教育事业的热爱	有	15	15	有增进。当看到小学生很强的求知欲，努力刻苦学习，就想教好他们
	无	5	5	没有。因为我接触到了一些有问题（行为、智力等方面）的学生，让我对教育事业不看好

从“对有偿家教的看法”和“对教师收礼的看法”这两个节点的编码结果可以侧面反映出该院师范生师德教育存在一定的问题，对于这两个问题的回答能直接将其与教师职业道德规范联系起来的不到一半，大部分被访者都是基于个人的感性经验来看待这两个问题，不能运用所学的师德理论，某种程度上说明了该院师范生师德教育效果不是很理想。就“师德教育形式”这个节点来说，所有的被访者对于学校开展师德教育的形式都共同地提到了课堂教学这一形式，除此之外，3个被访者提到了教师的行为示范，其余的形式均与学校无关，暴露出了该院师范生师德教育

途径单一。就“课程思政”这一节点来说，从编码结果可以看出，该院在思政课上进行师德教育开展得比较好，但是在专业课上的师德教育则相对弱一些，从被访者的回答来看，提到最多的课程就是“教育学”“教育法律法规”等课程，这也从侧面反映了该院其他专业课程并没有很好地落实课程思政。就“师德教育评价”这一节点来说，编码结果显示被访者在校期间均没有接受过他人对自己师德的评价，部分被访者在实习学校有接受过实习学校老师或家长的评价，说明该院在师德教育评价方面有待改进。就“教育实习增进对教育事业的热爱”这一节点来说，一半以上的被访者提到能增进热爱，说明教育实习有利于增进学生对教师这一职业的认知，对于培养学生的职业认同感具有积极的作用。

综上所述，我们认为基于“课程思政”视角，当前Y校初等教育学院师范生师德教育存在的问题主要表现为师德教育课程体系设置不完善、师德教育途径单一、师德教育效果不佳、师德教育评价不足。

（二）“课程思政”视角下师范生师德教育存在问题的原因分析

总的来说，当前该院师范生师德教育存在上述问题的原因主要在于以下四方面：市场经济的负面影响、教师教育理念的落后、学生整体素质有待提高和学校重视程度不够。

首先，市场经济的功利性，容易使人追求享乐主义；市场经济过分强调金钱价值，容易诱发拜金主义；市场经济追求利益最大化，容易诱发利己主义。市场经济的这些负面影响会使得学生越来越没有奉献精神，对教师这个职业缺乏内在的情感。能选择教师作为自己今后职业的学生，也是基于多种利益的综合考量，追求自身利益的最大化，如对女同学来讲，因为小学教师工作稳定、有寒暑假，所以才选择这个职业。

其次，理念是行动的先导，教师要想真正地去开展师范生师德教育，就得先树立起师德教育的理念，心中常怀师德教育的想法。现实情况是，部分教师上课抱着完成任务的心态，不会主动去学习一些新的思想、新的知识，师德教育理念落后。从上述师范生对“专业课上渗透师德教育”的回答，提到的课程都是教育学类的课程，可以看出这一点。教师教育理念的落后，主要表现在一些教师不能树立起“课程思政”的理念，有些教师可能会认为师范生师德教育是思政教师和教育学教师的责任，与自己无关，在平时的课堂教学中不注重师德教育的渗透。

再次，针对前面提到的师范生师德教育中存在的问题，该院师范生自身的素质也是影响因素之一。一方面，该院部分学生文化基础知识掌握得不是很牢固，学习的积极性、主动性较差，平日的学习抱着通过课程考试的心态，也不会花时间去了解师德知识背后所隐藏的深刻内涵，有时候学生可能知道有这样的师德教育，但在具体实践中又不清楚什么该做什么不该做，造成知行脱节。另一方面，有些学生自身的道德素质不是很高。师范生自身的道德素质是师范生最终师德形成的基础。当前社会上的一些不良风气，如理想信念缺失、社会公德意识薄弱、享乐主义思想等在该院师范生中同样存在，师范生们不注重自己道德素质的培养，必然会影响他们最终师德的形成。

最后，学校对师范生师德教育重视程度不够。一方面，学校并未设置专门的师德教育课程，主要依托于教育学类课程对师范生进行师德教育。另一方面，缺乏对师德教育教师队伍的建设，应该加强对思政教师和教育学教师专业水平和道德水平的建设。

（三）“课程思政”视角下师范生师德教育的实践路径

1. 前提——更新教育理念

“课程思政”是为落实“立德树人”这一教育根本任务升华而成的课程理念，其凸显了课程建构精神的育人内涵，强调各类课程要与思政课程相互配合、同向同行、形成协同效应，各门课程都应将思政元素有机融合进去，要发挥所有课程隐性育人的作用。这一理念视角给师范生师德教育的启示之一就是教师要更新教育理念，这是开展师范生师德教育的前提条件。各科教师都要心怀“课程思政”理念，积极主动地将一些思政元素，特别是一些时事、教育新闻等灵活、巧妙地融入课程教学中，对师范生进行恰当的师德教育，发挥各类课程在师范生师德教育中的作用。毕竟师范生师德教育不只是某门课程教师的责任，学校所有的教师都应肩负起这个重任。特别是要将教师职业道德规范和习近平总书记关于“四有好老师”“四个引路人”“四个相统一”等论述的精神有机融入各类课程中去。

2. 基础——重塑培养目标，“五育并举”

2018 年全国教育大会指出，教育是国之大计、党之大计，学校必须以全面发展的人为核心，落实德智体美劳全面发展的教育方针，形成“五育并举”的教育格局。其中，首要的就是要加强德育，Y 校作为基础教育教师培养摇篮的师范院校，更应注重对师范生的德育，特别是师德方面的教育，将学生培养成为未来的优秀教师。针对上文中所提到的目前 Y 校对师范生师德教育的重视程度不够，这就要求 Y 校在价值目标上应坚持德智体美劳全面发展，落实“五育并举”的教育，这是开展师范生师德教育的基础。Y 校应注重师范生的师德教育，将师范生的师德教育放在首要的位置，真正落实立德树人根本任务。

3. 根本要求——完善师德教育课程，理论与实践并行

针对当前该院师范生师德教育途径单一，主要是由教育类和思政类课程进行师德教育的现象，学校应完善师德教育课程，坚持理论与实践并行，这是实施师范生师德教育的根本要求。除传统的“教育学”“心理学”“学科教学法”等课程外，还应增设“教师职业道德”“教育伦理学”“师德修养类”课程，注意在思政课中

融入师德教育内容，提高师范生师德认知水平。同时，注意理论课的学时分配。除增设理论课之外，也要加强实践活动，将师德教育融入各类活动之中。其一，自师范生入校到毕业期间，要全过程、分阶段、分重点组织学生学习中小学教师职业道德规范、制度、守则，习近平总书记的教师观及教师行为“不准”“禁令”等，可以座谈会、个人心得总结、讨论等活动方式进行，以增强学生对师德的认同，增进教师职业情感，强化师德意识，践行师德行为。其二，可以一些社团活动（比如可以创办一个教育类的社团或协会，定期举办相关活动，增强师范生对教师职业的认同）、辩论会、学术讲座和报告、见习、实习等为载体，有机融入师德方面的内容，提高师范生的师德认知和认同，增强师德行为外化。其三，可以聘请本校或扎根于小学一线的师德模范到学校开展讲座，这样的模范是学生身边的人，让他们现身说法，以他们的感人事迹去感染师范生，容易引起师范生的共鸣，激发起师范生对教育事业的热爱，增强他们对教师职业的认同，强化自身的师德修养。其四，在专业实习中，学校应重视师范生的师德表现，与实习学校一起对实习师范生的师德表现做出合理的评价。

4. 重要手段——改革教学方法，促成学生参与

以往的师德教育途径过于单一，偏向理论说教，学生比较反感，教育效果差。在新媒体时代，师德教育要尊重新时期师范生的一些特点，考虑他们的现实需要，借助一些移动教学平台，创建相关的课程资源，将教师职业道德规范、相关法律、规定、禁令、师德模范的感人事迹及与其相关的视频资料或者一些省份关于师德建设的举措、新闻等以学习材料的形式发布在一些移动教学平台中，作为学生课前自学的资料。在具体教学实践过程中，可运用合作学习、案例教学、情境教学、角色扮演等方法来开展，以调动学生的主动性，促成学生参与，让学生在师德教育过程中获得快乐的体验，增强师范生对教师职业的认同，增强师范生对教师职业的情感，深化对师德知识的理解，形成对师德的内化，为师德行为的外化奠定良好的基础，以便提高师范生师德教育效果。

5. 关键——提高教师素养，发挥榜样示范引领作用

教师职业具有示范性，教师素养在师范生师德教育中是一个关键因素。这就要求教师要加强自律，提高自身的师德修养。其一，教师要加强业务学习，积极主动地去学习最新的师德知识、课程思政的内容、习近平总书记关于教育论述的精神、教师行为方面的“禁令”“红七条”等，提高自己的师德认识，陶冶师德情操，培养高度的社会责任感和强烈的事业心，增强对教育事业的热爱，强化职业道德信念，做到“经师”与“人师”同求。其二，教师要在教育教学实践中，主动将思政元素融入教学中去，落实“课程思政”理念，保证教学的科学性和思想性，完善各方面教育技能，提升育人能力，真正达到学高为师，身正为范。其三，教师要严格要求

自己，注意自己的言行举止，谨言慎行，关心爱护学生，坚持做到言传与身教统一，用自己高尚的师德去感染和影响学生，用自己的人格魅力去感化学生，发挥好榜样示范引领作用。

6. 保障——完善师德教育评价机制

健全的师德教育评价机制是开展师范生师德教育的有力保障，完善师德教育评价机制需从师德评价内容、师德评价标准和师德评价方法入手。

其一，就师德评价内容来说，其基本内容是《中小学教师职业道德规范》中的爱国守法、爱岗敬业、关爱学生、教书育人、为人师表和终身学习。对师范生师德进行评价时，在这些基本内容的前提下，我们需要注意到师德的内容也包含了知、情、意、行这四个要素。师德认知需要靠学习去掌握，师德情感则需要一定的亲身体验才能养成，师德意志则需要社会大环境考验才能形成，师德行为则需要在真实的教学活动中去表现。因而，师范生师德评价的内容，我们不应该仅仅只对其师德知识掌握的多少进行评价，还需关注其对教师职业的情感，在实习中表现出来的师德意志和师德行为等。

其二，就师德评价标准来说，应该更侧重师范生的育人能力。过去我们在师德评价标准上更关注的是教书的能力，但我们认为教书是老师的天职，而育人能力才是广大师范生应该追求的，应该让这种能力成为师范生的特色，成为与非师范生相比的优势点。当今社会优秀人才比比皆是，但拥有真善美精神的人却很少。因此，我们在制定师德评价标准的时候要遵循师范生的身心发展特点和学校实际情况，实事求是，标准不可定得过高、过大、过空。

其三，就师德评价方法来说，从评价主体来看，可以采用教师评价、学生自评和实习学校评价三者相结合。学生自评的过程也是个体进行师德反思，对师德内容深刻理解和体悟的过程。同时，实习本身也是师范生在校学习阶段的重要一环，在实习的过程中，师范生对师德内容会有更深刻的理解，在理论和实践的交融中，更利于他们强化师德认识，增强师德意志，践行师德行为，真正地去培养自己的师德，所以我们认为实习学校对师范生的评价也应该是重要的一方面。就评价方式来看，可以采用定性评价和定量评价相结合。过去的评价可能更多是通过成绩的高低或学生有没有受过奖励、处分来评价的，这种方式也只能对师范生的师德认知情况做出评价，并不能评价其他方面。所以，我们可以采用定性评价，比如结合发生在师范生身上的一些典型事迹或实习期间的经历、叙事等来对其进行评价，便能获得师范生师德情况的全貌。

七、研究结论

综上所述，Y 校初等教育学院师范生师德教育总体状况良好，取得了一定成效。

性别和是否独生子女在师德教育现状上无显著差异。不同专业、生源地、是否自愿报考所学专业想成为教师、是否对未来从事教师职业感到自豪的师范生对师德教育现状有显著影响。师德教育内容、师德教育途径、师德教育评价对师德教育效果具有显著影响，按其影响的大小排序，依次为师德教育评价、师德教育内容和师德教育途径。

基于“课程思政”视角，当前Y校初等教育学院师范生师德教育存在的问题主要表现为师德教育课程体系设置不完善、师德教育途径单一、师德教育效果不佳、师德教育评价不足。当前该院师范生师德教育存在上述问题的原因主要在于以下四方面：市场经济的负面影响、教师教育理念的落后、学生整体素质有待提高和学校重视程度不够。

基于“课程思政”视角，师范生师德教育的实践路径表现为六大方面：前提——更新教育理念；基础——重塑培养目标，“五育并举”；根本要求——完善师德教育课程，理论与实践并行；重要手段——改革教学方法，促成学生参与；关键——提高教师素养，发挥榜样示范引领作用；保障——完善师德教育评价机制。

八、建议

在本课题中，我们基于“课程思政”视角，揭示了Y校师范生师德教育的现实样态和实践路径，基本完成了研究计划中的研究内容，其中，“课程思政”视角下师范生师德教育的实践路径研究有待进一步深化，可以结合自己日常课程教学实际，在教学设计、教法方面提出一些比较具体的可操作的案例。

课程思政是个理论性非常强的话题，以自己现有的知识水平，要写出具有一定理论深度的文章是比较困难的。另外，相关研究成果未突出高职师范生的特殊性、该校的特殊性。未来研究我们应从小视角切入，结合学校的特点，突出高职师范生的特殊性，这样的成果可能会更有借鉴意义。

参考文献：

[1] 邱伟光. 课程思政的价值意蕴与生成路径 [J]. 思想理论教育，2017（7）：10-14.

[2] 高燕. 课程思政建设的关键问题与解决路径 [J]. 中国高等教育，2017（C3）：11-14.

[3] 高德毅，宗爱东. 从思政课程到课程思政：从战略高度构建高校思想政治教育课程体系 [J]. 中国高等教育，2017（1）：43-46.

[4] 彭琳. 高校“课程思政”建设的关键问题与措施 [J]. 山东广播电视大学学报，2019（3）：34-36.

[5] 何红娟. “思政课程”到“课程思政”发展的内在逻辑及建构策略 [J].

思想政治教育研究，2017，33（5）：60-64.

［6］吕宁. 高校“思政课程”与“课程思政”协同育人的思路探析［J］. 大学教育，2018（1）：122-124.

［7］何丽萍，陈丽娇. 协同育人视域下“课程思政”建设的思考［J］. 高教论坛，2019（4）：60-62.

［8］刘印房. 基于协同学的“思政课程”向“课程思政”的转变路径［J］. 高教论坛，2019（4）：13-16.

［9］余华. 高校师范生教师职业道德培育研究［D］. 成都：四川师范大学，2018.

［10］周小雪. 地方高校师范生师德教育中存在的问题及对策研究：以重庆市为例［D］. 重庆：重庆师范大学，2017.

［11］汪敏，姜建忠. 立德树人背景下高校师范生的师德养成［J］. 思想理论教育导刊，2014（11）：140-143.

［12］何广明，戴花. 高校师范生的师德培养问题探析［J］. 湖北函授大学学报，2014，27（19）：24-25.

［13］林雪. 高师院校本科师范生师德教育的研究［D］. 大连：辽宁师范大学，2011.

【信息窗】

叙事研究法

叙事研究法是教育研究主体（教师）以故事的形式描述与分析有意义的校园生活、教育教学事件、教育教学实践，发掘或揭示内隐于这些生活、事件、经验和行为背后的教育思想、教育理论和教育信念，从而发现教育的本质、规律和价值意义的研究方法。

1. 叙事研究的类型

（1）教学叙事。

教学叙事是教师对课堂教学生活发生的教学事件的叙述。教学叙事需要有鲜明的主题或引人入胜的问题，有解决问题的情境性、冲突性、过程性的描述，有解决问题的技巧和方法，有解决问题过程中及过程后的反思，有获得的经验和教训。

（2）生活叙事。

生活叙事是教师本人对课堂教学生活之外的生活实践的叙述，涉及教师的管理工作和班级管理工作，如德育叙事、管理叙事等。

（3）自传叙事。

自传叙事是指教师通过对个人成长的某一方面的梳理，去发现这一阶段对教师教育生活的重要性，或梳理某一时间段教师对个人教育的观念性转折，并经由自我反思、自我评价而获得某种自我意识。

2. 叙事研究法的基本步骤

（1）找到一个有意义的研究问题。

（2）根据研究问题的需要选择合适的研究对象。

（3）从研究对象那里搜集“故事”，形成叙事文本。

（4）整理和分析搜集的资料。

（5）撰写教育叙事研究报告，评估其效度。①

【实践与体验】

有位小学数学教师写了篇关于“小学数学项目化学习”的文章，想将论文发表出去。如果你是他，该如何投稿呢？

---

① 中公教育教师资格考试研究院．教育教学知识与能力·小学［M］．北京：世界图书出版公司北京公司，2012：126-127.

附 录

2023年江西省基础教育研究课题指南

本课题指南是基于新时代江西省基础教育课程与教学改革的形势与任务，以及基础教育各学段、学科教育教学的重难点问题而提出的研究领域。其中仅有少数题目适合直接用作具体的研究课题名称，绝大多数题目需要细化、分解、校本化处理。为此，各地、各校、各单位的申报人员在拟订申报课题时，可以参考但不拘泥于这些题目，应从自己所处的地域、学段、学科等工作实际出发，基于自身教学、教研中发现的真实问题、重难点问题，选定科学性、针对性、创新性、可操作性都比较强，且在一定范围内具有普适性、具备推广应用价值的具体研究课题，力戒科学性差、脱离实际、大而无当、力不从心的研究选题。

1. 学前教育

（1）县域学前教育普及普惠督导评估机制的研究。

（2）县域学前教育普及普惠督导评估中教师队伍保障机制的研究。

（3）普惠性民办幼儿园健康发展的实践研究。

（4）幼儿园保育教育质量评估的实施研究。

（5）幼儿园园本课程的开发与实施研究。

（6）幼儿园生活化、游戏化课程的研究。

（7）幼儿园课程游戏化的实践与研究。

（8）幼儿园 STEAM 课程资源的开发与运用研究。

（9）农村学前教育发展的途径与方法研究。

（10）幼儿园农村资源开发与利用的研究。

（11）提高乡镇中心幼儿园保教质量路径的研究。

（12）农村留守幼儿心理健康教育的途径与方法研究。

（13）幼儿园教师专业发展的途径与方法研究。

（14）幼儿园初任教师、转岗教师专业成长研究。

（15）幼儿园自主游戏材料投放的研究。

（16）幼儿园区域活动的组织与实施研究。
（17）户外自主性游戏的实践与研究。
（18）支持幼儿自主游戏的环境创设研究。
（19）幼儿游戏中教师支持性策略的研究。
（20）幼儿游戏中教师观察、分析与评价的研究。
（21）自主游戏中教师支持幼儿深度学习的实践研究。
（22）幼儿园一日活动的实践与研究。
（23）幼儿园一日活动中幼儿良好的学习品质培养的研究。
（24）幼儿园一日活动中有效师幼互动策略的研究。
（25）幼儿园一日活动中幼儿深度学习的研究。
（26）幼儿情感情绪表现及教师回应策略的研究。
（27）幼儿语言教育与思维能力培养研究。
（28）幼儿社会性行为发展的特点与培养研究。
（29）幼儿数学思维能力培养研究。
（30）幼儿科学领域的学习与教学策略研究。
（31）幼儿想象力发展的支持性策略研究。
（32）幼儿审美能力与创造力的发展实践研究。
（33）信息技术与幼儿园领域教学融合的实践研究。
（34）运用信息技术优化幼儿园管理的研究。
（35）信息化背景下家园互动有效路径、方法的研究。
（36）幼儿园、家庭、社区资源整合与有效运用的研究。
（37）优化幼儿园班级管理策略的研究。
（38）幼儿园安全教育与安全管理的研究。
（39）区域联动提升教研质量的途径与方法研究。
（40）幼儿园园本教研质量提升的实践研究。
（41）提升区域学前教育教研质量的研究。
（42）优化幼儿园卫生保健工作的实践研究。
（43）多主体协同推进幼小衔接有序运行的实践研究。
（44）家园配合科学做好幼儿入学准备的实践研究。
（45）幼儿园、小学双向衔接联合教研的实践研究。
（46）构建多主体协同的幼小衔接支持系统的研究。

2. 小学语文

（1）小学语文阅读教学方法研究。
（2）小学语文习作教学方法研究。

（3）小学语文口语交际教学方法研究。

（4）小学语文识字、写字教学方法研究。

（5）小学语文综合性学习教学方法研究。

（6）小学语文学科学业评价方法研究。

（7）小学语文教师教学评价方法研究。

（8）小学语文教师专业化成长路径研究。

（9）统编小学语文教科书特点研究。

（10）小学语文课程资源开发、利用研究。

（11）小学语文关于“语言文字积累与梳理”学习任务群的教学实践研究。

（12）小学语文关于“实用性阅读与交流”学习任务群的教学实践研究。

（13）小学语文关于“文学阅读与创意表达”学习任务群的教学实践研究。

（14）小学语文关于“思辨性阅读与表达”学习任务群的教学实践研究。

（15）小学语文关于“整本书阅读”学习任务群的教学实践研究。

（16）小学语文关于“跨学科学习”学习任务群的教学实践研究。

（17）开展小学语文校本教研的策略研究。

（18）小学语文教学中建构良好师生关系的研究。

（19）现代信息化教育与小学语文教学融合的研究。

（20）小学语文学科和生活融合的教育实践与探索。

（21）小学语文教学中“支点”育人的路径探索。

（22）指向小初衔接的小学高段阅读教学范式构建与实践。

（23）小学语文教学渗透中华优秀传统文化教育研究。

（24）小学语文教育教学落实立德树人教育目标的研究。

（25）核心素养引领下的小学语文课堂教学策略研究。

（26）提高小学生高年段阅读能力对策研究。

（27）“自主、合作、探究”学习方式在小学语文课堂教学中有效应用的实践研究。

（28）小学语文教学中“1+X”单元整合阅读教学策略研究。

（29）小学语文课堂教学培育学生深度学习能力的研究。

（30）课程视域下的小学语文作业设计研究与实施。

（31）“双减”背景下小学语文课堂教学提质增效的研究。

（32）省［市、县（区）］域小学语文主题教研范式的构建和实践研究。

（33）省［市、县（区）］域小学语文教研引领工作的教研模式构建。

3. 中学语文

（1）中学语文教师专业素养提升的理论与实践研究。

（2）中学语文课堂教学艺术研究。
（3）中学语文教学评价研究。
（4）中学语文学科核心素养培育策略研究。
（5）中学语文新课程实施过程中的问题与对策研究。
（6）中学语文整本书阅读教学研究。
（7）高中语文学习任务群教学策略研究。
（8）高中语文必修课程教学研究。
（9）高中语文选修课程教学研究。
（10）新高考背景下的高中语文教学策略研究。
（11）中学语文阅读教育研究。
（12）高中作文教学研究。
（13）现代教育技术在中学语文教学中的应用研究。
（14）与新课标配套的中学语文新教材研究。

4. 小学数学

（1）核心素养引领下的小学数学课堂教学策略研究。
（2）培育小学生数学素养的实践研究。
（3）小学生数学素养发展的评价研究。
（4）小学数学教科书使用与再开发研究。
（5）小学数学教学内容设计的实践研究。
（6）优化小学数学课堂教学方式的实践研究。
（7）小学数学教师专业素养提升的理论与实践研究。
（8）基于课标的小学数学问题解决教学研究。
（9）小学数学课堂教学与现代教育技术整合的研究。
（10）小学数学自主（或合作、探究）学习的有效性研究。
（11）小学数学教学培养学生创新精神和实践能力的研究。
（12）小学数学教学评价方式研究。
（13）小学数学课程资源开发与利用研究。
（14）小学数学校本教研的方法研究。
（15）小学数学典型案例研究。
（16）小学数学阅读教育研究。
（17）小学数学课堂教学促进深度学习发生的研究。
（18）促进小学生数学学习力发展的课堂教学研究。
（19）小学数学关键课教学案例研究。
（20）小学数学课标教材对比研究。

（21）小学数学板块知识整合、重构研究。

（22）知识系统化背景下的小学数学教学案例研究。

（23）小学数学主题式教学案例研究。

（24）整体视角下小学数学课堂教学研究。

（25）小学数学核心素养发展一致性、连贯性教学研究。

（26）信息化背景下小学数学双线融合主题式教学研究。

（27）“双减”背景下小学数学教学提质增效的研究。

（28）新课程标准核心素养深度理解的研究。

（29）“小学阶段学生数学学习力‘三维二十点’关键课例”教学实践研究。

（30）“双减”背景下小学数学作业设计的有效性研究与实践。

5. 中学数学

（1）中学数学课标教材的对比研究。

（2）中学数学教师专业发展问题研究。

（3）中学数学课堂教学评价的实践研究。

（4）中学生数学学习的评价研究。

（5）中学数学教学方式优化的策略研究。

（6）中学数学教学典型课例研究。

（7）数学探究（数学建模）活动课程的实践研究。

（8）中学数学研究性学习的理论与实践研究。

（9）中学数学教学资源的开发与利用研究。

（10）初高中数学衔接教学实验研究。

（11）信息技术辅助中学数学教学的应用研究。

（12）中学数学校本教研的方法与途径研究。

（13）新教材教学实践中的问题与对策研究。

（14）高中数学必修（选择性必修、选修）课程教学实验研究。

（15）中学数学教学中渗透数学文化教育的实践研究。

（16）促进学生“数学活动经验”积累的实践研究。

（17）发展学生数学核心素养的理论与实践研究。

（18）中考、高考数学命题中学科核心素养的考查方式及其对教学的反拨作用研究。

（19）新高考模式下的高中数学教学策略研究。

（20）中学数学阅读教育的实践研究。

（21）中学数学教材的整体把握与局部处理关系的研究。

（22）中学生学习数学的心理研究。

（23）数学良好学习习惯形成的研究。

（24）中学数学学生学习困难及其克服的研究。

（25）中学数学学生学习水平的研究。

（26）中学数学学科核心素养与人的整体素养关系的研究。

（27）中学数学教育中“立德树人”落实途径的研究。

（28）中学数学信息技术背景下的个性化学习研究。

（29）与新课标配套的中学数学新教材的研究。

（30）“双减”背景下初中数学作业设计的有效性研究与实践。

（31）“双减”背景下促进初中数学课堂提质增效的实践研究。

（32）基于“教材母题变式”的初中数学课堂教学实践研究。

（33）初中数学单元整体教学的实践研究。

（34）初中数学基于《义务教育数学课程标准（2022 年版）》的学业评价研究。

6. 英语

（1）中小学英语课程标准与教材编写理念的比较研究。

（2）义务教育阶段英语课程标准的研究。

（3）有效落实核心素养培养的义务教育阶段英语课堂教学研究。

（4）“双减”背景下的义务教育阶段英语作业设计与实施研究。

（5）中小学英语教育教学资源的开发与应用研究。

（6）中小学英语衔接教育教学研究。

（7）新课程背景下英语高考落实立德树人根本任务、发展学生核心素养的研究。

（8）基于思维品质培养的课堂教学活动设计与实施研究。

（9）中小学英语教师专业素养提升的理论与实践研究。

（10）中小学英语教师教育和培训方式、内容及其效果研究。

（11）中小学英语课堂调控与监测策略的研究。

（12）信息技术和资源与英语课堂教学深度融合应用研究。

（13）人工智能、VR、AR 在中小学英语教育教学中的应用研究。

（14）英语校本课程的开发与创新实践研究。

（15）农村中小学英语教育教学现状及发展研究。

（16）当前英语课堂教学存在的问题及对策研究。

（17）中小学生英语学习障碍、成因及对策实证研究。

（18）英语学习策略的训练与运用研究。

（19）中小学英语课外活动研究。

（20）中小学英语分层教育教学研究。
（21）创新课堂活动发展英语学科核心素养实践研究。
（22）基于信息化的英语课堂教学多元评价研究。
（23）提升英语校本教研质量的理论与实证研究。
（24）提升学生英语学习能力的理论与运用研究。
（25）英语教与学特殊个案研究。
（26）利用互联网英语学习平台促进教与学效率的研究。
（27）“双减”背景下的英语教学评价与测试方式创新研究。
（28）英语教学中融入中华文化元素的实践研究。
（29）英语单元整体设计教学研究。
（30）义务教育阶段英语学科教-学-评一体化设计与实施研究。
（31）新课程新高考新教材背景下高中英语高效课堂实践研究。

7. 物理

（1）中学物理课程标准及教材分析研究。
（2）中学生物理核心素养培养研究。
（3）基于核心素养的课堂教学目标的构建及实施研究。
（4）基于核心素养的物理教学评价研究。
（5）基于核心素养的物理学业评价研究。
（6）中学物理课堂教学分类及实施策略研究。
（7）高考物理能力培养研究。
（8）中学物理科学探究教学实施研究。
（9）物理概念、规律学习心理研究。
（10）中学物理科学方法教育研究。
（11）中学物理课堂观察的目标与实施研究。
（12）中学物理实验创新研究。
（13）中学物理教师专业素养的提升研究。
（14）以校本教研促进物理教学质量提高的研究。
（15）中学生物理学习兴趣培养研究。
（16）中学物理导学案的设计与开发研究。
（17）中学物理课程资源的开发与实施研究。
（18）初、高中物理衔接教学研究。
（19）中学物理渗透“STSE”教育研究。
（20）现代教育技术与物理教学整合的研究。
（21）中学物理 DIS 实验教学研究。

（22）与新课标配套的中学物理新教材的研究。
（23）初中物理新课标下的实验教学研究。
（24）“双减”背景下初中物理核心素养的教学评价研究。
（25）“双减”背景下初中物理核心素养的学业评价研究。
（26）“双减”背景下开展初中物理家庭实验的实践研究。
（27）初中物理教育中关于“立德树人”落实途径的研究。
（28）关于从地方文化中培养初中物理核心素养的实践研究。
（29）从校本课程建设中培养初中学生物理核心素养的实施策略研究。
（30）“双减”背景下信息化教育技术与初中物理作业设计相结合的实践研究。
（31）新课程物理教学创设真实有价值问题情境的研究。
（32）新高考下物理总复习教学和物理试题的研究。
（33）新课程中学物理自制教具系列化研究。

8. 化学

（1）新课程化学实验与探究性活动教学策略研究。
（2）化学探究性实验案例及应用效果评价研究。
（3）基于新课标下的中学生化学核心素养培养研究。
（4）微型化学实验推进化学课堂教学的实效研究。
（5）基于化学核心素养的化学课堂教学实施策略研究。
（6）中学化学教学中创设问题情境的方法研究。
（7）化学新课程的课标、教材与教学的关系研究。
（8）基于学生核心素养提升的中学化学教学设计研究。
（9）高中化学必修课程（选择性必修课程）教学资源的利用研究。
（10）初高中化学教学衔接问题的研究。
（11）数字化环境下化学实验教学创新的实践研究。
（12）新课程下中学化学学业评价研究。
（13）中学生化学学习兴趣培养的调查研究。
（14）化学史与课堂教学的深度融合教学研究。
（15）农村化学教师专业发展的途径和策略研究。
（16）农村中学实施化学新课程的问题与对策研究。
（17）中学化学校本教研的内容和方式的研究。
（18）新高考模式下化学教学策略的研究。
（19）基于社交平台网络教研的模式研究。
（20）微课在中学化学教学中的应用研究。
（21）中学化学学习中学生受挫成因及对策研究。

(22) 思维导图在中学化学教学中的应用研究。
(23) 高中生化学学习心理探究及调整策略研究。
(24) 新课程化学实验与探究性活动教学策略研究。
(25) 基于网络环境下的中学化学教学策略与实践研究。
(26) 科学探究视角下的化学学业质量试题命制技术的研究。
(27) 中学化学 DIS 实验教学研究。
(28) 与新课标配套的中学化学新教材研究。
(29)“双减”背景下的初中化学作业设计与实践研究。
(30) 新课标背景下的初中化学课堂教学实践研究。
(31) 新课程新教材新高考背景下高中化学教学实践研究。
(32) 实验创新在新教材中的应用与实践研究。
(33) 高中化学项目式教学方法研究。
(34) 三维虚拟技术在物质结构教学中应用。
(35) 新课程新教材新高考背景下概念转变研究。

9. 生物学

(1) 高中生物学课程标准与使用版本教材特色分析与教学实践研究。
(2) 加强理解生物学核心概念的教学实施策略研究。
(3) 新课程生物学实验(及探究性活动设计)的教学策略研究。
(4) 新课改背景下初高中生物学课堂教学模式及教学效果提升研究。
(5) 高中生物学基于学科核心素养培养的教与学效果评价研究。
(6) 基于生物学核心素养的教学(学生)活动设计与课堂实践研究。
(7) 初高中生物学教学内容与教学要求衔接问题的研究。
(8) 初高中学生生物学学习方法形成与学习能力提升的理论研究。
(9) 新课程背景下高中生物学课程开设及教学实施的研究。
(10) 在生物学教学中突出职业发展与规划的实践研究。
(11) 生物学课堂教学中不同课型的典型课例研究。
(12) 新课程生物学选修课(模块)特色课程开发的实践研究。
(13) 新课程背景下生物学选课走班管理及实施情况调查研究。
(14) 新课程背景下生物测试试题的质量评价研究。
(15) 薄弱学校中学生物学的新课程教学困惑及解决对策研究。
(16) 数字化教学对生物学课堂教学(实验教学)效果影响的研究。
(17) 普通高中生物学学业水平考试与新高考相关问题研究。
(18) 中学生物 DIS 实验教学研究。
(19) 生物学教学教师教学行为的课堂观测及评价标准的研究。

（20）生物学教师专业发展技能培养及能力提升的有效途径研究。
（21）生物学校本教研制度建设途径与实施方法的研究。
（22）初高中生物学新课标教材配套的作业设计实践研究。
（23）高中生物生命科学史及科学思想教学意义的实践研究。
（24）高中生物学学科价值思考与教学实施的实践研究。
（25）高中生物学生活、学习情境与实践情境的问题观察解答研究。
（26）三新背景下选课指导与学业生涯指导实施研究。
（27）普通高中生物学课程设置中选修课程开发与实施策略研究。
（28）普通高中生物学指向核心素养的教学实践与创新途径研究。
（29）高中生物学教师创设实施教学情境的研究。
（30）新课程改革学业水平多样性评价创新方案研究。

10. 道德与法治（小学、初中）

（1）习近平总书记关于思想政治理论课建设重要论述研究。
（2）习近平法治思想贯穿融入道德与法治课教学研究。
（3）《道德与法治课程标准（2022 年版）》解读与实施研究。
（4）基于课程标准的道德与法治教学设计研究。
（5）道德与法治课培育学生核心素养研究。
（6）基于学科核心素养的学生学习方式研究。
（7）道德与法治课教学方法与策略的研究。
（8）基于情境、问题导向、深度思维、高度参与的道德与法治课堂教学研究。
（9）新时代道德与法治课教学模式改革创新研究。
（10）现代信息技术和道德与法治学科教学深度融合研究。
（11）基于深度学习理念的道德与法治教学改进策略研究。
（12）学科素养导向下道德与法治大单元教学设计研究。
（13）学科素养导向的道德与法治教学评一体设计研究。
（14）初中道德与法治学业水平评价与命题技术研究。
（15）基于课程标准与核心素养培养的道德与法治作业设计研究。
（16）初中道德与法治学业水平考试试题特点与教学策略研究。
（17）道德与法治课教学资源利用与开发研究。
（18）运用红色文化资源提升道德与法治课教学效果研究。
（19）中华优秀传统文化资源融入道德与法治课教学研究。
（20）道德与法治课程培养学生创新意识和实践能力的研究。
（21）《习近平新时代中国特色社会主义思想学生读本》教学研究。
（22）道德与法治课教师“六要”素质及提升路径研究。

（23）深化思政课一体化建设实践研究。

（24）思政课课程体系与“大思政课”建设研究。

（25）思政课程和课程思政同向同行研究。

（26）道德与法治课与学校其他德育工作相衔接的研究。

（27）初中时事政治教育教学实效性研究。

（28）小学道德与法治课兼职教师有效教学行动研究。

11. 少先队

（1）习近平总书记关于少年儿童与少先队工作的重要论述研究。

（2）贯彻落实《中共中央关于全面加强新时代少先队工作的意见》和中共江西省委实施意见的机制与路径研究。

（3）发挥少先队的组织育人优势和实践育人特色，创新“双减”工作实践研究。

（4）构建覆盖广泛、动员便捷、校内外有机衔接的少先队组织体系实践研究。

（5）少先队组织在学校教育体系中的贡献度研究。

（6）少先队辅导员政治素质与业务能力提升策略研究。

（7）校外少先队辅导员队伍参与学校少先队工作机制研究。

（8）新时代少先队员核心素养研究。

（9）少年儿童政治启蒙和价值观塑造研究。

（10）新时代增强少先队员光荣感和组织归属感研究。

（11）建立健全少先队组织的激励机制研究。

（12）红领巾奖章争章体系构建及实施研究。

（13）红领巾奖章融入中小学教育评价机制研究。

（14）少先队仪式规范与育人功能发挥研究。

（15）少先队队前教育与分批入队研究。

（16）少先队工作社会化研究。

（17）利用地方红色资源开展少先队活动研究。

（18）利用江西人文与地理环境开发少先队活动课程研究。

（19）党团队一体化建设工作机制研究。

（20）新形势下全团带队工作机制研究。

（21）初中少先队建设和推优入团机制研究。

（22）学校少先队活动课程整体统筹与系统规划研究。

（23）少先队组织教育、自主教育与实践教育研究。

（24）少先队活动课程资源的利用与开发研究。

（25）少先队活动课程优秀案例研究。

（26）少先队活动项目化运行规律研究。
（27）少先队工作数字化建设研究。
（28）少先队教研体系与教研机制研究。
（29）学校少工委建设和作用发挥机制研究。
（30）少先队阵地建设研究。

12. 历史

（1）高中历史新课标指导教学的实践研究。
（2）初中历史新课标指导教学的实践研究。
（3）高中历史新教材教学实践中的问题与对策研究。
（4）统编版义务教育历史教科书的使用与开发研究。
（5）落实历史学科核心素养的课堂教学实践研究。
（6）中学历史教师专业素养发展的策略研究。
（7）中学生历史材料阅读能力的提升策略研究。
（8）中学生发现历史问题能力的现状及对策研究。
（9）中学生历史批判性思维培养的实践研究。
（10）中学历史教学优秀课例研究。
（11）初中历史教学评价的策略研究。
（12）统编版高中历史新教材的使用与开发研究。
（13）“双减”背景下历史课堂教学提质增效的实践研究。
（14）深度学习视域下的中学历史教学实践研究。
（15）初高中历史教学衔接的重难点问题研究。
（16）初中历史学业水平考试与命题技术研究。
（17）高中历史合格性考试与命题技术研究。
（18）高中历史选择性考试与命题技术研究。
（19）“双减”背景下历史作业的设计研究。

13. 地理

（1）基于课程标准的“教”“学”“评”一体化的实践研究。
（2）“双减”背景下基于课程标准的地理作业创新设计研究。
（3）基于课程标准的地理课程资源开发与应用研究。
（4）基于赣文化的研学旅行课程开发与实践研究。
（5）“双减”背景下高效地理课堂的建构与实践研究。
（6）初中地理信息化资源库建设与研究。
（7）普通高中地理新课程关键问题破解与研究。
（8）地理实践力素养培养途径研究。

（9）中学地理区域认知素养培养策略研究。
（10）立德树人背景下地理课程的育人价值研究。
（11）初中地理学业评价与内容标准的一致性研究。
（12）普通高中地理新课程多元评价方式的研究。
（13）普通高中地理新课程选修教材的研究与实践。
（14）地理校本课程开发的实践研究。
（15）基于地理学科核心素养的学业质量评价与水平划分的实践研究。
（16）地理教学-目标-评价一致性的实践研究。
（17）地理学科核心素养及指标体系的实践研究。
（18）基于中学生核心素养的地理教师专业发展研究。
（19）中学地理微课制作的实践研究。
（20）项目式学习在中学地理教学中的应用研究。
（21）普通高中地理核心素养的课堂落实策略研究。
（22）中学地理大单元教学研究与实践。
（23）义务教育地理课程学科融合教学研究与实践。
（24）中学地理情景化教学研究与实践。

14. 体育与健康

（1）“双减”背景下高效体育课堂研究。
（2）“双减”背景下体育与健康课后作业研究。
（3）体育与健康课程在传承中华优秀传统文化中的作用研究。
（4）体育教学内容改革的实验研究。
（5）体育教学中促进学生体能发展的实验研究。
（6）学生健身运动处方的研究。
（7）基本运动技能对培养学生核心素养意义和价值的研究。
（8）跨学科主题教育对学生身心发展影响的研究。
（9）运用健康教育促进学生健康的意识和良好的生活方式的研究。
（10）如何开展校园体育文化研究。
（11）校园足球教学研究。
（12）体育教学中教学资源改革的实验研究。
（13）体育教学中学法与教法改革的实验研究。
（14）高中体育与健康教学计划的研究。
（15）高中体育与健康选项教学实施方案的研究。
（16）高中体育与健康教学评价方式研究。
（17）高中体育与健康教学方式及教学策略研究。

（18）中小学体育教学焦点问题研究。
（19）中小学体育教师专业发展策略研究。
（20）培育学生体育学科核心素养策略研究。
（21）社会主义核心价值观融入体育与健康学科的研究。
（22）体育游戏与竞技中学生合作意识的培养研究。
（23）体育运动在家庭教育中的作用研究。
（24）中小学体育社团活动开发与实施策略研究。
（25）中华优秀传统文化融入体育课程策略研究。
（26）体育课程评价方法研究。

15. 音乐

（1）音乐兼职教师培训策略研究。
（2）中小学音乐课堂教学评价方式研究。
（3）学生艺术素质评价方式研究。
（4）提高小学生音乐表现力的研究。
（5）基于艺术课标下的小学低段唱游教学研究。
（6）培育学生音乐核心素养的路径研究。
（7）地方音乐资源校本化的研究。
（8）高中音乐新课程必修模块教学实践研究。
（9）高中音乐新课程必修模块教学评价方式的研究。
（10）高中生音乐选课指导研究。
（11）“双减”政策下音乐课程与社团一体化的研究。
（12）中小学校音乐社团（合唱团、管乐团、戏剧社、舞蹈队）建设的研究。
（13）中国民族民间音乐教学策略的研究。
（14）民乐教学在传统文化传承中的优势研究。
（15）音乐课“立德树人”“以美育人”的方法和途径研究。
（16）“红歌”育人方式的研究。
（17）民族民间音乐课程资源融入音乐课堂教学的实践研究。
（18）艺术“新三科”戏剧（戏曲）、舞蹈、影视教学实践研究。
（19）非物质文化遗产进入中小学音乐课堂教学的实践研究。
（20）新时期音乐区域教研信息化研究。

16. 美术

（1）以素养为本的美术教师教育课程改革与实践研究。
（2）新课标下美术校本课程的研发与实施策略研究。
（3）艺术课程标准背景下的美术教学设计研究。

（4）基于学科融合的美术大单元教学设计研究。
（5）基于理解性教学美术课程设计研究。
（6）基于美术学科核心素养中文化理解的探索与实践研究。
（7）美术教学中项目化学习单的设计与应用探究。
（8）延时服务中美术课程开发与实践研究。
（9）探究“双减”政策下美术教育课后服务。
（10）美术教育中的传统文化审美教学策略探究。
（11）高中美术鉴赏学习单设计与应用探究。
（12）基于数字化资源构建美术教学评价新模式探究。
（13）“电子档案袋评价”在美术教学中的应用探究。
（14）美术情境教学的思维培养策略研究。
（15）美术教育绘画与自然融合教学研究。
（16）美术教学中书法教学常见问题及对策探究。
（17）美育与校园文化建设的探索。
（18）美术课堂项目式学习活动的教学样态研究。
（19）信息化环境下的美术教学改革与创新研究。
（20）基于深度学习的美术课堂有效设问研究。
（21）基于创新思维发展的美术课程设计研究。
（22）美术教育中人文精神和德育渗透的途径研究。
（23）“双减”政策背景下的美术作业设计策略探究。

17. 高中政治

（1）思想政治课程标准研究。
（2）与新课标配套的思想政治新教材研究。
（3）初高中思想政治课程衔接教学研究。
（4）思想政治课程资源开发研究。
（5）新高考背景下思想政治课程实施问题研究。
（6）思想政治教学方式（学习方式）转变研究。
（7）思想政治新课程教学艺术研究。
（8）思想政治课堂教学评价研究。
（9）思想政治学业水平考试相关问题研究。
（10）中学生培育社会主义核心价值观行动研究。
（11）中华优秀传统文化融入德育课程策略研究。
（12）生活德育实践研究。
（13）新高考思想政治试题特点与教学策略研究。

（14）新时代思想政治教师专业发展研究。
（15）中学生综合素质评价研究。
（16）信息技术在思想政治课教学中运用的研究。
（17）思想政治课程的动态化、校本化开发与实施研究。
（18）中外德育课程比较研究。
（19）思想政治教学课例研究。
（20）中学时事政策教育研究。
（21）中学法治教育研究。
（22）中学生核心能力培养研究。
（23）思想政治课中情感态度价值观培养研究。
（24）思想政治课充分发挥立德树人作用的研究。
（25）思想政治课培育学生核心素养的行动研究。
（26）思想政治课与“三全”（全员、全方位、全过程）育人的关联研究。
（27）人的主观世界的划分与思想、心理、情绪调节手段的关联研究。
（28）思想政治课与红色基因传承的关联、途径研究。
（29）思想政治课新课型研究。

18. 心理健康教育

（1）核心素养取向的中小学心理健康教育课程建设研究。
（2）中小学心理健康教育课例对学生核心素养提升的应用研究。
（3）表达性艺术在中小学心理健康教育中的应用研究。
（4）中小学心理健康教育课堂教学艺术研究。
（5）中小学心理健康教育教学资源开发研究。
（6）心理健康教育与中小学学科教学融合的研究。
（7）生涯规划教育与中小学学科教学融合的研究。
（8）叙事疗法在心理健康教育中的应用研究。
（9）心理健康教育教学发挥影视资源的实践研究。
（10）利用心理故事、漫画、电影培育学生核心素养的实效性研究。
（11）中小学校园心理剧实践研究。
（12）中小学团体心理辅导操作技术研究。
（13）中小学生性心理健康教育的内容研究。
（14）中小学心理教师应具备的核心素养研究。
（15）中小学心理健康教育社团模式的实践研究。
（16）沙盘游戏在中小学心理健康教育中的运用研究。
（17）中小学家庭教育课程构建的探索与实践。

（18）中小学心理健康教育与校园文化融合的实践研究。
（19）心理辅导技术在促进家校合作中的应用研究。
（20）中小学心理危机干预的理论与实践研究。
（21）中小学心理健康老师的生涯发展研究。
（22）生涯规划教育课程核心素养培育策略研究。
（23）生涯规划教育在中学阶段的实践研究。
（24）中小学生常见心理问题的识别、干预与预防模式研究。
（25）积极心理学理念在家校共育实践活动中的运用研究。
（26）中小学教师幸福感提升研究。
（27）新课程新教材新高考背景下普通高中学生发展指导实践研究。
（28）新课程新教材新高考背景下选课指导与学业生涯指导实施研究。
（29）应用积极心理学转化学困生的研究。
（30）中小学心理健康教育校本课程研发与实践研究。

19. 研学旅行与综合实践活动

（1）江西省中小学研学旅行现状研究。
（2）研学旅行落实立德树人根本任务的研究。
（3）研学旅行课程化、教材化研究。
（4）具有江西特色的研学旅行课程的开发与实践研究。
（5）研学旅行导师队伍建设研究。
（6）研学旅行安全防范系统研究。
（7）研学旅行评价研究。
（8）中小学生研学旅行课程与综合实践活动课程有效整合指导研究。
（9）综合实践活动课程中本地资源的开发与利用研究。
（10）综合实践活动课程管理策略研究。
（11）综合实践活动成果评价方式研究。
（12）综合实践活动与学生社团活动有效整合的管理与实施研究。
（13）综合实践活动课程方法指导研究。
（14）综合实践活动课程评价研究。
（15）研究性学习与学科教学整合研究。
（16）综合实践活动课程有效实施的策略研究。
（17）综合实践活动课程资源开发研究。
（18）学校小社团艺术活动课程创新的实践研究。

20. 信息技术

（1）小学信息技术教师专业素养提升的理论与实践研究。

（2）基于小学信息技术核心素养的高效教学研究。

（3）基于小学信息技术核心素养的教学评价研究。

（4）小学信息技术教材的开发与建设研究。

（5）小学信息技术学科核心素养培育研究。

（6）小学信息技术与其他学科教学整合研究。

（7）小学信息技术项目学习研究。

（8）农村小学信息技术教学现状分析与对策研究。

（9）小学生在线学习有关信息素养和能力培养研究。

（10）小学信息技术学科课程建设研究。

（11）小学编程教育研究。

（12）基于“计算机科学”范畴的信息技术课程内容构建研究。

（13）基于“计算思维”能力培养的信息技术课堂教学改革研究。

（14）中学信息技术学科基于项目学习的教学模式研究。

（15）基于中学信息技术学科核心素养的教学评价研究。

（16）初中信息技术与高中信息技术课程衔接研究。

（17）基于学科大概念的中小学信息技术课堂教学研究。

（18）学生信息技术核心素养培养的理论与实践研究。

（19）信息技术教师专业能力提升的政策、理论与实践研究。

（20）高中信息技术学业水平考试相关问题研究。

（21）信息技术校本课程开发与实施研究。

（22）助推江西 VR 产业，在中学信息技术课程渗透或普及 VR（虚拟现实）教育研究。

（23）信息综合类活动开展研究（如 STEM、创客、机器人、无人机、智能控制等）。

21. 通用技术

（1）通用技术课程实施策略研究。

（2）通用技术课程师资建设研究。

（3）通用技术课程评价研究。

（4）通用技术教育教学模式研究。

（5）通用技术教室装备研究。

（6）通用技术课程的政策保障机制研究。

（7）中学生技术设计与创新教育研究。

22. 小学科学

（1）小学科学教学中围绕核心概念整合课程内容的实践研究。

(2) 有效利用 STEM 教育发展学生核心素养的方法研究。
(3) 科学态度的养成策略研究。
(4) 小学低年级科学课堂教学研究。
(5) 基于课程标准的小学科学教学设计与实施研究。
(6) 小学科学新课程标准与教材一致性的实践研究。
(7) 小学科学课堂教学中教师指导行为的有效性研究。
(8) 小学生科学探究活动的组织与管理研究。
(9) 小学科学教学情境创设研究。
(10) 小学科学教学资源开发与利用的研究。
(11) 小学科学学业质量的评价技术研究。
(12) 小学科学教师校本教研的方法与途径研究。
(13) 小学生课外科技活动的组织与管理研究。
(14) 小学科学课堂教学评价研究。
(15) 小学科学课标教材的对比研究。

23. 劳动教育

(1) 习近平总书记关于劳动教育重要论述的研究。
(2) 劳动教育促进学生全面发展研究。
(3) 加强和改进新时代学校劳动教育研究。
(4) 建立全面实施劳动教育的长效机制研究。
(5)《义务教育劳动课程标准(2022 年版)》解读与实施研究。
(6) 劳动课程培育学生核心素养研究。
(7) 劳动课程教学方法与策略的研究。
(8) 劳动课程分学段培养目标、教学目标研究。
(9) 劳动课程教学模式研究。
(10) 劳动课程教师队伍建设研究。
(11) 劳动课程资源的开发、整合与利用研究。
(12) 劳动课程网络教学资源建设研究。
(13) 基于课程标准的劳动项目开发研究。
(14) 中小学校劳动周的研究与实践。
(15) 劳动教育场地、基地建设研究。
(16) 学校与家庭、社区协同开展劳动教育的研究与实践。
(17) 中小学生劳动教育与劳动课程评价研究。
(18) 融合教育背景下农村学校劳动教育本土化开发与实践研究。
(19) 学生家庭劳动作业设计与实践研究。

（20）培智学校劳动教育对学生生活自理能力影响的实践研究。
（21）“双减”政策背景下加强课后劳动教育策略研究。

24. 现代教育技术

（1）中小学现代教育技术建设与应用研究。
（2）现代教育技术在学科教学中的应用研究。
（3）现代教育技术环境下教师教学模式研究。
（4）现代教育技术环境下学生学习模式研究。
（5）基于“电子白板”的高效课堂策略研究。
（6）数字校园、智慧校园的建设与应用研究。
（7）基于“数字移动终端”的教学创新研究。
（8）中小学网络教学资源建设与应用研究。
（9）中小学数字化转型实践研究。
（10）提升中小学教师信息技术应用能力研究。
（11）微课资源库建设与应用研究。
（12）现代教育技术教师专业发展问题研究。

25. 综合类

（1）优质教学资源的开发与应用研究。
（2）作业设计研究。
（3）课后服务研究。
（4）课堂教学研究。
（5）均衡发展研究。
（6）推进家校社协同育人研究。
（7）基础教育综合改革研究。
（8）构建知行合一育人体系研究。
（9）学校课程资源开发与应用研究。
（10）国家课程的校本化开发与实施研究。
（11）学校校本教研制度构建与实施研究。
（12）有效开展校本教研的策略（实践）研究。
（13）教研共同体（或名师工作室、优秀教研组）建设研究。
（14）区域推进校本教研的行动研究。
（15）联片教研实践研究。
（16）网络教研实践研究。
（17）课例研究的方法和策略研究。
（18）中小学教育教学评价改革的实践研究。

（19）中小学教师专业发展策略研究。

（20）自主（或合作、探究）学习方式实验研究。

（21）启发式（或探究式、讨论式、参与式）教学方式实验研究。

（22）中小学生综合素质评价研究。

（23）特色学校创建与发展研究。

（24）中小学师德建设研究。

（25）有效减轻中小学生课业负担的实践研究。

（26）微课（或慕课、翻转课堂）教学实践研究。

（27）普通高中教育教学顺应高考制度改革的对策研究。

（28）基础教育质量监测相关问题研究。

（29）基础教育课程改革问题研究。

（30）农村寄宿制学校学生健康生活之亲情培育研究。

（31）学校安全教育管理与教学实施策略研究。

（32）小学与初中双向、有效、高效衔接的设计、实施与评价研究。

（33）初中与高中双向、有效、高效衔接的设计、实施与评价研究。

（34）高中与高校双向、有效、高效衔接的设计、实施与评价研究。

（35）高校音体美专业师范生志愿实习支教教育教学质量调查研究。

（36）高校音体美志愿实习支教大学生管理和服务研究。

（37）高校音体美志愿实习支教大学生教学指南使用情况及工作改进研究。

（38）高中育人方式改革的对策研究。

（39）新高考背景下的普通高中教学管理的实证研究。

（40）中学阶段各层次考试命题技术研究。

（41）普通高中学生发展指导的研究。

（42）普通高中学生发展指导与学科课程融合的研究。

（43）普通高中学生发展指导课程体系构建研究。

（44）普通高中学生发展指导与五育融合的研究。

（45）普通高中选课走班的研究。

（46）新高考背景下高校志愿选择填报的合理性研究。

（47）“3+1+2”模式下高中学校特色发展的研究。

（48）普通高中必修课程教育教学质量提升的研究。

（49）普通高中选择性必修课程教育教学质量提升的研究。

（50）适应普通高中新课程的青年教师培养研究。

（51）新课程实施中作业控制及学情评价研究。

（52）新课程实施中实现五育并举研究。

（53）提升学生公共卫生安全素养研究。
（54）线上线下结合的教学研究。
（55）指向内涵式发展的教育扶贫研究。
（56）发展学生思维能力研究。
（57）基础教育高质量发展研究。

26. 德育

（1）中小学党建工作研究。
（2）党史教育与基础教育各学科融合研究。
（3）中小学生社会主义核心价值观教育实践研究。
（4）当代青少年理想信念教育研究。
（5）中小学中华优秀传统文化教育研究。
（6）中小学留守儿童教育问题研究。
（7）中小学生家庭教育研究。
（8）中小学生校外教育研究。
（9）中小学班主任工作研究。
（10）中小学文化育人研究。
（11）中小学活动育人研究。
（12）中小学生志愿服务研究。
（13）中小学生态文明教育实践研究。
（14）生态文明教育推动学校及周边生态改善的实践研究。
（15）中小学生文明行为习惯培养研究。
（16）中小学传承中华优秀传统文化的途径与方法研究。
（17）小学生亲近自然的实践研究。
（18）培养小学中高年级学生规则意识（或法治观念）的策略研究。
（19）小学低年级诚信品格教育实施策略研究。
（20）中小学各途径立德树人的实践研究。
（21）增强各学科教学育人功能的实践研究。
（22）各学科德育育人研究。
（23）课程思政研究。
（24）学科、学校“三全”（全员、全方位、全过程）育人研究。
（25）“中国好老师”公益行动计划实施方式、效益、效率研究。

27. 红色文化教育

（1）红色文化教育培养目标、教学目标研究。
（2）红色文化教育教学模式研究。

（3）红色文化教育教师队伍建设研究。

（4）红色文化教育在线教学资源建设研究。

（5）红色文化教育校本课程教材的开发与利用研究。

（6）红色文化教育场地、基地建设研究。

（7）红色文化教育与国家学科课程双向渗透与融合研究。

（8）红色文化教育评价与跟踪研究。

28. 梦想课程建设

（1）梦想课程与新时代教育发展目标的融合研究。

（2）梦想课程的校本化设计研究。

（3）梦想课程的师资队伍建设研究。

（4）梦想课程的教学方法研究。

（5）梦想课程的实施效果评价研究。

（6）《去远方》课程培养学生综合能力的跟踪研究。

（7）梦想课程对教师专业化成长作用的实证研究。

（8）梦想课程信息化资源建设和共享研究与实践。

（9）梦想课程对提高义务教育质量作用的研究。

参考文献

一、图书

［1］杨维平，丁敏. 科学研究方法与实践［M］. 西安：陕西师范大学出版总社有限公司，2013.

［2］侯怀银. 教育研究方法［M］. 2版. 北京：高等教育出版社，2018.

［3］曾晓洁. 小学教育研究方法［M］. 北京：高等教育出版社，2015.

［4］刘良华. 教育研究方法专题与案例［M］. 上海：华东师范大学出版社，2007.

［5］郑金洲，陶保平，孔企平. 学校教育研究方法［M］. 北京：教育科学出版社，2003.

［6］裴娣娜. 教育研究方法导论［M］. 合肥：安徽教育出版社，2000.

［7］中共中央马克思恩格斯列宁斯大林著作编译局. 马克思恩格斯选集：第2卷［M］. 北京：人民出版社，1972.

［8］鲁胜全. 教师如何进行教育科学研究［M］. 乌鲁木齐：新疆青少年出版社，2009.

［9］王庭照. 教育科研方法［M］. 西安：陕西师范大学出版总社有限公司，2016.

［10］杨晓萍. 教育科学研究方法［M］. 重庆：西南师范大学出版社，2006.

［11］陈向明. 质的研究方法与社会科学研究［M］. 北京：教育科学出版社，2000.

［12］陈向明，林小英. 如何成为质的研究者：质的研究方法的教与学［M］. 北京：教育科学出版社，2004.

［13］水延凯. 社会调查教程［M］. 北京：中国人民大学出版社，1996.

[14] 李学农，王晓柳. 教育研究的理论与实践［M］. 南京：南京师范大学出版社，2001.

[15] 陶保平. 学前教育科研方法［M］. 上海：华东师范大学出版社，1999.

[16] 中公教育浙江教师资格考试研究院. 教育教学知识与能力. 小学［M］. 北京：世界图书出版公司北京公司，2013.

[17]［美］维尔斯马，于尔斯. 教育研究方法导论［M］. 袁振国，主译. 9版. 北京：教育科学出版社，2010.

[18] 温忠麟. 教育研究方法基础［M］. 3版. 北京：高等教育出版社，2017.

[19] 王红艳. 小学教育研究方法［M］. 北京：北京大学出版社，2019.

[20] 欧群慧，刘瑾. 小学教育研究方法［M］. 北京：北京师范大学出版社，2013.

[21] 袁振国. 教育研究方法［M］. 北京：高等教育出版社，2000.

[22] 杨小微. 教育研究的原理与方法［M］. 2版. 上海：华东师范大学出版社，2010.

[23] 朱德全. 教育研究方法［M］. 重庆：重庆出版社，2006.

[24]［美］马奇，麦克伊沃. 怎样做文献综述：六步走向成功［M］. 陈静，肖思汉，译. 上海：上海教育出版社，2011.

[25] 金哲华，俞爱宗. 教育科学研究方法［M］. 北京：科学出版社，2011.

二、学术论文

[1] 王玉娟. 李吉林情境教育的优势及启示［J］. 中国德育，2019(24)：37-40.

[2] 史大胜，李立，赵上宁，等. “双减”政策背景下小学课后服务研究：现状、问题与对策：基于云南省H市九县一区的调查分析［J］. 中国电化教育，2022(11)：17-22，31.

[3] 张冬梅. 乡镇小学生英语学习兴趣调查与培养研究：以山东省临沂市兰山区C小学为例［D］. 曲阜：曲阜师范大学，2020.

[4] 姜美杰. 需求视域下小学校内课后服务实施研究：以X小学为例［D］. 大连：辽宁师范大学，2022.

[5] 都田媛. “95”后在校大学生恋爱观存在的问题及对策研究：以辽西部分高校为例［D］. 锦州：渤海大学，2020.

[6] 郭文斌，张梁. 残疾人职业教育研究热点及发展趋势［J］. 残疾人研究，2018(3)：57-65.

[7] 李宝庆，魏小梅. 新高考改革研究的文献计量分析［J］. 西南大学学报（社会科学版），2020，46(3)：79-90，202.

［8］侯红梅，顾建军．我国小学劳动教育课程的时代意蕴与建构［J］．课程·教材·教法，2020，40(2)：4-11.

［9］韩颖，董玉琦，毕景刚．小学生学业情绪现状调查及教学建议：以 C 市小学生为例［J］．基础教育课程，2019(23)：60-67.

［10］王晓燕．中小学劳动教育的政策演变、价值诉求与未来建构［J］．中小学管理，2019(5)：5-7.

［11］眭定忠．城市中小学劳动教育的校本化实施路径：上海市沙田学校劳动教育探索［J］．人民教育，2019(10)：26-27.

［12］刘向兵．新时代高校劳动教育的新内涵与新要求：基于习近平关于劳动的重要论述的探析［J］．中国高教研究，2018(11)：17-21.

［13］曲霞，刘向兵．新时代高校劳动教育的内涵辨析与体系建构［J］．中国高教研究，2019(2)：73-77.

［14］岳海洋．新时代加强高校劳动教育的价值意蕴与实践路径［J］．思想理论教育，2019(3)：100-104.

［15］牛瑞雪．教学评价研究 40 年回顾、反思与展望［J］．课程·教材·教法，2018，38(11)：60-66.

［16］吴立宝，杜卿．课后服务研究热点探析与经验借鉴：基于 WOS 期刊文献的计量分析［J］．比较教育学报，2022(3)：63-78.

［17］程丽娟．小学中高年级学生厌学问题的研究［D］．上海：上海师范大学，2022.

［18］邵志豪，解庆福．新时代劳动教育实施的现状、问题解析及应对策略：基于吉林省大中小学问卷调查的综合分析［J］．东北师大学报（哲学社会科学版），2022(5)：165-171.

［19］钟景迅，刘任芳．乡村教师生活补助政策实施困境分析：来自 A 省欠发达地区县级教育局长的质性研究［J］．教育发展研究，2018，38(2)：48-54.

［20］吴康宁，程晓樵，吴永军，等．教师课堂角色类型研究［J］．教育研究与实验，1994(4)：1-8.

［21］何声钟．江西省中小学教师职后教育调查报告［J］．教师教育研究，2015，27(5)：78-83.

［22］乐进军．研学旅行的困境与出路［J］．教学与管理，2019(34)：5-7.